Christine Grän

Die kleine Schwester der Wahrheit

Christine Grän

Die kleine Schwester der Wahrheit

Roman

ECON Verlag
Düsseldorf · Wien · New York

CIP-Titelaufnahme der Deutschen Bibliothek

Grän, Christine:
Die kleine Schwester der Wahrheit: Roman/Christine Grän. –
Düsseldorf; Wien; New York: ECON Verl., 1990
ISBN 3-430-13356-4

Gesetzt aus der Palatino
Satz: Formsatz GmbH, Diepholz
Papier: Papierfabrik Schleipen GmbH, Bad Dürkheim
Druck und Bindearbeiten: Ebner Ulm
Printed in Germany
ISBN 3-430-13356-4

The first thing we do,
let's kill all the lawyers.

William Shakespeare,
King Henry VI.

I. Kapitel

Die Männer tun alle dasselbe. Sie liegen oben, wir liegen unten. Das ist der ganze Unterschied . . .
Kirsten Bergmann fragte sich, warum ihr in dieser Situation ausgerechnet die Josephine Mutzenbacher einfiel. Idiotisch, denn schließlich war sie keine Wiener Hure, sondern eine anständige Frau. Eine Frau in einem Gerichtssaal. Noch war sie eine anständige Frau, aber das würde sich vielleicht ändern. Schließlich saß sie in einem Raum voller Männer, und einige davon waren Feinde.
Es war ein häßlicher Raum, die Nummer 130 des Kölner Landgerichtes. Sie hatte sich Gerichtssäle anders vorgestellt: würdiger, nicht so nüchtern und schäbig. Die Bänke und Stühle waren von ergreifender Schlichtheit.
Keine Gardinen, nichts, woran sich das Auge festhalten konnte. Der einzige Wandschmuck war ein Kreuz, das hinter dem Richter hing. Gott war überall; auch um neun Uhr morgens in einem Kölner Gerichtssaal mit der Nummer 130.
Oben thronten die Richter, optisch nur eine Stufe höher als das Volk, aber es war keine Frage der Optik. Wie schwarze Krähen sehen sie aus, dachte Kirsten: Staatsanwalt, zwei Schöffen ohne Robe, drei Richter, darunter eine Frau.
Eine Richterin, stellte sie, ein wenig beruhigt, fest. Sie war noch sehr jung, sah höchstens aus wie dreißig. Ernst schaute sie drein, so als ob sie mit der Robe eine gewisse Traurigkeit übergestreift hätte. Sie war nicht hübsch. Die Augen standen zu eng beieinander, und die braunen Haare waren strähnig und schlecht geschnitten. Der dunkelrote Lippenstift war zu grell und betonte die Blässe ihres Gesichts.
Kirsten Bergmann wies sich innerlich zurecht. Es war doch egal, wie die Frau aussah. Nach diesen Kriterien beurteilte sie

Männer schließlich auch nicht. Diese verflixte Automatik, vor der man nirgendwo sicher war.
Sie mußte sich förmlich zwingen, nach links zu schauen, dorthin, wo die beiden Angeklagten und deren Verteidiger saßen. Niemand erwiderte ihren Blick. Bernhard starrte aus dem Fenster. Schlecht sah er aus, fand sie, alt und müde. Sein bleiches Gesicht drückte keinerlei Regung aus. Er saß da, so als ob ihn das, was in diesem Saal passierte, überhaupt nichts anginge.
Henner Krug sprach leise mit seinem Anwalt. Obwohl es still war im Saal, konnte sie nichts hören. Die Zuschauerbänke waren noch leer an diesem frühen Morgen, und sie hoffte inbrünstig, daß es so bleiben würde. Aber nein, dieser Fall würde nicht ohne Öffentlichkeit über die Bühne gehen. Journalisten waren keine Frühaufsteher, das wußte sie aus eigener Erfahrung. Es würden sicher noch Leute kommen, um sich an Schmutz und Schmerz zu weiden. Schließlich war das hier ein Theater mit Freikarten. Niemand wußte am Anfang, ob es zur Tragödie oder Komödie würde. Das Ende war offen. Die Schauspieler setzten sich aus Laien und Profis zusammen, die Hauptrollen waren klar verteilt. Man mußte sich nur an den Gesetzestext halten und den Rest improvisieren. Sie selbst spielte eine wichtige Nebenrolle. Aber einen Oscar würde sie dafür nicht bekommen.
Dr. Oliver Timm liebte Vergewaltigungen nicht. Diese schon überhaupt nicht. Und es paßte ihm nicht, daß die Betroffene als Nebenklägerin auftrat. Wenigstens war Kollege Kant, der sie vertrat, ein vernünftiger Mann. Hoffentlich würde er ihr raten, während der Einlassung der Angeklagten den Saal zu verlassen. Aber aus eigener Erfahrung wußte Timm, daß es gewisse Berufsgruppen gab, die sich von ihren Anwälten herzlich wenig sagen ließen, weil sie im Wahn der Halbbildung meinten, selbst alles besser zu wissen. Dazu zählten vornehmlich Lehrer, Ärzte, Journalisten. Aber vielleicht gehörte Kirsten Bergmann zu den wenigen einsichtigen Ausnahmen. Es blieb abzuwarten.

Timm zupfte an seiner weißen Krawatte, die er zu eng geknüpft hatte. Der Saal war überheizt, und ihm war heiß unter der schwarzen Kaschmirrobe. Er hätte Grimmes Verteidigung nicht übernehmen sollen. Aber dessen Rechtsanwalt hatte sich einem Strafprozeß nicht gewachsen gefühlt und ihn förmlich bekniet. Diese diffusen Vergewaltigungen waren ihm wirklich ein Greuel. Keine Klarheit und schon gar nicht Wahrheit. Die einzig akzeptablen Fälle waren die klassischen Vergewaltigungen: Mann überfällt fremde Frau im Park. Damit konnte man arbeiten, denn da waren die Fronten klar. Aber dieser Fall Bergmann lag genau in jener Grauzone, die von Lügen, Halbwahrheiten und ewigen Zweifeln begrenzt war. Ein Marathon der Wahrheitsfindung, bei dem vermutlich alle Beteiligten in irgendeiner Form auf der Strecke blieben. Dr. Grimme mit großer Wahrscheinlichkeit, da seine Startchancen am schlechtesten waren.

»Du bist der einzige, der ihn rauspauken kann. Du mußt seine Verteidigung einfach übernehmen.« Der Kollege neigte zu Übertreibungen. Doch Timm war, in aller Bescheidenheit, einer der besten Strafverteidiger in Köln. Wenn er sich selbst für den allerbesten hielt, ging er damit nicht hausieren. Seine Honorarforderungen waren deutlich genug. Und bei Dr. Grimme hatte er besonders hoch gegriffen, in der vagen Hoffnung, daß dieser bei fünftausend pro Prozeßtag passen würde. Aber der Arzt hatte nicht mit der Wimper gezuckt und den vereinbarten Honorarvorschuß von 50 000 Mark überwiesen. Ein eisernes Prinzip des Strafverteidigers, vor Prozeßbeginn zu kassieren.

Eine teure Nacht, dachte Timm. Die Frage, ob die Frau das wert war, erübrigte sich natürlich, Kirsten Bergmann, sechsunddreißig Jahre, wie er aus den Akten wußte, hatte ein wenig von Romy Schneider, obwohl sie blond war. Gutes Gesicht, mit großen, grauen Augen und sinnlichem Mund. Sie war dezent geschminkt und trug die langen Haare zu einem Knoten geschlungen. Mit Kennerblick hatte er gesehen, daß das schwarze Kostüm teuer war und – daß sie schöne Beine hatte.

Die Jacke mit den breiten Schultern ließ weiteren anatomischen Betrachtungen keinen Spielraum. Aber alles in allem: eine schöne Frau in den besten Jahren, wenn auch in den letzten besten Jahren. Aber verdammt, nicht einmal Miß Universum wäre es wert, dafür so viel zu bezahlen. Kirsten Bergmann würde nicht darum herumkommen, ein paar unangenehme Fragen zu beantworten. Keine Schonzeit für Rehe!
Der Vorsitzende Richter am Landgericht, Johannes Mayer, war irritiert. Erstens hatte ihm der Anwalt der Nebenklägerin im Flur gesagt, daß diese während der Einlassungen der Angeklagten den Saal nicht verlassen würde. Das war zwar zulässig, wertete aber ihre nachfolgende Aussage zwangsläufig ab. Zweitens hatte seine Frau vergessen, den Wecker zu stellen, und er war überhastet und ohne Frühstück aus dem Haus geeilt. Seine Frau wurde nicht nur immer häßlicher, sondern auch immer nachlässiger. Eine unerquickliche Kombination. Kein Mann würde je auf die Idee kommen, Frau Mayer zu vergewaltigen! Außerdem war Dr. Oliver Timm im Saal. Bei diesem Verteidiger gingen bei ihm und noch einer Reihe anderer Richterkollegen die roten Warnlampen an. Mit Timm einen Prozeß zu führen war wie Autofahren auf Glatteis. Ein prozessualer Ausrutscher, und schon legte der Kerl Revision ein. Timm war in Köln als wandelnde Strafprozeßordnung gefürchtet, dafür, daß er alle Tricks kannte und sie schamlos anwandte. Nein, ein gemütlicher Prozeß würde das nicht werden.
Aber was ihm schon einmal passiert war – die Aufhebung seines Urteils durch den Bundesgerichtshof aufgrund eines läppischen Formfehlers –, das würde ihm kein zweites Mal zustoßen. Dem war Gott vor, seine Routine und der Beisitzende Richter Martin Boll. Zum Glück hatte ihm der Geschäftsverteilungsplan diesen Richter zur Seite gesetzt. Martin Boll war von keinerlei Brillanz gesegnet. Aber pingelig war er. Dem würde es als erstem auffallen, wenn Timm versuchte, sein berühmtes Revisionsballett zu tanzen.

Die kleine Kampen war vielleicht auch nicht schlecht: Eine frischgebackene Richterin hatte die Paragraphen noch ins Hirn gebrannt. Sie sah zwar aus wie eine graue Maus, aber dafür würde sie aller Voraussicht nach wenig Widerworte geben und sich der Meinung des Vorsitzenden anschließen. Mayer dachte mit Grauen an jene freche Richterin, die ihm während seines letzten Prozesses andauernd widersprochen hatte, weil sie eine rechthaberische Emanze war und an Profilneurose litt. Er war nahe daran gewesen, sich auf sie zu stürzen. Jaja, sein Temperament. Er würde es zügeln müssen, wenn Timm im Saal war. Wer sich aufregt, macht leicht Fehler. Johannes Mayer dachte mit Genugtuung daran, daß er ein As im Ärmel hatte, von dem der kluge Herr Verteidiger nichts wußte.
Nach der routinemäßigen Feststellung der Personalien der Angeklagten, die Mayer mit jener Milde heruntersurrte, für die er berüchtigt war, weil er sie nach dem Prinzip von Zukkerbrot und Peitsche einsetzte, verlas der Staatsanwalt den Anklagesatz aus der Anklageschrift. Henrik Raven las laut und betont, denn er haßte es, wenn im Gerichtssaal genuschelt wurde. Es war ein kurzer Anklagesatz: Der Arzt Dr. Bernhard Grimme und der Journalist Henner Krug waren angeklagt, in der Nacht vom 2. auf den 3. August die Journalistin Kirsten Bergmann mit Gewalt und durch Drohung mit gegenwärtiger Gefahr für Leib und Leben zum außerehelichen Beischlaf genötigt zu haben . . .
Kirsten Bergmann hatte nur die ersten beiden Sätze bewußt wahrgenommen. Was für eine Sprache, diese Sprache der Gesetzbücher. So, wie dieser Staatsanwalt dies vortrug, klang es ganz und gar nicht wie ihre Geschichte. Ob Bernhard und Henner Krug sich in diesem Anklagesatz wiederfanden? Bernhard sah immer noch unbeteiligt aus. Er hatte sie nicht ein einziges Mal direkt angesehen, und sie war ihm dankbar dafür. Aber sie spürte Krugs Blicke und konnte seine Wut geradezu schmecken, fühlen, riechen. Sie wünschte sich, diese Wut erwidern zu können, so wie damals. Es war wenigstens

ein Gefühl gewesen. Aber nichts davon war an diesem Tag, dem ersten Prozeßtag, noch übrig. Nichts von dem Schmerz und der Wut, nicht einmal der Wunsch nach Rache war ihr geblieben. Nichts als Leere, Ekel. Auch Ekel vor sich selbst.
Die Nacht vom 2. auf den 3. August war fast ein halbes Jahr alt. Und nun saß sie in diesem häßlichen Saal, und fremde Leute maßten sich an, über diese Nacht ein Urteil zu sprechen. Es kam ihr auf einmal lächerlich vor, obszön, denn ihrer aller Gefühle und Taten würden in diesem Saal seziert werden. Und sie selbst hatte die Maschinerie in Gang gesetzt, die nicht mehr aufzuhaltenden Mühlen des Gesetzes. Die alles zermalmten und den zähen Brei fein säuberlich mit Paragraphen umzäunten, bis alle Wirklichkeit unter ihnen begraben war.
Kirsten strich sich eine blonde Haarsträhne aus dem Gesicht, die sich aus dem Knoten gelöst hatte. Dezent, hatte ihr Rechtsanwalt gesagt, solle sie aussehen. Wie eine anständige Frau eben und nicht wie ein Flittchen, das Männer zur Vergewaltigung einlädt. Und weil sie die Angst des kleinen Mädchens vor Polizisten, Ärzten und Rechtsanwälten noch immer nicht abgelegt hatte, saß sie nun da wie die fromme Helene und schämte sich – nicht vor dem unlieben Gott, sondern vor sich selbst.
Furchteinflößende Männer in schwarzen Roben: Es war das erste Mal, daß sie mit dem Gesetz in dieser Form in Berührung kam. Wie für die meisten Leute war der Vollzug der Staatsgewalt für sie immer etwas »für die anderen« gewesen. Ein gesetzestreuer Bürger, mehr oder weniger, kam damit nicht in Berührung. Wie naiv sie gewesen war.
Der Vorsitzende Richter trug ein Goldkettchen. Das hatte sie gesehen, als sie draußen auf der Bank saß und er noch keine Robe getragen hatte. Obwohl sie Männer mit Schmuck nicht leiden konnte, hatte dieser Anblick sie irgendwie beruhigt. Auch nur ein Mann . . . wahrscheinlich ein eitler, denn für fünfzig, die er bestimmt war, sah er überaus gepflegt aus. Typ graue Schläfen, aber nicht unsympathisch. Mein Gott, wie ab-

hängig sie sich von Äußerlichkeiten machte. Schließlich war es nicht sie, die auf der Anklagebank saß. Doch die Schuld, ihre und die der anderen, würgte sie wie ein imaginäres Halsband. Aber es war zu spät. Im Leben gab es keine Generalproben. Jeder Akt mußte sofort stehen.

Sie griff sich unwillkürlich an den Hals, und Dr. Kant sah sie fragend von der Seite an. »Ist Ihnen nicht gut, meine Liebe?« Es war nur ein Flüstern.

»Doch, doch . . .« Bildete sie sich nur ein, daß dieser Rechtsanwalt, dieser Timm, sie höhnisch angrinste? Es war so still im Saal, nachdem der Staatsanwalt die Anklage verlesen hatte. Der Vorsitzende raschelte mit den Akten. Bernhard starrte immer noch aus dem Fenster. Diese verdammte Abgeklärtheit, die sie schon immer an ihm gehaßt hatte! Man sprach mit ihm, und er war ganz woanders. Alles, was ihn langweilte, ignorierte er. Als ob man das ganze Leben ignorieren könnte, verflucht. Es war so still im Saal.

»Bevor ich die Angeklagten frage, ob sie sich zur Sache einlassen wollen, möchte ich ein paar persönliche Worte sagen.« Richter Mayer blickte beschwörend von einem zum anderen. Seine Stimme klang sehr versöhnlich, und er lächelte. »Ich meine, meine Damen und Herren, wir sind doch alle hier erwachsene Menschen, ich möchte sagen, humanistisch geprägt, und wir könnten in gemeinsamem Bemühen diesen delikaten Fall mit, ich will mal sagen, mit gutem Geschmack und einer gewissen Zurückhaltung handhaben. Aus Erfahrung weiß ich, daß die öffentliche Behandlung intimer Bereiche von allen Beteiligten ein gewisses Maß an Selbstüberwindung fordert. Ich meine damit natürlich besonders die Nebenklägerin, Frau Bergmann.«

Ich weiß genau, worauf du mit deinen salbungsvollen Worten hinaus willst. Oliver Timm starrte den Richter mit leicht hochgezogenen Mundwinkeln an. Opferschutzgesetz: Du möchtest, daß wir die Dame hier, die meinen Klienten immerhin für ein paar Jahre hinter Gitter bringen kann, mit Samthandschuhen anfassen. Porno-Mayer, wie er in Kollegenkreisen hieß, ließ seinen ersten Warnschuß los. Aber so leicht war er nicht zu erschrecken. Sein Kollege Laubenthal, Krugs Verteidiger, schien dagegen beeindruckt. Er saß mit leicht geöffnetem Mund da und sah nicht besonders intelligent aus. Aber diese Eigenschaft hatte man Laubenthal noch nie nachgesagt.

Herr Dr. Laubenthal, dachte Timm, ist ein Mitstreiter, den ich mir freiwillig nicht ausgesucht hätte. Ein kleiner Ferkelstecher mit großer Klappe. Einer von denen, die Justizbeamte schmieren, damit diese den Knastbrüdern den entsprechenden Anwalt andienen. Das ein oder andere Essen mit dem Lokalreporter, der ihn dann namentlich erwähnte. Laubenthal übernahm vorwiegend Pflichtverteidigungen, und ob dieser Form des Broterwerbs mußte er zwangsläufig dem einen oder anderen Richter in den Allerwertesten kriechen. Weil ja auch Richter den Anwälten Pflichtverteidigungen antrugen. Und kein Richter ist so masochistisch, sich einen renitenten Anwalt freiwillig auszusuchen.

Er fragte sich, wie dieser Krug an Laubenthal gekommen war. Vermutlich dessen gute Beziehungen zur Presse! Nun, Herr Krug würde sich noch wundern.

Rechtsanwalt Timm sandte ein kurzes Stoßgebet zu dem Kreuz hinter dem Vorsitzenden. Er hatte keine Ahnung, was der Mitangeklagte aussagen würde. Es wäre ein Segen, wenn Krug zuerst an die Reihe käme. Dann könnte Grimme seine Aussage immer noch modifizieren. Aber andersherum . . .? Timm hatte dieses Gefühl, das ihn manchmal, aber nicht oft, trog, daß sein Klient die Wahrheit sagte. Im großen und ganzen die Wahrheit, aber mit einigen Aussparungen, die seiner Geschichte den fatalen Hauch der Unglaubwürdigkeit gaben. Er war kein Idiot, dieser Dr. Grimme, gewiß nicht. Er wußte, worum es ging, nämlich um die nächsten paar Jahre seines Lebens, um seine Approbation, seine Existenz. Aber vorausgesetzt, das, was Grimme ihm erzählt hatte, entsprach der Wahrheit: Warum dann diese Erinnerungslücken?

Er hatte gute Lust, seinem Klienten zu raten, sich überhaupt nicht einzulassen. Aber Grimme wollte aussagen. Sie hatten diese Aussage ein paarmal abgeklopft. Sie war nicht unstimmig. Sie wäre glaubhaft – wenn es die Lücken nicht gäbe. Wenn es die Aussagen der anderen nicht gäbe ...
Timm war in diesen ersten Prozeßtag mit einem Gefühl der Unsicherheit gegangen. Irgend etwas stank – aber noch konnte er nicht identifizieren, was. Bei Gott, wenn Grimme aus Rücksichtnahme auf die Nebenklägerin etwas zurückhielt, würde er ihm das während des Prozesses noch aus der Nase ziehen. Nichts gegen die Pappritz in diesen Zeiten des Verfalls guter Manieren. Aber alles zu seiner Zeit. Nicht in diesem Saal und nicht bei »Porno-Mayer«. Der hatte in seinen ersten persönlichen Bemerkungen schon kundgetan, auf wessen Seite er stand.
»Wir beginnen mit der Einlassung des Angeklagten Grimme.« Der Vorsitzende blickte nicht auf, sondern blätterte in den Akten. Er suchte das Polizeiprotokoll, in dem Grimmes erste Aussage vermerkt war: Wenn ein Mensch zweimal dasselbe erzählte, und das in einem Abstand von über sieben Monaten, gab es seiner Erfahrung nach immer Widersprüchlichkeiten.
Der läßt den Doktor absichtlich weg, dachte Timm. Die Demütigung des Angeklagten, ein probates Mittel. Und wie nicht anders zu erwarten, mußte sein Mandant zuerst aussagen.
»Will sich Ihr Mandant einlassen, Herr Rechtsanwalt?« Ein Blick des Vorsitzenden über den Goldrand seiner Brille.
Timm, der sonst von sanfter Stimme war, konnte schneidende Schärfe hineinlegen, wenn er vor Gericht war. »Jawohl, Herr Vorsitzender, Herr Dr. Grimme ist bereit, sich zur Sache einzulassen.«
Der Vorsitzende lehnte sich in seinem Stuhl zurück. »Ja, fangen Sie an, Herr Dr. Grimme. Wir warten. Und bitte – aber das hat Ihnen Ihr Verteidiger sicher schon gesagt – bemühen Sie sich, nach bestem Wissen und Gewissen alles zu erzählen, was in dieser Nacht geschehen ist. Lassen Sie nichts aus, was Ihnen

wichtig erscheint, und fügen Sie nichts hinzu, das nicht der Wahrheit entspricht . . .«
Natürlich. Grimme mußte sich zwingen, die Richter anzusehen. »Ich fange wohl am besten mit meinen Personalien an. Ich bin in Berlin geboren, am 30. Januar 1938. Mein Vater besaß einen Fachverlag für medizinische Literatur in Berlin. Meine Mutter starb bei der Geburt. Aber ich hatte eine ziemlich glückliche Kindheit und Jugend, soweit ich mich erinnern kann. Ich begann, in Berlin Medizin zu studieren, nach dem Abitur. 1960 verkaufte mein Vater den Verlag, und wir zogen nach Hamburg, wo ich weiterstudierte. Um es kurz zu machen: In Hamburg habe ich 1965 promoviert. Das war das Jahr, in dem mein Vater starb.«
»Waren Sie der einzige Sohn und Erbe?« Mayer versuchte sich vorzustellen, wie hoch das Erbe gewesen war.
»Ja. Ich verkaufte unser Haus und zog nach Bonn, um mich dort als Arzt niederzulassen.«
»Warum sind Sie umgezogen?« Mayer konnte sich nicht vorstellen, wie ein Mensch freiwillig nach Bonn ziehen konnte. Köln, das war noch etwas anderes.
Grimme zuckte die Achseln. »Ich weiß nicht. Ich habe damals eine Frau in Bonn gekannt, und Hamburg gefiel mir nicht mehr.«
Die erste Halbwahrheit. Der Vorsitzende legte Zweifel in seine Miene. »Na gut, wollen wir das so stehenlassen. Ich nehme an, diese Frau spielt keine Rolle in Ihrem Leben mehr. Wie ich aus den Akten ersehe, haben Sie in der Beethovenstraße Ihre Praxis eröffnet, die Sie bis heute führen.«
»Ja, Herr Vorsitzender. Ich habe das Haus gekauft und mir im zweiten Stock eine Wohnung eingerichtet. Die Praxis läuft sehr gut.«
Wahrscheinlich, weil du einer der Ärzte bist, die die Krankenkassen übervorteilen. Von den Brüdern haben wir reichlich, dachte Mayer, der im Rahmen seiner beruflichen Erfahrung ein gewisses Vorurteil gegen den Ärztestand pflegte.

»Sie sollen so eine Art Prominentenarzt sein, Herr Dr. Grimme?«
Grimme nickte. »Wenn Sie das so ausdrücken wollen, Herr Vorsitzender.«
Wenn hier einer Ironie pflegt, dann bin ich das. Mayer legte eine Spur Schärfe in seine Stimme. »Sie sind nicht verheiratet. Wie kommt das bei einem gutsituierten Mann in den besten Jahren? Kann es sein, daß Sie Probleme mit Frauen haben, sexuelle Probleme vielleicht?«
»Wir könnten hier etwa 30 Damen benennen, die Herrn Dr. Grimme das attestieren würden, was man gemeinhin als sexuelle Normalität bezeichnet, Herr Vorsitzender. Aber diese Zeuginnen würden den Prozeß doch sehr in die Länge ziehen.« Timm grinste.
Johannes Mayer bemühte sich um ein Lächeln. Die Drohung, den Prozeß durch neue Zeugen in die Länge zu ziehen, war ihm nicht neu. »Geschenkt, Herr Rechtsanwalt. Was ich fragen wollte, Herr Dr. Grimme, ist, ob es einen bestimmten Grund für Ihr Single-Dasein gibt. Ich meine, es ist ja kein Verbrechen, Junggeselle zu sein. Nach den Ausführungen Ihres Rechtsanwaltes könnte ich es mir sogar sehr schön vorstellen . . .«
Zuckerbrot und Peitsche: Bernhard Grimme entzog sich diesem Scherz. »Ich habe einfach noch nicht die richtige Frau getroffen, nehme ich an. Bei Frau Bergmann, die ich seit eineinhalb Jahren kenne, hatte ich das zunächst gedacht. Aber wir haben doch Streit bekommen und uns, ich glaube, das war Anfang Juni, getrennt.«
»Wie kam es zu dem Streit?«
Immer, wenn Porno-Mayer besonders interessiert ist, schiebt er die Brille die griechisch-römische Nase hoch. Timm mußte sich das merken. Jetzt wurde es kritisch.
»Frau Bergmann hat sich von mir getrennt, Herr Vorsitzender. Das ist alles, was ich dazu sagen möchte.«
Mayer fragte ganz sanft: »Aber Herr Dr. Grimme, der Grund für dieses Zerwürfnis könnte sehr wichtig für uns sein. Haben

Sie sich das auch gut überlegt und mit Ihrem Verteidiger besprochen?«
Grimme nickte. Er sah Timm nicht an. »Ja, das habe ich. Es ist etwas sehr Persönliches und steht in keinem Zusammenhang mit der mir vorgeworfenen Tat.«
»Den Zusammenhang herzustellen, müssen Sie schon dem Gericht überlassen, Herr Grimme.« Mayer spürte, wie die kleine Richterin neben ihm ob seines scharfen Tonfalls zusammenzuckte. »Na gut, gehen wir weiter. Sie haben Frau Bergmann seit dem Tag des Zerwürfnisses nicht mehr gesehen, stimmt das? Gut, dann kommen wir zu der Nacht des 2. August. Da haben Sie Frau Bergmann offenbar wiedergetroffen.«
Um ein Haar, dachte Grimme, wäre ich nicht zu dieser blöden Party gegangen, und dieses Haar hat mich schon viel gekostet. »Wir haben uns an diesem Abend ganz zufällig getroffen. Ich war zu einer Party bei Johannes Max eingeladen, dem Kölner Galeristen. Es waren bestimmt 100 Leute da. Die übliche Gartenfete. Es gab Champagner, Wein, ein Büfett und eine exotische Band, und die Leute standen herum und klatschten. Ich habe mich ziemlich gelangweilt und deshalb recht viel getrunken. Eine Flasche Champagner bestimmt. Ja, und so gegen elf, als ich eigentlich gehen wollte, sah ich Kirsten, pardon – Frau Bergmann. Sie stand unter dem Kirschbaum, und neben ihr war dieser Henner Krug.«
»Den Sie bis zu diesem Abend nicht gekannt haben?«
Leider nicht, dachte Grimme. »Nein, Herr Vorsitzender. Ich habe ihn wohl vom Sehen gekannt. Man trifft auf den Kölner Partys ja immer wieder dieselben Leute. Ich bin auf die beiden zugegangen, es wäre lächerlich gewesen, Frau Bergmann zu ignorieren. Sie hat mir ihren Begleiter vorgestellt, als Kollegen. Sie war kühl am Anfang, aber nicht direkt abweisend. Wir sprachen über Belangloses, eine Ausstellung von Max, und Kirsten erzählte von ihrer letzten Reise nach China. Sie ging dann für eine Weile weg, und ich blieb mit Krug stehen, und

wir redeten, ich weiß nicht mehr worüber, belangloses Zeug. Sie kam zurück und hatte eine Flasche Champagner in der Hand. Wenn ich mich richtig erinnere, war sie plötzlich anders, irgendwie fröhlicher und aufgekratzter, nicht mehr so distanziert wie vorher. Wir tranken diese Flasche Champagner zu dritt leer. Ich fürchte, wir waren dann alle drei schon ein wenig beschwipst. Diese Nacht war sehr warm und schön, regte zum Trinken an. Vielleicht hatte ich auch die Hoffnung, daß wir uns wieder versöhnen würden.«

Der Vorsitzende sah zu Professor Leitz hin, dem Alkoholsachverständigen. Der schrieb mit, hatte aber offenbar keine Fragen.

»Wollten Sie sich denn mit Frau Bergmann wieder versöhnen?«

Bernhard Grimme versuchte, diese Frage wahrheitsgemäß zu beantworten. Hatte er wirklich geglaubt, daß eine Versöhnung möglich war? Er schaute zur Seite und traf ihre Augen. Darin stand nichts, woran er sich festhalten konnte. »Ich glaube schon, ich wollte zumindest ihr Freund bleiben.«

»Eine trügerische Hoffnung, wie sich später herausstellte.« Die Häme war nicht so böse gemeint, wie sie klang. »Wer von Ihnen ist auf die Idee gekommen, die Party gemeinsam zu verlassen?«

Bernhard Grimme schloß für einen Moment die Augen. Die Wahrheit, nichts als die Wahrheit – aber diese Nacht war doch nicht mehr als eine Anhäufung winziger Tatsachen, überzogen mit einem Netz aus Erinnerungen, Gefühlen und Selbsttäuschungen.

»Ich glaube, es war Herr Krug, der diesen Vorschlag machte.«

Mayers Stimme war sanft: »Sie wissen also nicht mehr, wer diesen Vorschlag machte? Versuchen Sie doch, sich zu erinnern. Es kann wichtig sein.«

Grimme sah seinen Anwalt hilflos an. Er zuckte die Achseln.

»Mein Mandant hat nach bestem Wissen und Gewissen geantwortet, Herr Vorsitzender. Im übrigen hielte ich es für zweckdienlicher, ihn ausreden zu lassen und die anfallenden Fragen erst hinterher zu stellen. So wird es üblicherweise bei Einlassungen von Angeklagten gehandhabt, und so verlangt es das Gesetz!«

»Sie brauchen mich hier nicht über die Strafprozeßordnung zu belehren, Herr Rechtsanwalt.« Mayer spürte, wie sich in seinem Magen ein Klumpen Wut formte, den er unbedingt kontrollieren mußte. Man hatte ihn vor dieser Timm-Taktik gewarnt. Wenn der sah, daß er auf aussichtslosem Posten kämpfte, versuchte er, das Gericht um jeden Preis zu provozieren, bis er es an einen Punkt brachte, an dem ihm ein Formfehler unterlief. Ein Formfehler genügte für eine Revisionsrüge und im schlimmsten Fall für eine Aufhebung des Urteils. Die meisten Rechtsanwälte verstanden zuwenig vom Revisionsrecht, um die Strafprozeßordnung auf solche Formfehler auszureizen. Aber Timm war ein anderer Fall. Er verständigte sich mit Richter Boll mit einem kurzen Blick. »Gut, Herr Dr. Grimme. Fahren Sie fort. Wir werden uns bemühen, Ihren Erinnerungsfluß nicht mehr zu unterbrechen.«

Er war ihm auf kindische Weise dankbar dafür. Bernhard Grimme, der das Gefühl der Unterlegenheit seit Jahren nicht mehr gekannt hatte, bemühte sich, seine Unsicherheit in den Griff zu bekommen. Das waren Profis, so wie er auf seinem Gebiet. Halbgötter in Schwarz, Leute, die nichts als ihren Job machten. Es gab keinen Grund für dieses Gefühl der Angst und Unterlegenheit. Und doch fühlte er so, hatte er schon begonnen, sich wie ein Verbrecher zu fühlen.

»Ja. Ich meine, es war Herr Krug, der als erster die Idee hatte, wir sollten woanders hingehen. Der Vorschlag, zu ›Elsa‹ zu gehen, stammte von ihm. Ich kannte das Lokal nicht und Frau Bergmann meines Wissens auch nicht. Herr Krug war wohl schon öfter dagewesen, es schien zumindest so, weil er mit der Besitzerin recht vertraut war. Wir sind also, das muß zwischen Mitternacht und ein Uhr gewesen sein – genauer kann ich es nicht bestimmen –, zu ›Elsa‹ gegangen. Wir waren alle drei

nicht mehr nüchtern genug, um Auto zu fahren, und so gingen wir zu Fuß, es war nicht weit, etwa eine Viertelstunde.«
»›Elsa‹ ist, auf gut deutsch gesagt, ein Puff.« Der Vorsitzende lächelte entschuldigend für seinen Einwurf.
Der Staatsanwalt, der den Vorsitzenden nicht leiden konnte, fragte sich, ob der sein Wissen aus erster Hand bezog. Timm verkniff sich jede Bemerkung.
Grimme, der die Schöffin fixierte, was diese sichtlich irritierte, nickte. »Ja, so ist es. Die haben zwar eine normale Bar, aber wohl Separées irgendwo. Es war nicht viel los in dieser Nacht. Die Besitzerin, Elsa, war da und noch drei Mädchen. Sie alle schienen Herrn Krug zu kennen, und sie waren sehr freundlich, obwohl es – angesichts der Begleitung von Frau Bergmann – offensichtlich war, daß wir nichts anderes im Sinn hatten, als an der Bar einen Absacker zu trinken. Wir bestellten eine Flasche Champagner und dann noch eine und gaben auch jedem der Mädchen ein Glas aus. Außerdem war nur noch ein Gast da. Es war sehr lustig, wir haben getrunken und gelacht, und die Atmosphäre war entspannt. Frau Bergmann war sehr fröhlich und charmant. Wir gingen miteinander um wie zwei vertraute Bekannte, und ich war unglaublich erleichtert, daß unsere Trennung keine bitteren Spuren hinterlassen hatte. So glaubte ich zumindest. Ich erinnere mich, daß ich in dieser obskuren Bar beinahe so etwas wie glücklich war.«
Es gab ihr einen Stich, als er das sagte. Es klang so verdammt aufrichtig. Aber Kirsten Bergmann erinnerte sich, daß Bernhard auch verdammt gut lügen konnte. Sie hörte ihm so konzentriert zu, wie sie es tat, wenn sie jemanden interviewte.
Grimmes Stimme war rauh: »Von jetzt an werde ich vielleicht etwas ungenau in den Zeitangaben, weil ich wirklich schon zuviel getrunken hatte. Wir müssen so zwischen ein und zwei Stunden bei ›Elsa‹ gewesen sein. Dann habe ich gesagt, ich könne nichts mehr trinken, und habe die Rechnung bezahlt. Es waren 420 Mark. Elsa machte noch den Vorschlag, daß ich eines ihrer Mädchen mitnehmen sollte, aber ich habe abge-

lehnt. Ich hatte keine Lust, und Krug hatte kein Geld, oder ich weiß nicht . . . Wir sind dann raus aus dem Lokal, und – ich weiß nicht, ob Sie dieses Gefühl kennen – wir hatten eigentlich schon alle drei genug, aber wir wollten nicht aufhören. So sind wir noch in eine Diskothek nebenan gegangen, aber das Publikum war so furchtbar, daß wir gleich wieder raus sind. Frau Bergmann machte schließlich den Vorschlag, daß wir bei ihr noch einen Kaffee trinken sollten. Ihre Wohnung liegt praktisch in der Innenstadt, unten am Rhein. Wir sind also zu Fuß in ihre Wohnung. Als wir da ankamen, muß es gegen drei gewesen sein, vielleicht etwas früher. Frau Bergmann ging in die Küche, um Kaffee zu kochen, und ich saß im Wohnzimmer mit Krug. Wir tranken Cognac und Cola. Es dauerte lange, das Kaffeekochen, meine ich. Und ich war auf einmal furchtbar müde. Vielleicht ein paar Minuten, nachdem Frau Bergmann zurück war, bin ich mit einer Entschuldigung ins Schlafzimmer gegangen, das kannte ich ja, und dort habe ich mich angezogen auf das Bett gelegt. Ich bin sofort eingeschlafen. Und ich muß geschlafen haben wie ein Stein. Denn als ich aufwachte, am nächsten Morgen, kurz vor sieben, war niemand in der Wohnung. Kirsten, Frau Bergmann, war weg und auch Henner Krug.«

Wie er sie haßte, diese Lügenmärchen, die er sich seit 20 Jahren anhören mußte. Bei allem Verständnis dafür, daß Menschen, die auf der Anklagebank saßen, sich verzweifelt verteidigten – manches beleidigte seine Intelligenz und ließ ihn zornig werden. Der Vorsitzende trommelte mit dem Kugelschreiber auf den Akten, ein Geräusch, als ob mit einer Maschinenpistole in Watteballen geschossen würde.

»Ich war natürlich verkatert, habe mich gefragt, was passiert war. Aber dann dachte ich mir, daß Herr Krug nach dem Kaffee weggegangen war und Frau Bergmann vielleicht einen frühen Termin hatte und mich nicht wecken wollte. Es war etwas unordentlich im Wohnzimmer, und ich habe zumindest die Tassen und Gläser weggeräumt. Erst wollte ich Kirsten eine Nachricht schreiben, habe mich aber dann entschlossen, sie später anzurufen, um mich für das Nachtasyl zu bedanken. Im Grunde habe ich sogar gehofft, daß wir uns nach diesem schönen Abend wieder versöhnen würden. Aber ich habe sie dann in den nächsten Tagen nicht erreicht. Erst als die Polizei in die Praxis kam, hörte ich von den ungeheuerlichen Vorwürfen. Das ist die Wahrheit. Ich habe geschlafen. Das bin ich bereit zu beschwören.«

»Wer schläft, der sündigt nicht.« Diese Bemerkung hatte Mayer sich beim besten Willen nicht verkneifen können.

Der Staatsanwalt zog die Mundwinkel herab und warf einen forschenden Blick auf Grimmes Verteidiger. Oliver Timm, der sah, daß Grimme einem Zusammenbruch nah war, drückte ihn sanft auf den Stuhl zurück. Von Mensch zu Mensch hätte er dem Mayer jetzt gesagt, daß es geschmacklos und unwürdig war, Bonmots auf Kosten von Angeklagten zu machen. Aber die Robe schaffte andere Spielregeln.

»Ich beantrage eine Pause von einer halben Stunde, Herr Vorsitzender. Mein Mandant hat seiner Einlassung zunächst nichts hinzuzufügen, und wie Sie sehen können, geht es ihm nicht gut. Im übrigen böte mir diese Pause Zeit, einen Befangenheitsantrag zu formulieren.«

Die Miniaturbombe war geräuschlos eingeschlagen.

II. Kapitel

Der Kuß am Morgen war eines der geliebten Rituale ihrer Kindheit. Kirsten konnte sich nicht erinnern, daß ihre Mutter dieses Ritual jemals versäumt hätte, nur in den seltenen Fällen, wenn sie verreist oder krank war. Aber Magdalena Bergmann war eine altmodische Frau mit einer beinahe besessenen Verbundenheit an Haus und Familie. Es schien, als hielte sie an alten Werten fest, so als ob diese sie vor den Unbillen der Zeit schützen könnten. Magdalena Bergmann sprach nie vom Krieg, von Krankheit oder Tod. Alles, was häßlich war, wurde verdrängt in diesem schönen Haus an der Alster, in Hamburgs Nobelviertel.

Es war zumindest ungewöhnlich im Haushalt eines Arztes, aber das fiel Kirsten erst viel später auf. Ihr Vater sprach zu Hause nicht über seine Arbeit. Wurde jemand in der Familie krank, was selten genug vorkam, sagte er »Papperlapapp«. Man wurde nicht krank bei den Bergmanns, nicht in der Zeit, als sie in dem schönen Haus an der Alster wohnten und die Mahlzeiten von einem Dienstmädchen serviert wurden und die Tischgespräche sich um Haus und Garten drehten, um Literatur, Kunst und Musik. Kirstens Kinderkrankheiten wurden mit einer für das Kind enttäuschenden Nonchalance gehandhabt. Beinahe verstohlen stellte der Vater die Medizin auf den Nachttisch, und ihre Mutter, die sie hingebungsvoll betreute, tat dennoch so, als ob die »Unpäßlichkeit« ein lästiges Insekt wäre, das sich durch bloßes Öffnen eines Fensters aus dem Weg schaffen ließ. Für ein zwölfjähriges Kind war das ziemlich frustrierend. Kirsten fühlte, daß man sie um jene raren Waffen beraubte, die ein Kind in der Welt der Erwachsenen hat.

Es war eine glückliche, ein behütete Kindheit. Kirsten liebte ihre Mutter, wie man als Kind den lieben Gott liebt: gefühlsbetont, ohne Fragen und Zweifel und in dem sicheren Wissen, daß der Gegenstand der Liebe immer für einen da war.
Magdalena Bergmann war eine schöne Frau von der zeitlosen Art, die keiner Mode unterworfen ist: groß, schlank, mit fast weißer Haut, mit seltsam blauen Augen und rotblonden Haaren, die natürlich lang waren und immer hochgesteckt, immer in der gleichen Weise, so als ob Magdalena auf einer Wolke schlafe und sich nie zu frisieren brauchte. Es war so beruhigend, diese ewige Wiederholung. So beruhigend wie die stets sanfte, leise Stimme ihrer Mutter, die hellen Seidenblusen und dunklen Röcke, die Perlenkette, die sie ständig trug. Diamanten, sagte Magdalena Bergmann, seien vulgär, etwas für Neureiche. Sie hatte sehr ausgeprägte, oft merkwürdige Ansichten, und wenn diese von ihrer Umgebung als hoffnungslos altmodisch empfunden wurden, so schien sie das nicht zu stören. Sie sagte alles nur einmal, und wenn ihr widersprochen wurde, lächelte sie nur und argumentierte nicht.
Kirsten hatte ihre Eltern niemals streiten hören. Später erklärte sie sich das mit dem geradezu besessenen Harmoniebedürfnis ihrer Mutter. Als sie zehn Jahre alt war, wurde ein Dienstmädchen entlassen, nur weil seine Stimme für Magdalena unerträglich laut war. Alles Laute war vulgär. Tischgespräche über Politik waren vulgär, über Geld, Sexuelles sowieso, moderne Kunst, große Partys, berufstätige Frauen, Männer mit Siegelringen . . . Die Liste war lang. Magdalena Bergmann vertrat ihre Ansichten leise, aber bestimmt, und sie ignorierte sowohl das nachsichtige Lächeln ihres Mannes wie auch gelegentlichen Widerspruch ihrer Freunde und Bekannten.

Es waren oft Gäste im Haus, eingeladen nach einem Ritual, das Kirsten nie ganz verstanden hatte. Der Bekanntenkreis ihrer Eltern war groß, aber eine Freundin, eine intime Freundin, hatte ihre Mutter nicht gehabt.

Magdalena wurde von vielen der männlichen Bekannten verehrt oder bewundert, aber mehr so, als sei sie ein seltenes Tier oder eine Pflanze, die man beschützen mußte, die nicht zum Anfassen da war. »Magdalena ist ein wandelnder Anachronismus« hörte sie die Schwester ihres Vaters einmal sagen, und als sie ihre Mutter nach diesem Wort fragte, lächelte diese, ohne es zu erklären.
Es gab vieles, das sie nicht verstand, ohne daß es sie damals sehr gestört hätte. Es kam ihr manchmal vor, als lebte sie in einem verwunschenen Märchenschloß, zusammen mit einer guten Fee und einem Schloßherrn, der noch distanzierter und unerreichbarer war. Axel Bergmann störte ihre Kreise nicht. Wenn er nach Hause kam, zog er sich in sein Arbeitszimmer zurück, um später zum Abendessen zu erscheinen und mit sanfter Stimme über die unwesentlichen Dinge des Lebens mit seiner Frau oder seiner Tochter zu plaudern. Er fragte Kirsten nach ihren Noten, aber nie nach ihren Nöten. Hatte sie welche?

Später, viel später, als sie versuchte, mit ihrem Vater zu sprechen, mußte sie feststellen, daß das Schweigen, das Aussparen aller Häßlichkeiten, wie ihre Mutter das in ihrem Haus gefordert hatte, zu seinem zweiten Ich geworden war. Das, was sein Leben zerstört hatte, nannte er das »schreckliche Ereignis«, als wollte er mit Worten Eis über einen glühenden Vulkan legen.
Damals, in dem schönen Haus an der Alster, liebte sie ihren Vater mit der gedämpften Erwartung zurückgewiesener Zuneigung. Er war nie böse zu ihr, nicht einmal, als sie ihm einen Frosch unter den Tellerwärmer gelegt hatte. Nie würde Kirsten das angewiderte Gesicht ihrer Mutter vergessen, als ihr Vater am Sonntagabend den silbernen Tellerwärmer hob – das geheimnisvolle Lüften dieser Dinger hatte die Achtjährige schon seit langem gereizt – und statt des erwarteten Bratens ein Frosch zum Vorschein kam, der verängstigt quer über den

Tisch hüpfte. Es war wirklich komisch, das dumme Gesicht ihres Vaters, aber die Miene ihrer Mutter hatte ihr Gelächter verstummen lassen. Sie wurde aus dem Zimmer geschickt und durfte zur Strafe ein Vierteljahr lang nicht mit am Tisch essen.
Nein, es hatte nie Prügel gegeben, so sehr sie sich auch manchmal danach gesehnt hatte. Wahrscheinlich, weil Magdalena Bergmann Prügel als vulgär empfand.
Scheiße, Arschloch, Drecksau: In ihrem Zimmer und draußen im Garten wiederholte Kirsten die köstlichen Worte, die sie in der Schule gelernt hatte, immer und immer wieder. Sie zerflossen ihr auf der Zunge und tönten wie silberne Glocken in ihren Ohren. Aber nie hatte sie gewagt, mit einem dieser Worte in das Glashaus der Harmonie einzudringen. Später, als alles »Häßliche« erlaubt war, hatten sie ihren besonderen Reiz verloren.

Das Lächeln Magdalenas zu zerstören galt als Todsünde. Es bereitete Kirsten Höllenqualen, ihrer Mutter »Kummer zu bereiten« und dies in deren Gesicht manifestiert zu sehen. Es war eben Liebe, diese gnadenlose Abhängigkeit, wie sie in den Beziehungen zwischen Kindern und Erwachsenen besteht. Das Lächeln ihres Vaters war nicht so wichtig, jedenfalls nicht bis zu dem Tag, als eintrat, was später als »schreckliches Ereignis« in die Familienchronik einging.

Kirsten hatte keine Großeltern mehr, sie waren im Krieg umgekommen, mehr wollte Magdalena nicht dazu sagen. Aber es gab eine Reihe von Tanten und Onkeln und Cousins und Cousinen, die sporadisch auftauchten und keine bleibenden Spuren hinterließen. Die Familie besaß Geld, aber natürlich wurde nicht darüber gesprochen. Es gab das schöne Haus und den Mercedes ihres Vaters, die Mutter lehnte Autofahren ab. Sie hatten ein Dienstmädchen und eine Köchin und einen alten, lahmen Gärtner, der so häßlich war, daß er vom Haus und seinen Bewohnern möglichst ferngehalten wurde. Irgendwo war die große Privatpraxis des Vaters, die Kirsten nie gesehen hatte und – wie sie argwöhnte – ihre Mutter auch nicht. Es gab feste Zeiten für Mahlzeiten und Einladungen und Hausmusik und Schonbezüge über den schweren Ledersesseln. Es gab Magdalenas Kuß jeden Morgen und beim Schlafengehen ihr liebevolles Lächeln. Oder den Entzug dieses Lächelns, wenn Kirsten einen ihrer zahllosen Streiche verbrochen hatte, zu deren schlimmsten zählte, daß sie das Gebiß der Köchin versteckt hatte. Später begriff Kirsten, daß ihre Streiche nichts weiter als ein Aufbegehren gegen die Harmonie dieses Hauses waren.

Dr. Axel Bergmann träumte oft davon, mit zwei Frauen zu schlafen, mit seiner eigenen und einer schönen, lasziven Unbekannten. Ein irrwitziger Traum, wie er sich selbst eingestand, denn der Gedanke, daß Magdalena seine erotischen Phantasien teilen würde, war beinahe gotteslästerlich. Seine Frau, selbstgewählte Gefährtin vieler Tage und Nächte, war von unvergleichlich steriler Erotik. Magdalena und Sex: das war Dunkelheit, Geflüster, Ritual. Nie sprach sie darüber, was sie dabei empfand. Sie schrie nicht, und sie stöhnte nicht, sondern seufzte höchstens, in dieser zarten Lautstärke, die ihr zu eigen war. Sie war ihm ein Rätsel, seine Frau, in ihrer Anspruchslosigkeit an das Leben und in ihrer sturen Phantasielosigkeit. Magdalena kam ihm manchmal vor wie eine Blume aus Stahl. Und er liebte sie. Er liebte sie ohne die Hoffnung, daß er sie je verstehen, ihr wirklich nahekommen würde.
Sie war seine erste Frau, und er hatte sie in dreizehn Ehejahren nie betrogen. Nur in Gedanken, in Gedanken schon. Nicht, daß es ihm an Chancen gefehlt hätte. Er war mit seinen vierzig Jahren ein gutaussehender, erfolgreicher Mann. Nicht brillant, aber klug genug, sich damit zu begnügen, daß er kein Intellektueller war. Ein Naturwissenschaftler eben, ein guter Arzt, und kein Schöngeist. Literatur, Musik und Malerei interessierten ihn allenfalls oberflächlich. Eigentlich hatte er keine Interessen, von seiner Familie und seiner Praxis abgesehen. Axel

liebte die Betulichkeit seines Seins, die wohltemperierte Atmosphäre seines Hauses, die wunderbare Langeweile der Abende und Nächte mit Magdalena. Es gab keine Überraschungen, nichts Unvorhersehbares und nichts Unkalkulierbares. Es war so beruhigend, das Leben im Griff zu haben. O ja, er war glücklich. Er dachte nicht daran, die valiumwattige Glocke, die er über sein Leben gestülpt hatte, mit der Unwägbarkeit etwa eines Seitensprunges zu vertauschen. Mit einer seiner Patientinnen etwa, den Damen um die Vierzig, die ihn anhimmelten und ihm mehr oder weniger unverhohlen Avancen machten.
Er sah wirklich gut aus: groß, schlank, mit grauen Augen und grauen Schläfen. Sein Mund war für einen Mann schon beinahe zu sinnlich. Abgesehen von den erotischen Träumen und sexuellen Phantasien war Axel Bergmann ein Mann ohne Exzesse. Er trank gerne Wein, aber nie zuviel davon. Er rauchte eine Zigarre nach dem Abendessen und ließ in allem, was er tat, jene Vorsicht walten, die gemeinhin als »vernünftiger Lebenswandel« bezeichnet wird.
Seine Phantasie war unbegrenzt. Seine Phantasie versetzte Berge und brachte sein Blut in Wallung. In seiner Phantasie war er Abenteurer und Casanova, Spekulant und Hochstapler, ein sadistischer Teufel und von allen gefürchtet. Manchmal machten sie ihm beinahe angst, diese Träume, die ihn in seinem Arbeitszimmer überfielen oder in der Stille seines Betts. Es waren fast immer erotische Träume, und fast immer spielte Magdalena eine Haupt- oder Nebenrolle. Aber niemals hätte er gewagt, seiner Frau auch nur eine Silbe davon zu verraten. Magdalena, die keines häßlichen Gedankens fähig war, würde seinen Träumen mit Abscheu und Verachtung begegnen. Sex, aus der Dunkelheit des Schlafzimmers geholt, war für sie häßlich und degoûtant. Wenn man es schon tun mußte, sprach man nicht darüber. Magdalena hatte sich ja auch standhaft geweigert, ihn an Kirstens Geburt teilnehmen zu lassen. Magdalena verschloß Toilettentüren. Magdalena war wie ein schönes Bild, das man angreifen, aber nicht besitzen durfte. Sie war

perfekt. Und er betete diese Perfektion an, weil sie ihn seine eigene Unzulänglichkeit besser ertragen ließ.

Kirsten war ganz anders als ihre Mutter. Nicht äußerlich, sie würde einmal genauso schön werden, wie Magdalena heute war: groß, blond, mit diesen faszinierenden Schlafzimmeraugen, den hohen Backenknochen und dem arroganten Mund. Aber Kirsten war anders als ihre Mutter, weil sie maßlos war: maßlos in ihren Ansprüchen an das Leben. Kirsten wollte immer alles haben, und das sofort. Wie ihr Großvater, sein Vater, der Gott sei Dank tot war. Axel Bergmann hatte seinen Vater gehaßt, solange er denken konnte. Der Alte war ein Säufer und Betrüger, ein Schmarotzer ohne Sinn für Anstand und Moral. Wenn der Alte eine gute Eigenschaft besessen hatte, dann seinen Sinn für Humor – der allerdings immer auf Kosten anderer ging. Kirsten war auch so: Ihre Streiche gingen immer auf irgend jemandes Kosten. Sie log, und das oft ohne Not. Sie konnte von strahlendem Charme sein oder unerträglich verstockt, ein Wechselbad an Gefühlen, die sie hemmungslos nach außen trug. Er liebte seine Tochter, natürlich liebte er sie. Aber es tat ihm weh, wie wenig sie Magdalena ähnelte, und er hoffte zutiefst, daß sich das Gute und Sanfte ihrer Mutter doch noch bei ihr entwickeln würde. Es war schön, daß Magdalena kein zweites Kind wollte. Er wollte ihre Liebe nicht mit noch einem Menschen teilen. Das wäre mehr gewesen, als er hätte ertragen können.

»Du siehst aus, als ob du Kopfschmerzen hättest, mein Lieber. Soll ich dir die Schläfen massieren?«

Sie war so perfekt organisiert . . . Für den Abend erwarteten sie sechs Gäste, und Magdalena hatte trotzdem Zeit, sich nur ihm zu widmen. Axel Bergmann sah sie liebevoll an.

»Danke, Liebling, es ist wirklich nicht nötig. Ich hatte einen ziemlich harten Tag, das ist alles. Gib mir ein paar Minuten, und ich bin wieder fit. Wie war dein Tag?«

Magdalena streichelte ihm kurz über das Haar und setzte sich ihm gegenüber auf die Couch. »Alles bestens. Das Dienstmädchen stellt sich an, weil sie Überstunden machen muß, und die Köchin, die ich engagiert habe, scheint über zuviel Kraft zu verfügen. Sie wütet in der Küche wie ein Elefant im Porzellanladen, buchstäblich. Sie hat mir einen Teller vom guten Service zerschlagen. Kirsten hat in Latein eine Fünf nach Hause gebracht und behauptet, das läge nur daran, daß der Lehrer in sie verliebt wäre und ihr, weil sie ihn verschmäht, schlechte Zensuren gibt. Die Rache des enttäuschten Liebhabers, verstehst du? Deine Tochter ist unmöglich. Außerdem werde ich für sie einen Nachhilfelehrer besorgen müssen.«

Sie sagte immer »deine Tochter«, und manchmal störte ihn das. »Ein perfekter Tag also. Wann kommen die Gäste?«

Magdalena sah ihn erstaunt an. »In eineinhalb Stunden, mein Lieber, das weißt du doch. Ich habe deinen Dunkelblauen rausgelegt und die Krawatte mit den Silberstreifen. Wenn du möchtest, gehe ich jetzt und lasse dein Bad ein.«

Er nickte und sah ihr nach, wie sie die Treppe hinunterging, so als trüge sie ein unsichtbares Buch auf dem Kopf. Magdalena bewegte sich mit unnachahmlicher Grazie. Im Bad würde er Zeit zum Träumen haben . . .

Magdalena liebte Einladungen, solange sie im kleinen und überschaubaren Rahmen blieben. Wenn sie Gäste im Haus hatte, dann erlebte sie das schöne Gefühl, ihr Heim mit den Augen der anderen zu sehen. Und sie sah nur Schönes und Edles. Sie spürte eine geradezu physische Nähe zu den Dingen, zu jedem Möbelstück und jeder Vase, und sie bewunderte sich selbst mit den Augen der anderen für das, was sie aus diesem Haus gemacht hatte.

Natürlich würde sie der Köchin den Teller nicht von ihrem Lohn abziehen, so, wie sie es ihr angedroht hatte. Die arme Person hatte fast geheult vor Schreck, während Kirsten feixend daneben stand. Man war schließlich sozial. Blieben noch 23 Teller, und die reichten für ihre bescheidenen Einladungen durchaus.

Es war Zeit, sich umzuziehen. Magdalena überzeugte sich mit einem letzten Blick, daß alles in ihrem Haus perfekt war. Sie hörte Axel, der in der Badewanne einen Marsch pfiff, furchtbar falsch. Gott sei Dank hatte sie ihr eigenes Badezimmer. Nicht wegen seiner Pfeiferei. Das Bad war ein Intimbereich, den sie mit niemandem teilen mochte, auch nicht mit ihrem Mann. Während sie duschte, überlegte sie, welches Kleid sie anziehen sollte. Magdalena war nicht eitel, jedenfalls nicht im herkömmlichen Sinn. Ihre Garderobe war ihrem Bedürfnis nach Harmonie und Ästhetik angepaßt. Sie bevorzugte Grau- und Brauntöne, klassische Designs aus edlem Material. Das hellgraue Seidenkleid war angemessen. Sie stieg aus der Dusche und frottierte sich gründlich ab. Nichts war schlimmer als eine Gastgeberin, die besser gekleidet war als ihre Gäste. Es war ihr einmal passiert, und sie hatte einen Abend lang gelitten wie ein verstoßenes Kind. Es waren die kleinen Dinge im Leben, die zählten. Den meisten Menschen fehlte der Sensor dafür.

»Weißt du, daß ich nicht einmal genau weiß, wer heute abend kommt?«

Axel kam in ihr Schlafzimmer, während sie sich die Haare zu einem Knoten hochsteckte. Er wußte, daß sie es nicht mochte, sozusagen unfertig ertappt zu werden. Was er nicht wußte, war, daß ihr seine »Zerstreute-Professor-Imitation« unglaublich auf die Nerven ging. Magdalena antwortete erst, nachdem sie sich die letzte Nadel ins Haar gesteckt hatte.

»Du weißt es wohl. Dein Kollege Schmidt mit Frau, die von Grüns und unsere Nachbarn, denen wir eine Gegeneinladung schuldig sind. Außerdem habe ich deine Cousine Imke eingeladen. Sie bringt einen Studienkollegen mit. Ein bißchen frisches Blut kann nicht schaden. Die von Grüns sollten wir langsam von der Liste streichen. Er wird senil, und sie trinkt zuviel. Das letzte Mal war sie so betrunken, daß sie sich beim Hinausgehen von unserem Mädchen verabschiedet hat.«

»Wenn ich mit so einem alten Knacker verheiratet wäre, würde ich auch trinken.«

Magdalena legte ihre Rubinohrringe an. »Sie ist eine Frau ohne Disziplin, das ist alles. Wo ist Kirsten?«
Axel Bergmann betrachtete seine Frau durch den Spiegel. Sie war wirklich schön. Manchmal fragte er sich, womit er diese Frau verdient hatte. »Unsere Tochter hockt in der Küche und befragt die Köchin nach deren Lebenslauf. Sie ist unglaublich neugierig. Ich habe noch kein Kind gesehen, das sich so für Erwachsene interessiert.«
»Und was für Erwachsene, mein Lieber! Dienstmädchen, Köchinnen, Briefträger ... Sie kommt langsam in das Alter, in dem schlechtes Benehmen nicht mehr entschuldbar ist. Ich werde ein ernstes Wort mit ihr reden müssen. Hast du ihr gesagt, daß sie aufbleiben kann, bis die Gäste kommen?«
»Ja, habe ich. Du siehst übrigens bezaubernd aus, Magdalena.«
»O danke.« Sie stand auf und ging auf Zehenspitzen zu ihrem Schuhschrank, in dem die vernünftigen und die feinen Schuhe säuberlich getrennt waren. Axel sagte ihr jeden Abend, daß sie wunderschön aussah. Das hatte diesem Kompliment allen Zauber genommen. Außerdem paßte das Wort nicht zu ihr. Sie war auf eine kühle Art sicher schön zu nennen, aber nicht von der Art, die Männer sofort faszinierte. Sie war nicht hübsch und gewiß nicht sexy. Das war sie als junges Mädchen nicht gewesen, und das wollte sie auch nie sein, weil sie das Zur-Schau-Tragen einer Wesensart als vulgär empfand.
»Ich sehe noch einmal unten nach dem Rechten.« Sie schüttelte den Kopf, ganz sanft. »Danke, Axel, ich brauche keine Hilfe. Ruhe dich noch aus, bis die Gäste kommen.«

Kirsten stand in der Diele, als sie kamen. Sie war satt bis zum Erbrechen, hätte sich aber den Einzug der Geladenen um keinen Preis entgehen lassen. Die Köchin hatte sie mit Resten gefüttert, und weil diese soviel dabei erzählte, hatte sie sich gedankenlos vollgestopft, bis ihr schlecht wurde.
Die Schmidts kamen als erste, wie immer: Er war klein und

dick, aber charmant und geistreich, wie Mutter sagte. Kirsten mochte ihn trotzdem nicht, empfand seine unhanseatische Herzlichkeit als die eines tückischen Schweins. Frau Schmidt, die Kirsten wie immer an den großen Busen drückte, stank penetrant nach Parfum. Während Kirsten sich losmachte, versuchte sie, sich vorzustellen, wie Herr und Frau Schwein gemeinsam ins Bett stiegen. Es mußte ein großes, ein stabiles Bett sein, und wahrscheinlich grunzten sie nachts. Bah . . .

Die von Grüns waren so uralt, daß sie für die ihre Phantasie nicht mehr strapazierte. Die starben ohnehin bald, und dann würde Mutter sich für ihre Essen neue Adelige suchen müssen. Sie gab ihnen artig die Hand und spähte aufgeregt nach dem einzigen Gast, den sie nicht kannte. Seinen Namen wußte sie nicht, nur, daß er ein Freund von Imke war. Kirsten brauchte wieder Menschen-Nahrung für ihre Geschichten, für ihre Abenteuer mit Prinzen und Hexen und Jungfrauen und alten, bösen Zauberern. Sie brauchte einen Prinzen.

Und es war typisch, daß Magdalena sie gerade dann in die Küche schickte, als Imke mit ihrem Freund klingelte. Irgendeine dumme Frage an die Köchin, es war einfach nicht fair. Und ins Wohnzimmer und Eßzimmer durfte sie nicht, wenn Gäste da waren. Diese verdammten Gebote und Verbote, die nur dazu da waren, Kinder zu quälen! Kirsten spähte durchs Schlüsselloch oder – versteckt – durch die Tür, wenn das Dienstmädchen sie öffnete.

Er saß mit dem Rücken zur Tür. Kirsten sah nur, daß er breite Schultern hatte und schwarze, lockige Haare, die sich über einem weißen Hemdkragen kräuselten. Er hatte längere Haare, als sie es je bei einem anderen Gast ihrer Eltern gesehen hatte. Es war einfach nicht fair, daß er sich nie umdrehte. Der Prinz saß zwischen Imke und ihrer Mutter.

»Mädchen, wenn du nicht von der Tür weggehst, flieg ich mit dem Tablett über dich, und dann gute Nacht . . .«

Kirsten steckte ihr die Zunge raus. Das war genau das, was sie sich wünschte. Dann würde es einen Riesenkrach geben und Scherben und jede Menge Hummersuppe auf dem Teppich, und die Erwachsenen würden nicht mehr so selbstzufrieden dasitzen, sondern sich umdrehen und entsetzt dreingucken und . . .

Sie erwägte kurz, der Elfie ein Bein zu stellen, verwarf den Gedanken aber wieder. Kurze Freude, langes Leiden: Elfie würde vermutlich entlassen, was nicht das Schlimmste war. Magdalena würde eine Weile nicht mit ihr sprechen, so wie damals nach der Geschichte mit dem Frosch. Magdalenas Schweigen aber war viel schlimmer als Prügel oder Hausarrest, weil es unerbittlich und anklagend war und tagelang andauerte. Dann mußte man zu Kreuze kriechen, erklären, entschuldigen . . .

Er drehte sich nicht um. Kirsten beschloß, sich nach oben zu verziehen, bevor ihre Mutter auf die Idee kam, draußen nach dem Rechten zu sehen. Kirstens Bettzeit war neun Uhr abends, und man erwartete von ihr, daß sie sich an die Spielregeln hielt und ihrer Mutter keinen Grund gab, die Stimme zu heben. Das Gemeine war, daß die Spielregeln ausschließlich von Erwachsenen aufgestellt wurden. Und was wußten die schon vom Spielen . . .

Vivaldis »Vier Jahreszeiten« war das letzte, das sie vor dem Einschlafen von unten wahrnahm. Es war Magdalenas Lieblingsmusik. Kirsten hatte keine Ahnung, daß dieser Abend jenes schreckliche Erlebnis einläutete, das ihrer aller Leben so veränderte. Sie träumte von einem schwarzgelockten Prinzen, der sie aus ihrem Gefängnis entführte. Sie hatte große Angst, aber sie stieg trotzdem auf sein weißes Pferd. Das Pferd hatte rote Ohren.

III. Kapitel

Henrik Raven hatte genug Geld, um sich gelegentliche Zweifel an dem, was er tat, erlauben zu können. Als Staatsanwalt und Beamter verdiente er natürlich nicht soviel, aber die Familie, gottlob, hatte beizeiten in Immobilien und Aktien investiert, und von den Zinsen seines Erbes ließ sich bequem leben. Er hatte es eigentlich nicht nötig, sich für 4000 DM und noch was netto in den Dienst des Gesetzes zu stellen. Sein Vermögen ließ ihm die Möglichkeit, jederzeit den ganzen Krempel hinzuwerfen, und erlaubte ihm grundsätzliche Fragen an sich selbst und seine Arbeit. Die Fragen, auf die es keine Antworten gab – und das waren nicht wenige –, hatten zu einer Form von Zynismus geführt, die Außenstehende als Arroganz interpretierten.

»Brillant, aber nicht ehrgeizig genug«, war das Urteil seiner Vorgesetzten, und wenn er von der Urteilskraft vieler Juristen auch wenig hielt, so traf dies im großen und ganzen zu. Seit fünf Jahren war er Vertreter der Anklage in Köln, zuständig für Kapitalverbrechen, angefangen von schwerem Raub bis hin zu Mord. Menschliches Fehlverhalten als täglich Brot: Was ihn an der Universität und in seiner Assistentenzeit noch als abstraktes Problem interessiert hatte, traf ihn seit fünf Jahren mit der Wucht alltäglicher, mieser menschlicher Tragödien.

Henrik Raven war fünfunddreißig Jahre alt, klein und drahtig und trug seine aus welchen Gründen auch immer frühzeitig ergrauten Haare in einer Art Bürstenschnitt, der zu seinem kantigen Gesicht paßte – wie ihm seine Freundin versicherte, die nie müde wurde, ihn zu »stylen«. Verheiratet war er nicht, und er hatte auch nicht die Absicht, dieser Freundin mehr Platz in seinem Leben einzuräumen, als unbedingt nötig war. Monika war klug, und sie war zweifellos eine dekorative Frau.

Aber sie hatte einen fatalen Hang zu Äußerlichkeiten, und das störte ihn mehr, als er ihr sagen konnte. Sie war ein Snob ohne den monetären Hintergrund, sich Snobismus leisten zu können. Das hatte ihn anfangs amüsiert, aber seit geraumer Zeit nicht mehr. Im »Goldenen Pflug«, dieser protzigen Hochburg der Spesenritter, 1000 Mark zu verfressen, hatte für Monika die Bedeutung des letzten Abendmahls. Sie war eine Frau für gute Zeiten, und das war ihm zuwenig.

Kirsten Bergmann schien Format zu haben. Sie hatte ihm gut gefallen während der Vernehmung: Keine Spur von Hysterie oder Selbstmitleid, sondern sachlich und selbstbewußt hatte sie ihre Aussage gemacht. Außerdem war sie eine schöne Frau, aber auf eine Art, die einem erst bei näherem Hinsehen auffiel. Nicht mehr ganz jung, aber Raven konnte mit Frauen unter dreißig ohnehin wenig anfangen. Gesichter mit einer gewissen Lebenshaltung und -erfahrung interessierten ihn mehr.

Wenn nach der Aussage der Kirsten Bergmann gewisse Zweifel blieben, mußte das nicht unbedingt an ihr liegen. Fünf Jahre waren genug. Fünf Jahre Umgang mit Zeugen hatten ihn gelehrt, daß niemand so etwas wie die absolute Wahrheit sagte. Nicht diejenigen, die persönlich betroffen und von einem verständlichen Gefühl der Rache getragen waren. Aber auch nicht jene unbeteiligten Zeugen, auf die sich so viele Urteile stützten. Nach seiner für die Rechtsprechung unerheblichen Meinung wurden Zeugenaussagen in Prozessen maßlos überbewertet. Die Aussage eines einzigen glaubwürdigen Zeugen konnte zur Verurteilung führen. In diesem Prozeß war es die Aussage der Kirsten Bergmann, auf die sich Anklage, Prozeß und Verurteilung stützten. Weil ihre Aussage nach juristischen und menschlichen Kriterien glaubhafter sein mußte als die der Angeklagten. Mußte sie das? War das persönliche Interesse des Opfers und der Hauptzeugin der Anklage nicht ebenso stark zu bewerten wie das des Angeklagten?

Der Staatsanwalt saß in seinem kleinen Büro und schrieb

einige Punkte der Aussage Dr. Grimmes ins reine. Richter Boll hatte auch mitgeschrieben, ebenso wie der Verteidiger. Der Vorsitzende verließ sich auf sein gutes Gedächtnis und darauf, daß er im Zweifel falsch zitieren durfte.
Das war auch so ein Unding in Strafprozessen: Es gab kein Protokoll über Einlassungen von Angeklagten oder Zeugen. Henrik Raven hatte erhebliche Zweifel an den Ausführungen Dr. Grimmes. Sie waren im besten Fall unvollständig und klangen wie eine schlechte Mischung aus Wahrheit, Halbwahrheit und Lüge. Er kannte Timm, den Verteidiger, noch von der Uni her und schätzte ihn als Freund und Anwalt. Aber in diesem Fall hatte Timm schlechte Karten, und er konnte seine Verteidigungsführung nicht nachvollziehen. An seiner Stelle hätte er Grimme überhaupt nichts sagen lassen, abwarten, was Krug und vor allem die Bergmann dazu ausführten.
Im übrigen, das war sonnenklar, legte Timm seine üblichen Revisionsfallen. Der Staatsanwalt hatte nicht die Absicht, den Vorsitzenden auf das ein oder andere hinzuweisen. Aus ganz persönlichen Gründen: Er konnte Johannes Mayer nicht ausstehen, und er würde es ihm gönnen, wenn das Urteil aufgehoben würde. Mayers Prozeßführung paßte ihm nicht: Er ließ den Staatsanwalt kaum zu Wort kommen, weil er aus jedem Prozeß eine Ein-Mann-Show machen mußte. Die Beisitzer und Schöffen würde er niederbügeln, sofern letztere es überhaupt wagen sollten, Fragen zu stellen. Die beiden Schöffen sahen im übrigen nicht aus, als ob sie der Stimme des Volkes während dieses Prozesses großes Gewicht verleihen würden. Die Hausfrau war viel zu aufgeregt, viel zu sehr von ihrer eigenen Wichtigkeit beeindruckt, um genau zuhören zu können. Der pensionierte Beamte machte zwar einen konzentrierten Eindruck, aber das mußte nicht heißen, daß er den Männern in den schwarzen Roben widersprechen würde. Ein geschickter Vorsitzender wurde mit solchen Laien spielend fertig. In komplizierten Prozessen, zum Beispiel Wirtschafts- oder Umweltstrafsachen schon deshalb, weil die Schöffen an das juristische

Hochreck nicht heranreichten. Aber auch bei einer simplen Vergewaltigung schaffte ein Vorsitzender die 4:1-Abstimmung in seinem Sinne fast immer. Und war wirklich einmal ein eigensinniger Schöffe dabei, mußte der eben so lange mit Paragraphen und der Prozeßordnung zugedeckt werden, bis er in Erkenntnis der eigenen Unwissenheit nachgab und sich der Meinung des Vorsitzenden anschloß. So einfach war das.
Die Stimme des Volkes – ein leises Flüstern, ein hübsches Feigenblatt, wenn die Angeklagten aus dem Paradies der Unschuld vertrieben wurden – mehr nicht.

IV. Kapitel

Der Richter gefiel ihr. Einfach umwerfend. Lisa Riemers hatte eine ausgesprochene Schwäche für Uniformen, weiße Kittel und Roben. Man konnte es drehen, wie man wollte, so 'ne Kostümierung machte was aus Männern. Sie sahen einfach imposanter aus, männlicher, ja beinahe gebieterisch. An ihren eigenen mochte sie jetzt nicht denken, den Mann ihres Alltags, der abends vom Dienst nach Hause kam und nach Essen fragte. Jeden Abend dasselbe. Dann die Glotze, dann ins Bett, und froh war man, wenn der Mann genug Bier getrunken hatte und einen in Ruhe ließ.

»Wieso nehmen die so 'ne blöde Hausfrau wie dich als Schöffin?« hatte er gesagt, als sie ihm schon im Flur davon erzählt hatte. 'ne blöde Hausfrau! Schließlich war sie Chefverkäuferin gewesen, bevor das erste Kind kam. Danach war nicht mehr viel gewesen: Mallorca, noch ein Kind, die Abende im Kegelverein, das Sparen auf den Urlaub oder ein neues Wohnzimmer ... Das hier war ein neues, ein aufregendes Erlebnis für sie. Ein Prozeß! Und noch dazu nicht irgendso ein Ladendiebstahl, sondern ein großer, spannender, mit fast prominenten Leuten. Die Bergmann, das Opfer, kannte sie sogar vom Radio. Sie sah nicht schlecht aus, fand Lisa Riemers.

Sie selbst war vierunddreißig, fand sich aber schon sehr alt. Aber nie in den letzten Jahren hatte sie das Gefühl empfunden, so wichtig zu sein. Schließlich war sie Schöffin in einem Prozeß. An ihr, auch an ihr lag es, ob diese beiden Männer ins Gefängnis kamen. Irgendwie war das ja auch beängstigend, dieses Gefühl der Macht. Aber aufregend. Dafür opferte sie gern ihre Freizeit, schließlich bekam man nur die Spesen ersetzt. Jetzt konnte sie zu ihrem Mann sagen: »Tut mir leid, du mußt in der Kneipe essen. Ich war bei Gericht und hatte keine

Zeit einzukaufen.« Es stank ihm, das hatte sie schon festgestellt. Seine blöde Hausfrau saß zu Gericht.
Als sie am Morgen reingekommen war, war sie ein bißchen enttäuscht gewesen. Wie in englischen Kriminalfilmen sah der Saal 130 nicht aus. Alles mehr schlicht, aber der oberste Richter war nett zu ihr gewesen, hatte ihr den Stuhl zurechtgerückt und sie mit diesem Lächeln angesehen . . .
War halt auch nur ein Mann, man kannte das ja. Sie dürfe immer Fragen stellen, wenn sie was nicht verstünde, hatte er zu ihr gesagt, aber natürlich fragte sie nicht. Es war ja ziemlich klar. Die beiden da unten hatten diese Journalistin vergewaltigt, einer nach dem anderen. Warum sollte sie das erzählen, wenn es nicht stimmte? Männer waren so, die hatten Triebe, die sie nicht zügeln konnten. Und dieser Dr. Grimme hatte natürlich gelogen, eiskalt gelogen, und insgeheim hatte sie sich gewundert, daß die anderen so regungslos geblieben waren, so ruhig. Der einzige, der sich offenbar nicht benehmen konnte, war der Rechtsanwalt des Dr. Grimme. Ein widerlicher, arroganter Kerl, der so respektlos mit dem obersten Richter redete. Den Staatsanwalt fand Lisa Riemers auch nicht sonderlich sympathisch, weil der so kalt aussah, richtig herzlos.
»Sie können sich setzen.«
Der Vorsitzende sah sich im Saal um und war enttäuscht, daß immer noch keine Presse da war. Schließlich war jetzt eine Uhrzeit, in der selbst Gerichtsreporter aus den Federn gekrochen sein sollten. Man mußte sich mit ihnen gemein machen, aber eigentlich hatte er für die Journaille nicht viel übrig. Auch nicht für eine vom Typ Bergmann. Für eine Frau war sie ihm zu arrogant. Der Typ Frau vermutlich, der mit Männern herumsprang und sich dabei emanzipiert vorkam. Man sah ja, was daraus werden konnte. Der Abgang des Verteidigers hatte ihm einen Stich versetzt und die Pause gründlich verdorben. Aber wie er es sah, hatte Timm nur einen Schuß ins Blaue abgegeben. So schnell verschoß der Herr sein Pulver nicht. Seriöse Rechtsanwälte, und dazu mußte man ihn zählen, reizten die

Möglichkeiten, einen Richter für befangen zu erklären, höchst selten aus. Wer es zu oft trieb, den nahm keiner mehr ernst. Aber Kollege Schulte – Kopf-ab-Schulte, wie man ihn auch nannte – hatte ihn davor gewarnt, diesen Herrn zu unterschätzen.

»Darf ich nun den Angeklagten Krug um seine Einlassung bitten.« Der Vorsitzende lächelte den Angeklagten aufmunternd an und ignorierte ein lautes Husten, das von den Zuschauerbänken kam.

Alle Aufmerksamkeit konzentrierte sich jetzt auf Henner Krug. Er war sehr groß, schlank, hatte braune Augen, eine gerade Nase, der Mund war durch den Oberlippenbart schwer einzuschätzen. Seine Haare waren eine Spur zu lang und verdeckten Ohren, die leicht abstanden. Kein Detail an ihm war unschön, aber der Gesamteindruck hinterließ häßliche Spuren. Es konnte an seiner fahlen Haut liegen oder an dem Ausdruck seiner Augen. »Mickerig« war sein Eindruck auf Schöffin Riemers.

Henner Krug sprach leise und akzentuiert, und seine tiefe, angenehme Stimme machte vieles wieder wett.

»Ich nehme an, ich soll mit meinen Personalien anfangen, Herr Vorsitzender?«

Nach dem zustimmenden Nicken Mayers begann Henner Krug, sein Leben zu erzählen, so als ob er einsehen würde, daß es in irgendeiner Form zur Wahrheitsfindung beitragen könnte. Er blickte dabei den Vorsitzenden an und manchmal die Richterin.

»Ich bin in Dresden geboren, 1942, als einziger Sohn einer Witwe. Mein Vater ist im Krieg gefallen. Ich war vier, als wir in den Westen gingen, zunächst nach Berlin und dann, zehn Jahre später, nach Köln. Es war wohl eine schwere Zeit für meine Mutter, denn sie hat sich mit Putzen durchgeschlagen. Trotzdem hat sie mich aufs Gymnasium geschickt, und dann, 1962, sind wir nach Köln gezogen, weil sie dort eine Stelle als Haushälterin bekommen hat. Bei Dr. Gunnach, wissen Sie, dem Direktor beim WDR. Diese Stelle hat sie bis zu ihrem Tod, 1972, innegehabt. Dr. Gunnach war es auch, der mir nach dem Abitur ein Volontariat beim WDR beschafft hat. Nach dem Volontariat war ich eine Zeitlang beim Deutschlandfunk und bin dann, vor zwei Jahren, in die politische Redaktion des WDR übergewechselt, wo ich auch meine Kollegin, Frau Bergmann, kennengelernt habe.«

»Sind Sie verheiratet, Herr Krug?« Der Vorsitzende hatte sich gerade darüber geärgert, daß ein Zuschauer unter lautem Knallen der Tür in den Saal gekommen war, bis er erkannte, daß es der Journalist vom Expreß war. Journalisten hatten schlechte Manieren, das mußte man hinnehmen.

»Nein, Herr Vorsitzender.« Henner Krug schüttelte bekräftigend den Kopf. »Ich war wohl mal verlobt, aber zu einer wirklich festen Bindung hat es nie gelangt. Die Beziehungen sind heute so oberflächlich geworden.«

Mein Gott, dachte der Staatsanwalt, gleich hält uns der Typ einen Vortrag über Beziehungskisten. »Waren Sie mit Frau Bergmann näher, ich meine intim bekannt?« fragte Raven und ignorierte die Mayerschen Blicke, in denen »Einmischung« stand.

»Nein, Herr Staatsanwalt. Wir waren nicht einmal platonisch befreundet, ich meine, es war eine sehr oberflächliche Bekanntschaft, wie das unter Kollegen so üblich ist. Frau Bergmann hat sich mit keinem der Kollegen geduzt, auch mit mir nicht. Sie hielt immer etwas auf Distanz . . .«

Der Blick seines Verteidigers besagte: Vorsicht! »Ich meine, deshalb war ich ja auch so überrascht, als sie an diesem Abend . . . Aber ich will von vorne beginnen. Ich habe nachmittags in der Redaktion gesagt, daß ich auf die Party gehe, und sie fragte mich, ob ich sie mitnehme. Sagte so etwas wie, sie hätte mal Lust, einen draufzumachen. Klar, habe ich gesagt, und ich habe sie dann gegen acht abgeholt, sie stand schon unten, und ich mußte nicht mal aus dem Auto aussteigen und klingeln. Dann sind wir gemeinsam hin, es war eine

Party mit viel Prominenz und Promille, und wir standen nur kurze Zeit zusammen, verloren uns bald aus den Augen, wie das so ist bei einem Schwof dieser Größenordnung. Schließlich kenne ich viele Leute in Köln und Bonn. Na ja, jedenfalls hatten sich unsere Wege gerade wieder gekreuzt, als Dr. Grimme auftauchte. Ich kannte ihn nicht, und Frau Bergmann stellte uns vor. Bei Licht betrachtet, habe ich mir gleich gedacht, daß zwischen den beiden was nicht stimmte. Ich hatte mal läuten hören, daß sie mit ihm liiert war, Kollegenklatsch, verstehen Sie, aber dann haben sie sich wohl getrennt . . .«

Timm lehnte sich in seinem harten Stuhl zurück und verschränkte die Hände über der Brust. Er beobachtete, wie die Ausführungen Krugs auf die Richter und Schöffen wirkte. Mayer und Richter Boll wie auch die Schöffin sahen wohlwollend-interessiert aus, während Richterin Kampen und der Schöffe eher einen Hauch von Widerwillen in ihren Mienen zeigten. Soweit er das feststellen konnte.

Es war noch zu früh, die Stimmung im Gerichtssaal zu analysieren und die Verteidigung darauf abzustellen. Das ließ sich spätestens dann feststellen, wenn die Kammer die Angeklagten und die Zeugen befragte. Waren die Fragen aggressiv gestellt, ließ sich daraus meistens auf Verurteilungskurs schließen. Aber auch dafür gab es keine goldene Regel. Einmal war er an einen grenzenlos verständigen und milden Richter geraten, der die Verteidiger richtig eingelullt, dann aber die Höchststrafe verkündet hatte. Manchmal mußte man versuchen, am Richter vorbei die Schöffen auf seine Seite zu ziehen oder einen starken Beisitzer. Ihnen in die Augen schauen, wenn man Fragen stellte.

Timm setzte keine großen Hoffnungen auf die beiden Schöffen. Was ihn aber wirklich irritierte, war der gelegentliche Blickkontakt zwischen dem Vorsitzenden und dem Kollegen Laubenthal. Das ließ ihn ahnen, was ein paar Minuten später wie eine Bombe platzte und alle zu überraschen schien, die nicht eingeweiht waren.

V. Kapitel

»Wir verlassen dieses Haus und kehren nie wieder hierher zurück.«
Kirsten Bergmann starrte ihren Vater wortlos an. Für die Dreizehnjährige war dieser Satz nur der letzte Beweis dafür, daß alles, was sie in ihrem Leben als sicher und eindeutig angesehen hatte, nun nichts mehr war als ein Scherbenhaufen. Nichts mehr, woran sie sich festhalten konnte. Die Köchin und das Dienstmädchen waren weg, die Gardinen blieben zugezogen, und es standen keine Blumen mehr auf den Tischen. Ihre Mutter hatte das Haus vor zwei Monaten verlassen.
»Adieu, meine kleine Kirsten«, hatte sie gesagt, mit diesem fremden Lächeln, das Kirsten schon seit einiger Zeit bei ihr bemerkt hatte. »Das schreckliche Ereignis«, wie ihr Vater es nannte, war der Auszug Magdalena Bergmanns, nur mit zwei Koffern und diesem Lächeln. Der Taxifahrer vor der Tür hatte gehupt. Ihr Vater war nicht dagewesen, und Magdalena hatte ihr einen Brief für ihn in die Hand gedrückt. Es hatte geregnet, und Kirsten sah zu, wie ihre Mutter durch den Regen zum Taxi ging, so als ob ihr die Nässe nichts anhaben könnte. Nichts von dem, woran ihr Herz gehangen hatte, nahm sie mit. Deshalb war es für Kirsten auch so unbegreiflich gewesen. Diese Frau, die sie verließ, war eine ganz andere, eine Fremde. Die hatte sich in Magdalenas Hülle geschlichen und sie so schrecklich verändert.
Zuerst war es Kirsten nicht aufgefallen. Ihre Mutter trug plötzlich die Haare offen und begann, sich auch tagsüber zu schminken. Die strengen Blusen und Röcke wichen verspielten Kleidern. Kirsten hörte zum ersten Mal, wie ihre Eltern laut und heftig miteinander sprachen, und erschrak vor diesen Stimmen. Sie merkte, daß die Rituale des Hauses sich auflö-

sten, ohne daß jemand eine Erklärung dafür gab. Der Kuß am Morgen wurde immer flüchtiger, bis es ihn nicht mehr gab. Weder Mutter noch Vater fragten nach der Schule oder den Fortschritten beim Klavier- und Ballettunterricht. Sie durfte sich bei den Dienstboten herumtreiben, ohne dafür ermahnt zu werden. Es war, als ob sich Magdalena und Axel Bergmann nicht mehr um sie kümmerten, sie ganz und gar Gast wäre in diesem Haus.

Am Anfang hatte Kirsten das sogar schön gefunden. Ein Stück Freiheit hatte sich aufgetan und die starren Regeln des Hauses durchbrochen. Doch dann hatte plötzlich der Schmerz des Verlustes eingesetzt, dieses Gefühl der Einsamkeit. Was halfen ihr alle dummen Streiche, wenn niemand sie mehr zur Kenntnis nahm?

»Das Kind ist außer Rand und Band, und die Herrschaften kümmern sich nicht darum«, hörte sie die Köchin sagen, und Kirsten weinte. In ihren Märchenphantasien verschmolz sie mit all jenen traurigen Figuren, die als Waisenkinder in eine böse Welt ausgesetzt wurden. Jeder Amateurpsychologe hätte ihre plötzlich auftretende Freßsucht richtig interpretiert. Kirsten hielt sich, wenn sie zu Hause war, überwiegend in der Küche auf und stopfte so viel in sich hinein, daß es sogar der tschechischen Köchin, die davon lebte, andere Leute zu mästen, unheimlich wurde.

Ihrer Mutter fiel es nicht auf. Magdalena Bergmann war zu diesem Zeitpunkt nur noch ein Schatten in diesem Haus, ein Schatten, der immer blasser wurde, bis er ganz verschwand.

Am Abend vorher hatte Kirsten das bisher heftigste der bitteren Streitgespräche gehört. Nur Wortfetzen waren durch die dicke Eichentür gedrungen. »Hure« war ein Wort, mit dem Kirsten nichts anfangen konnte. Aber sie hatte das Poltern gehört und den Schrei ihrer Mutter, und die Köchin war aus der Küche gestürzt, an ihr vorbei; und hatte die Tür aufgemacht, ohne vorher anzuklopfen. So weit war es gekommen.

Kirsten sah ihre Mutter am Boden liegen, und sie sah Blut und ihren Vater, der sich über Magdalena beugte, und sie hörte ihn sagen: »O Gott, das wollte ich nicht.«

»Sie haben sie umgebracht«, sagte die Köchin in ihrem komischen tschechischen Akzent, aber Axel Bergmann hatte nur den Kopf geschüttelt, ohne die Köchin für ihr Eindringen oder diese Anschuldigung zu rügen.

»Nein, ich habe sie nicht umgebracht. Sie ist nur ohnmächtig. Sie ist hingestürzt und hat sich an der Tischkante verletzt. Es ist nichts Ernstes. Sie kommt gleich wieder zu sich. Und tun Sie mir den Gefallen und nehmen Kirsten weg. Diese Szene ist nichts für sie.«

Sie hatte sich erst wegführen lassen, als ihre Mutter sich aufrichtete und sagte, daß alles in Ordnung sei. »Ein Sturz, meine Lieben, weiter nichts.«

Aber am nächsten Tag, kurz nachdem ihr Vater aus dem Haus war, hatte Magdalena die Koffer gepackt. Sie hatte sich nicht umgedreht, als sie ins Taxi stieg. Nicht ein einziges Mal.

Den Brief ihrer Mutter überreichte ihm Kirsten, sobald er zur Tür hereinkam. Ohne Worte. Axel Bergmann hatte ihn an sich genommen wie einen Strauß Brennesseln und war in die Bibliothek gegangen. Später, sehr viel später, rief er Kirsten zu sich. »Ein schreckliches Ereignis«, sagte er: »Magdalena hat uns verlassen. Für immer. Es ist, als ob sie tot wäre, wenn du verstehst, was ich meine.«

Nein, sie verstand nichts. Und niemand erklärte ihr das »schreckliche Ereignis«, so daß der Schmerz sich nicht auflösen konnte in Wut oder Verständnis oder Resignation. Niemand sprach darüber, das war von Axel Bergmann verboten worden. Schon bevor ihre Mutter gegangen war, hatte es kaum noch Besuche oder Geselligkeiten gegeben. Nun kam überhaupt keiner mehr, außer dem Postboten und dem Lebensmittelhändler. Die Grabesstille des Hauses war für eine Dreizehnjährige schwer zu ertragen. Wenn der Vater nach Hause kam, verschwand er nach kurzer Begrüßung in seinem Arbeitszimmer. Dorthin ließ er sich ein Tablett mit Essen bringen und eine Flasche Wein, oder zwei oder drei. Spät nachts hörte sie ihn, wie er die Treppe hinaufpolterte, und meist schlich sie sich danach in die Küche an den Kühlschrank.

Von der Köchin und dem Dienstmädchen erfuhr sie, daß Axel Bergmann den beiden gekündigt hatte, kurzfristig und mit einer großzügigen Abfindung. Eine Woche später eröffnete er ihr, daß sie das Haus verlassen und nach Botswana ziehen würden.

»Warum nach Botswana?« fragte Kirsten, statt zu fragen, wo dieses Botswana sei, von dem sie noch nie gehört hatte.

»Weil ich da eine Arztpraxis von einem Kollegen übernehme, der nach England zurückgeht. Ich habe meine Praxis hier verkauft.«

Sie war schon dankbar, daß er mit ihr sprach und Fragen beantwortete. Der Schock, auch noch den letzten Zipfel einer glücklichen Vergangenheit loslassen zu müssen, setzte erst später ein. »Wo«, fragte sie, »liegt Botswana?«

»In Afrika, Kirsten, im Süden, zwischen Südafrika und Rhodesien. Frage mich nicht, wie es da aussieht, ich war noch nie da. Aber ich schlage vor, daß wir morgen versuchen, das eine oder andere Buch zu kaufen, um uns zu informieren. Nur – ich fürchte, wir werden nicht viel finden. Es ist ein so unbedeutendes Land.«

»Kann ich da zur Schule gehen?«

Was für praktische Sorgen Kinder haben. »Ja, natürlich, aber du wirst dein Englisch aufpolieren müssen, weil es da keine deutsche Schule gibt. Jedenfalls glaube ich das nicht. Aber du bist ja nicht dumm, es wird dir schnell gelingen. Ich habe dich in deiner Schule bereits abgemeldet. Wir fahren in ein bis zwei Wochen, je nachdem wie schnell der Umzug geht. Ich möchte keine Zeit verlieren.«

Sie sah ihm an, daß er keine Lust mehr hatte, das Gespräch fortzusetzen. Die zweite Flasche Wein war entkorkt, und er hatte sich nachgeschenkt. Eigentlich sah er aus wie immer, nur

seine Augen waren trüb und rotgeädert. Und es kam ihr vor, als sei er weit weg von ihr. Sie hatte noch so viele Fragen.
»Wie weit ist Botswana weg? Willst du das Haus verkaufen? Kommt Mutter mit?«
Es geschah so schnell, daß sie erst das Geräusch des zersplitternden Glases wahrnahm. Was von der Wand tropfte, sah aus wie Blut.
»Deine Mutter ist tot für uns, und ich will nie wieder, hörst du, davon sprechen. Frage mich nie wieder nach ihr!«
Es war furchtbar, wie eine Erwachsene behandelt zu werden. Kirsten spürte Tränen aufsteigen und drehte sich um, damit er sie nicht sehen konnte. Sie ging zur Tür und hörte seine Antworten auf ihre beiden ersten Fragen, bevor sie das Zimmer verließ.
»Nein, ich werde das Haus nicht verkaufen. Und Botswana ist etwa 11 000 Kilometer von hier entfernt.«

Die nächsten beiden Wochen vergingen mit hektischen Reisevorbereitungen. Es kamen Männer, die Schonbezüge über die Möbel legten und Teppiche aufrollten. Die Vergangenheit wurde zugedeckt. Axel Bergmann verpackte seine Instrumente und Bücher sowie Kleidung und Wäsche, sonst nichts. Er wies seine Tochter an, sich in der Auswahl ihrer Spielsachen und Kleider zu beschränken. »Nimm nur das mit, was du unbedingt brauchst. Es hat wenig Sinn, sich mit dem ganzen Krempel zu belasten. Das meiste kann man auch unten bekommen.«
Was war nötig? Es war die erste große Entscheidung, die sie in ihrem Leben treffen mußte, und nie wieder sollte ihr eine so schwerfallen. Schließlich verpackte sie die unmöglichsten Dinge: getrocknete Blumen und alte Haarspangen ihrer Mutter, Magdalenas Parfum, ein paar Kleider ihrer Mutter, Bücher, alle Bilder, die ihr Vater zurückgelassen hätte, und ein kitschiges Holzpferd, das ihr die Köchin zum Abschied geschenkt hatte. Es waren zehn Koffer, und nichts war darin,

was sie wirklich brauchen konnte. Zehn Koffer mit Erinnerungen ...
»Sechs Koffer, das ist mein letztes Wort.« Axel Bergmann sah zum ersten Mal, wie dick seine Tochter geworden war. Und er spürte zum ersten Mal ihren starken Willen. Sie stand ganz ruhig vor ihm, in Jeans, die viel zu eng waren, und einem uralten Pullover. »Nein, zehn Koffer. Sonst nehme ich überhaupt nichts mit. Nein, sonst bleibe ich hier.«
»Und wo, wenn ich fragen darf?«
»Im Waisenhaus, wo sonst?«
Jedes erbärmliche Waisenhaus wäre besser gewesen, als mit ihm zu fahren. Aber wie hätte ein kleines, verstörtes Mädchen das wissen können? Er nahm sie mit wie ein Gepäckstück, dessen er sich nicht entledigen konnte. Axel Bergmann war auf der Flucht vor seinem Leben, vor dem, was davon noch übrig war.
Ihr Betrug an ihm war qualvoll gewesen. Sie hatte ihn weggeworfen wie ein ausgedientes Möbelstück, weggeworfen für einen kleinen Jüngling mit strahlendem Lächeln und weißen Zähnen. Magdalena hätte es bei einer Affäre belassen können, denn mehr als eine miese kleine Liebelei ohne Konsequenzen war es nicht. Und sie wußte das auch, war dennoch weggegangen, bedenkenlos und besessen von der irren Idee, das Glück zu finden.
Magdalenas Glück: Sie hatte sich nicht geschämt, das Wort auszusprechen und es gegen vierzehn Jahre Ehe auf die Waagschale zu werfen. Vierzehn Jahre, die er offenbar als Illusionist gelebt hatte. Nicht nur um die Zukunft hatte sie ihn betrogen, sondern auch um die Vergangenheit. Und nichts, was er in diesen letzten Monaten zu ihr gesagt hatte, war bei ihr angekommen, nichts! Kein Verständnis, kein Schmerz und keine Wut, weder Logik noch Vernunft hatten ihrem Wunsch nach einem neuen Leben Einhalt bieten können. Nicht einmal Mitleid, diese Mißgeburt der Liebe, hatte sie gezeigt. Kein Wort über ihre Tochter, die sie ihm dagelassen hatte wie ihre Bilder

und die Sammlung chinesischer Vasen. Magdalenas neues Glück konnte keinen Ballast gebrauchen. Wenn er sich in seiner Erniedrigung an etwas klammern konnte, dann an den Gedanken, daß sie verrückt geworden war.

Kirstens erster Flug über London und Johannesburg nach Gaborone, der Hauptstadt Botswanas, dauerte über achtzehn Stunden. Trotz allem, sie genoß diesen Flug. In der ersten Klasse waren die Sitze bequem, die Stewardessen freundlich, und niemand wußte von dem »schrecklichen Ereignis«.

»Friß nicht so viel«, sagte ihr Vater, als ihr die Stewardeß einen zweiten Schokoladenkuchen brachte. »Du bist ohnehin viel zu fett geworden.« Aber er gab ihr ein Buch aus seinem Handgepäck, in dem Botswana in Worten und Bildern beschrieben war, und Kirsten las es gierig, bis sie irgendwann, über Nairobi, einschlief. Sie träumte von den Löwen und Schlangen, die sie auf den Bildern gesehen hatte, und von schwarzen Gesichtern, die sie böse angrinsten . . .

Welcome to Botswana. Das Schild, dachte Kirsten, war fast so groß wie das Flughafengebäude, und das war kleiner als ihr Haus in Hamburg.

Sie klammerte sich an die Hand ihres Vaters, als sie die paar Schritte vom Flugzeug in das Gebäude gingen. Das grelle Licht der Sonne und die Hitze waren erbarmungslos. Die Hand, die sie hielt, schwitzte nach wenigen Schritten.

Drinnen, in dem Haus, das sich Flughafengebäude nannte, war es nicht viel besser. Große Ventilatoren an der Decke verquirlten warme Luft. Ein schwarzer Mann in schmuddeliger Uniform kommandierte die Passagiere wie ein General. Sie hatte Angst, aber ihr Vater ließ ihre Hand los. Er zeigte dem Mann in Uniform die Pässe, die dieser eingehend studierte.

»Wahrscheinlich kann der Affe ohnehin nicht lesen«, sagte ihr Vater in Deutsch, und sie mußte kichern. Sie sahen wirklich komisch aus, diese Schwarzen, mit ihren gelben Augen, den platten Nasen und den großen Lippen. Vor allem: Sie sahen

alle gleich aus. Das Englisch, das ringsherum gesprochen wurde, verstand sie nicht. In Hamburg, in der Schule, hatte es ganz anders geklungen.
Der General gab ihnen die Pässe wieder, aber mit den Koffern kam die Katastrophe. Sie mußten jeden einzelnen öffnen. Ihr Vater fluchte, und Kirsten sehnte sich nach einem Kirschsaft, eiskalt. Drei schwarze Männer kramten in ihren Habseligkeiten, und sie taten es langsam, als ob sie in der Hitze vermeiden wollten, sich schnell zu bewegen. Ihr Vater mußte immer neue Formulare ausfüllen, und er verwünschte sie für jedes Stück, das sie eingepackt hatte.
Ihr kam es vor wie eine Ewigkeit, aber nach einer Stunde waren die Männer durch, schlossen die Koffer, malten mit Kreide ein Kreuz darauf und wünschten den beiden weißen Gesichtern »Welcome to Botswana«.
Ich habe es so gewollt, dachte Axel Bergmann, und unterdrückte den Impuls, in eines der grinsenden Gesichter zu schlagen. Aber ja, die taten schließlich nur ihre Pflicht, und wenn britische Bürokraten ihnen eingebleut hatten, daß man für jeden Vorgang mindestens fünf Formulare à zehn Durchschläge benötigt, dann mußte dies seine Richtigkeit haben. Die Einfuhr von Feuerwaffen und Pornographie war verboten.
»Welcome to Botswana«, sagte ein weißer Mann zu ihnen, als sie aus dem Flughafengebäude kamen. »Ich bin Harry Unger, guten Tag. Dr. Ferguson, der schon vor 'ner Woche dieses gelobte Land verlassen hat, bat mich, Sie abzuholen. Taxen gibt es hier nämlich keine, zumindest nicht am Flughafen. Du mußt Kirsten sein, nicht wahr? Ist Ihre Frau nicht dabei, oder kommt sie nach?«
»Meine Frau ist tot«, sagte Bergmann, und Kirsten widersprach ihm nicht. Sie schüttelte die große Hand, die ihre Finger fast zerquetschte. Dieser Harry Unger sah aus wie einer der Bösewichte in ihren Märchenphantasien: groß und grobschlächtig, mit fettigen roten Haaren, einem roten Bart und so hellen Augen, daß die eines Fisches warm dagegen waren.

Sein Atem roch nach Knoblauch und Whisky, und ihr Vater wirkte neben ihm klein und vornehm, obwohl achtzehn Stunden im Flugzeug ihn zerknittert hatten.

Harry Unger winkte zwei Schwarzen, die die Kofferberge zu einem Wagen schleppten, langsam und jedesmal nur einen. »Zählen Sie nach«, sagte er: »Die klauen hier wie die Raben.«

Das Auto war so zerbeult und häßlich wie sein Besitzer, aber groß genug, um alles zu verstauen. Kirsten kletterte auf den Rücksitz und spähte durch schmutzige Fensterscheiben in die neue Welt. Gaborone, die Hauptstadt Botswanas, hatte sie sich anders vorgestellt. Die Häuser waren nicht hoch, wie in Hamburg, sondern einstöckig und sahen ein bißchen wie im Legokatalog aus.

Viele Leute gingen nicht auf dem Bürgersteig, sondern einfach auf der Straße, und Harry Unger fuhr fluchend und hupend zwischen ihnen durch. Kinder sprangen zur Seite, ein Mann auf einem Fahrrad wäre beinahe hingeflogen und hob drohend die Fäuste, als sie vorbei waren.

»Was machen Sie hier?« fragte ihr Vater den Mann mit den Pranken.

»Ach, alles mögliche. Ich habe eine kleine Farm am Rand der Stadt, ich importiere und exportiere, und manchmal, wenn sich Touristen hierher verirren, spiele ich den großen weißen Jäger. Es ist ein Scheißland – verzeihen Sie, Doktor –, aber mit Geschick läßt sich hier einiges Geld verdienen. Ich gebe Ihnen nur einen guten Rat: Verleihen Sie hier kein Geld. Die Schwarzen zahlen ihre Schulden nie und die Weißen selten.«

Axel Bergmann sah zum ersten Mal in seinem Leben Armut. Sie fuhren vorbei an windschiefen Hütten aus Pappe und Lumpen, im besten Fall aus Wellblech gebaut. Armut stank. Kirsten hielt sich die Nase zu.

»Leben viele Weiße hier?«

Harry Unger hielt seinen Wagen mit quietschenden Bremsen an, weil eine Kuh quer vor dem Auto stand und sich nicht rührte: »Diese Rindviecher sind noch blöder als die Menschen

hier, die treiben sich grundsätzlich auf der Straße rum. Sie wissen, daß es in Botswana nur 600 000 Menschen, aber bestimmt 'ne Million Rindviecher gibt? Also, in Gaborone leben einige hundert Weiße, und in den beiden Diamantenminen im Norden arbeiten auch noch vierhundert. Die meisten sind Buren aus Südafrika, dazu ein paar Deutsche, Engländer – internationales Gesocks. Natürlich treiben sich auch ein paar Entwicklungsärsche hier rum. Tut mir leid, Doktor, die salonfähige Sprache gewöhnt man sich hier schnell ab.«
Sofern du sie je gekannt hast. Axel Bergmann drehte sich zu seiner Tochter um, die mit großen Augen aus dem Fenster starrte. Sie war ihm so gleichgültig wie alles andere, was noch zu seinem Leben gehörte. Vor ein paar Monaten hätte er einen Harry Unger nicht mit spitzen Fingern angefaßt. Heute war es egal. Das einzige, wonach er sich sehnte, war ein kaltes Bier.
»So, da wären wir.« Harry Unger fuhr durch ein offenes Tor über einen Kiesweg zu einem Haus, das bessere Tage gesehen hatte. Es war ein verunglückter Kolonialbau, mit lächerlichen Pfeilern und Putz, der abbröckelte. Heruntergekommen war das Wort, das auch vom Zustand des Gartens herausgefordert wurde.
Afrikanische Sonne und afrikanischer Regen hatten das kräftige Pink des Hausanstrichs gnädig verblassen lassen und ein Monstrum in Altrosa geschaffen. An den Fenstern waren schmiedeeiserne Gitter angebracht, die sich in zierlichen Schnörkeln rankten und so ihren Zweck zu verhüllen suchten.
»War mal ein stattliches Haus«, brummte Unger, als er aus dem Auto stieg. »Hat natürlich bessere Tage gesehen. Der alte Ferguson hat nach dem Tod seiner Frau nicht mehr viel Wert aufs Repräsentieren gelegt.«
Er öffnete die Beifahrertür, und Vater und Tochter stiegen schweigend aus. Mutter hätte sich bei soviel Scheußlichkeit im Grabe umgedreht, dachte Kirsten, und erschrak. Magdalena war nicht tot, auch wenn ihr Vater dies jedermann erzählte.
Sie gingen auf die Tür zu, die plötzlich geöffnet wurde. Halb

verdeckt stand dahinter ein schwarzes Mädchen, verschämt lächelnd. Kirsten fand, daß sie hübsch aussah. Sie hatte schräge, gelbe Augen wie eine Katze, und ihre Nase war nicht ganz so breit wie die der Leute am Flughafen.
Harry Unger schob sie ein Stück vor. »Das ist Mary. Sie ist die Schwester meiner Maid, und ich habe sie zum Putzen hergeschickt. Geben Sie ihr 50 Mark im Monat, und sie hält Ihnen das Haus sauber. Die Göre kann sogar ein bißchen Englisch. Na komm, Mädchen, begrüß die Herrschaften.«
»Welcome in Botswana«, sagte Mary und entblößte ein makelloses Gebiß.
Warum nicht? Axel Bergmann nickte gleichgültig. »Sie haben sich wirklich sehr bemüht«, sagte er zu Unger. »Wir sind Ihnen zu Dank verpflichtet.«
Steifes, arrogantes Arschloch. Unger grinste breit: »Keine Ursache, Doktor, hier im Busch hilft man sich gegenseitig. Wer weiß, wann ich Ihre Hilfe brauche. So, wie die Bimbos hier autofahren, schwebt man ständig in Lebensgefahr. Das ist viel schlimmer als Schlangenbisse oder Schlägereien. Aber kommen Sie rein, ich hab' Bier in den Eisschrank gestellt. Mary kann das Gepäck reinholen, und wir trinken einen zusammen. Ich erzähl Ihnen das Nötigste, und dann verschwinde ich.«
Es kam Kirsten komisch vor, daß das junge Mädchen die schweren Koffer schleppen mußte, aber sie sagte nichts. Sie folgte den beiden Männern in das Haus, das so ganz anders war als jenes, das sie vor einer Ewigkeit verlassen hatte.
Es war spärlich, nur mit dem Allernötigsten eingerichtet, ein bißchen wie das Zimmer der Köchin im Hamburger Haus. Möbel, die ihren Zweck erfüllten: Stühle, Tische, Schränke, und in den drei Schlafzimmern neben den Einbauschränken lediglich Betten. Keine Teppiche, keine Bilder; einziger Schmuck waren afrikanische Masken an der Wand, die Kirsten scheußlich und furchterregend fand. Sie entschied sich für das zweite der Schlafzimmer, weil sie durch das Fenster auf einen blühenden Strauch sehen konnte.

Hier in diesem Zimmer hatte sie Platz genug, ihre Erinnerungsstücke auszubreiten, sich ein neues Zuhause zu schaffen. Sie hängte sofort die Maske ab, die über dem Bett hing. Das Haus war abscheulich, aber es hatte keinen Sinn zu weinen. Vielleicht, wenn sie sich viel Mühe gab, würde sie es verschönern können – so, wie ihre Mutter es getan hätte. Sie war müde, und ihr war so heiß. Kirsten schaltete den Ventilator ein, der von der Decke hing, und setzte sich auf das Bett, genau darunter, hielt ihre heißen Backen der kühlen Luft entgegen.

Das Bier war eiskalt und der erste wirkliche Genuß seit gut 20 Stunden. Die beiden Männer saßen im Speiseraum, der zwischen Küche und Wohnzimmer lag. Harry Unger trank sein Bier aus der Flasche und grinste in sich hinein, als der Doktor nach einem Glas griff. Der würde sich noch abschleifen, dessen war er sicher.

»Prost, Doktor. Ich hoffe, daß Sie sich bei uns eingewöhnen. Ferguson, um ehrlich zu sein, hatte die Nase voll von diesem Land. Er will jetzt in Cornwall Rosen züchten oder irgend so was Abartiges. Die Praxis lief nach dem Tod seiner Frau nicht mehr so gut. Da fing er nämlich an, zu saufen und mit schwarzen Mädchen rumzumachen. Die haben ihn erstens ausgenommen, und zweitens gab es Klatsch in unserer weißen Gemeinde. Die hellhäutigen Damen sind nach und nach ausgeblieben, verstehen Sie. Uns Männer hat das weniger aufgeregt: Arzt ist Arzt, und Schnaps ist Schnaps. Aber gut, er hat jedenfalls die Kurve gekratzt.«

»Wo«, fragte Bergmann, »ist die Praxis?«

»Wenn Sie durch die Küche rausgehen, im hinteren Gebäude. Ist nicht groß, zwei Behandlungsräume und ein Wartezimmer. Ferguson hat übrigens fast seinen ganzen medizinischen Krempel hiergelassen, wußten Sie das?«

»Ja.« Axel Bergmann nickte.

»Na ja, ich würde eine Anzeige aufgeben, in der Daily Gazette, wie unser Blättchen heißt. Dann werden die alten Klienten wiederkommen und mindestens jedes neugierige Weib, das ich kenne. Die haben hier wenig zu tun, das ist das Problem. Einen guten Rat, Doktor: Nehmen Sie nicht zu viele schwarze Patienten an. Die Weißen fühlen sich nicht wohl in einem Wartezimmer, in dem die Farben nicht stimmen.«

Harry Unger hatte eine Art, jeden Satz mit einem schiefen Grinsen zu beenden, die Bergmann maßlos irritierte. Was er sagte, interessierte ihn nicht. Alles würde so kommen, wie irgendein dummer Zufall es bestimmen würde. Zwecklos, korrigierend in sein Leben eingreifen zu wollen. Dinge passierten eben, und wenn er kurz mit dem Gedanken gespielt hatte, ein letztes Mal korrigierend in sein Leben einzugreifen, so war ihm selbst diese Mühsal zuviel gewesen. Sein Gegenüber kratzte sich den roten Bart. »Ach, noch was fällt mir ein. Es wär' vielleicht ganz gut, wenn Sie in den Golfclub eintreten würden. Ist so das Exklusivste in diesem Kaff, und die Getränke sind billig. Da lernen Sie Leute kennen, verstehen Sie?«

Ja, er verstand. Er füllte sein Glas nach und wünschte sich, Unger würde ihn mit weiteren guten Ratschlägen verschonen. Es war heiß, und die Fliegengitter ließen nur wenig Luft durch. Die Hitze legte sich um den Körper wie eine zähe Masse, die jede Bewegung zur Anstrengung macht.

Die Schweißperlen in Axel Bergmanns weißem Gesicht sah Unger mit einer gewissen Häme. Der würde sein feines Getue hier schon noch ausschwitzen. »Januar ist der heißeste Monat, Doktor. Wir haben jetzt Hochsommer und Regenzeit. Wenn es regnet, haben wir statt der trockenen Hitze feuchte Schwüle, und die Klamotten verschimmeln in den Schränken. Erst im April wird es kühler, dann kommen zwei angenehme Monate und dann der lange Winter ohne Regen. Ein Scheißklima ist das hier, aber für Europäer immer noch verträglicher als die Tropen. Man gewöhnt sich an alles.«

O ja. Bergmann sah schweigend zu, wie sein ungebetener Gast sich nach Hausherrenmanier noch ein Bier aus dem Eisschrank holte.

»Mit Bier läßt sich alles aushalten, prost, Doktor. Noch eine goldene Regel, Doktor: Whisky erst bei Sonnenuntergang, aber dann kräftig. Alles andere ist purer Alkoholismus.«

Er fragte Unger, ob dieser jemanden wüßte, der seiner Tochter Englischunterricht erteilen könne. Der mußte eine Weile überlegen, aber weil er Gaborone und seinen weißen Elefantenfriedhof, wie er es nannte, bis auf den letzten Mann kannte, fiel ihm auch hierzu etwas ein.

»Die Frau vom Ingenieur Mattlock, die Nummer steht im Telefonbuch. Er bastelt im Elektrizitätswerk rum, und sie ist arbeitslose Lehrerin, eine geborene Deutsche. Die macht das bestimmt. Das einzige, womit die nicht zurechtkommt, sind Schwarze. Aber mit dem Problem steht sie nicht alleine da.«

»Mein erster Eindruck ist, daß die Leute hier sehr freundlich sind, ein bißchen umständlich, aber durchaus höflich.«

Die Frischlinge aus Europa waren in ihrer Naivität wirklich nicht zu überbieten. Harry Unger grinste breit und enthüllte eine Zahnlücke, Folge einer Schlägerei. »Devot sind sie, lieber Doktor, devot, träge und in der Regel dumm. Die paar, die gerissen sind, bescheißen einen, wo sie können. Die muß man ganz hart anpacken, damit sie parieren. Aber Vorsicht bei denen, die im Ausland studiert haben oder in der Politik was geworden sind: Die können ganz schön arrogant sein, und auch in Botswana ist es unklug, einen Bimbo mit Einfluß gegen sich aufzubringen. Die Schwarzen, die hier denken können, halten uns alle gleich für Rassisten.«

»Was natürlich nicht stimmt.« Bergmann erlaubte sich ein ironisches Lächeln.

Harry Unger lief unter seiner sonnenverbrannten Haut rot an. »Sie werden es auch noch merken, Doktor: Hier gelten andere Spielregeln als in der guten, alten Heimat. Mir ist es scheißegal, was für eine Hautfarbe einer hat. Aber die hier sind nicht nur schwarz, die sind anders als wir: Die sagen ja, wenn sie nein meinen, sie sind unzuverlässig, unpünktlich und scheuen Verantwortung und harte Arbeit. Sie stehlen wie die Raben, sobald sie Gelegenheit dazu haben. Wenn sie besoffen sind, und das sind sie oft, weil sie nicht trinken können, werden sie aggressiv. Auch das wäre mir scheißegal, wenn ich nicht mit ihnen arbeiten und gewissermaßen auch leben müßte. Übrigens, passen Sie auf Ihre Tochter auf: Die ist blond, rund und naiv und für die Männer hier genau im richtigen Alter. Sie verstehen?«

Er wußte nicht genau, ob das eine Warnung oder Drohung war. Bergmann hatte nicht beabsichtigt, sein Gegenüber in Wut zu versetzen. Ungers Art, seinen Rassismus zu verteidigen, war im übrigen eher komisch.

»Ich wollte Sie nicht provozieren. Natürlich werde ich auf meine Tochter aufpassen. Wir werden schon zurechtkommen, irgendwie.«

Ein markerschütternder Schrei ging durch das Haus, und Unger sprang viel schneller auf als Axel Bergmann. Er lief als erster durch den Flur und in das Zimmer, aus dem der Schrei gekommen war. Hinter ihm standen Bergmann und das Mädchen Mary.

Im Zimmer, in der äußersten Ecke, kauerte Kirsten und wimmerte hysterisch.

»Was ist los, warum schreist du so?«

Sie deutete mit dem Arm auf das Bett, an dem nichts furchterregend schien. Harry Unger trat näher und starrte auf ein schwarzes, kleines, behaartes Etwas.

»Eine Spinne, und nicht mal 'ne giftige.« Er nahm sie in die Hand, öffnete das Fenster und warf sie raus. »Kein Grund zur Panik. Hier gibt es viele Spinnen. Die meisten sind nicht giftig, und die anderen laufen weg, wenn sie Gelegenheit dazu haben. An deren Anblick wirst du dich gewöhnen müssen, Mädchen. Bei Skorpionen und Schlangen darfst du schreien, aber besser ist, wenn du schnell wegläufst.«

Axel Bergmann verabscheute Spinnen. Und Hysterie. »Stell dich nicht so an«, sagte er zu ihr, und als sie merkte, daß er sie ohrfeigen wollte, wurde sie ruhig und stand auf.

»Tut mir leid, daß ich mich erschreckt habe. Es wird nicht wieder vorkommen.« Sie sah ihren Vater an, bis dieser den Blick senkte.

Ein komisches Pärchen, dachte Unger. Aber er hatte sich daran gewöhnt: Diejenigen, die es nach Botswana verschlug, waren alle in irgendeiner Form merkwürdig.

»Tja, ich muß jetzt gehen. 'tschüs, Kirsten. Wir sehen uns, Doktor!«

Axel Bergmann begleitete ihn bis zur Tür, während er sich mehrfach bedankte. Kirsten schaute dem Rothaarigen nach, wie er in sein Auto stieg und mit aufheulendem Motor davonfuhr.

Eines schwor sie sich schon jetzt: Die Sache mit der Spinne würde sie ihrem Vater heimzahlen. Sie brauchte nur mehr Mut und ein bißchen Zeit.

VI. Kapitel

Das entspannte Gesicht des Kollegen Laubenthal bei der Aussage Krugs hätte ihn warnen müssen. Doch die Vorgänge während der Party und des merkwürdigen Besuchs im Nachtclub erzählte Krug fast deckungsgleich. Einige Abweichungen notierte sich Oliver Timm für die spätere Befragung des Angeklagten. Erst als Henner Krug zu den Geschehnissen in der Wohnung der Bergmann kam, als die Langeweile der Wiederholung durch Spannung und Konzentration abgelöst wurde, begann er zu verstehen, was da gespielt wurde.
Der Angeklagte Krug drehte sich nach rechts und blickte der Nebenklägerin zum ersten Mal in die Augen. »Ich möchte mich zuallererst entschuldigen«, sagte er mit reuiger Stimme und einem Ausdruck unendlichen Bedauerns. »Ich möchte Frau Bergmann um Verzeihung bitten für eine Tat, deren Ausmaß und Folgen ich nicht übersehen habe. Ich war mir nicht klar, eine Vergewaltigung zu begehen, aber heute sehe ich ein, daß Frau Bergmann und das Gericht dies so sehen und interpretieren können. In diesem Sinne bin ich schuldig, und ich bereue es zutiefst.«
Oliver Timm wechselte einen kurzen Blick mit seinem Mandanten und rang um Zuversicht, die er nicht empfand. Dieses Schmierentheater, echt oder unecht, bedeutete für Grimme eine Katastrophe. Waren alle überrascht davon? Aus Kirsten Bergmanns Miene war keinerlei Emotion abzulesen. Lediglich der Staatsanwalt, den er gut genug kannte, schien irritiert. Der Reporter auf der Journalistenbank schrieb eifrig mit. Die Schlagzeile hatte Timm schon vor Augen: »Überraschendes Geständnis im Vergewaltigungsprozeß«. Das mußte man Laubenthal lassen: Da hatte er einen netten Coup gelandet.
»Wir haben Ihre Entschuldigung zur Kenntnis genommen«,

sagte der Vorsitzende milde. »Wollen Sie uns nun erzählen, was in der Wohnung der Frau Bergmann wirklich passierte?«
»Ich beanstande die Frage. Sie ist eine vorweggenommene Beweiswürdigung.« Timm hatte den K.-o.-Schlag eingesteckt und war wieder im Ring.
Porno-Mayer war immer noch milde. Nichts freut ein Gericht mehr als ein Geständnis. Es erspart Zeit und Arbeit und die Frustration, sich Lügen anhören zu müssen und diese zu entlarven. »Gut, Herr Verteidiger, ich nehme das bewußte Wort zurück. Herr Krug, wollen Sie nun fortfahren?«
Henner Krug wandte sich wieder dem Gericht zu. »Jawohl. Frau Bergmann lud uns in ihre Wohnung ein, das ist richtig. Wir wollten bei ihr noch einen Kaffee trinken, wie sie es angeboten hatte. Sie ging, als wir oben waren, in die Küche, und wir setzten uns derweil ins Wohnzimmer. Wie Dr. Grimme schon sagte, wir waren alle drei nicht mehr nüchtern, ich ganz besonders nicht. Wir tranken Cola-Cognac, und ich hatte schon beschlossen, mit dem Taxi nach Hause zu fahren. Ja, und dann begann Dr. Grimme, mir von seinem Verhältnis mit Frau Bergmann zu erzählen. Ich bitte um Entschuldigung, wenn ich es nicht mehr wörtlich wiedergeben kann, aber sinngemäß war es so: Sie, Frau Bergmann, sei eine Kanone im Bett und, ach, wie Männer so reden, sie sei ein bißchen masochistisch veranlagt, und ganz besonders sei sie auf Dreier scharf, zwei Männer, verstehen Sie.«
Es war ihm sichtlich peinlich, und ein kurzer Blick zu Kirsten Bergmann flehte um Vergebung.
Sie flüsterte mit ihrem Rechtsanwalt, und der Vorsitzende unterbrach Krug mit einer Handbewegung. »Frau Nebenklägerin, wir sind jetzt an einem Punkt, an dem ich Sie fragen möchte, ob Sie wünschen, daß die Öffentlichkeit vorübergehend ausgeschlossen wird?«
Sie ignorierte ihren Rechtsanwalt. »Nein«, sagte sie, »dazu ist es bereits zu spät.«
»Wie Sie möchten. Fahren Sie fort, Herr Krug.« Johannes

Mayer verspürte Mitleid und Sympathie für diese Frau. Natürlich durften Zu- oder Abneigung in seiner Entscheidung keine Rolle spielen. Aber man war doch Mensch, keine gefühllose Maschine.
»Bitte sprechen Sie etwas lauter, Herr Krug. Man kann Sie kaum noch verstehen.«
Der Staatsanwalt warf einen Blick auf Oliver Timm, dem nicht anzumerken war, ob ihn diese Wendung überrascht hatte. Er jedenfalls hatte das Gefühl, daß der Vorsitzende über seinen Kopf hinweg . . .
»Jawohl. Es ist mir unangenehm, hier Dinge zu sagen, von denen ich heute weiß, daß sie nicht stimmen. Aber damals, in dieser Nacht, habe ich natürlich geglaubt, was Dr. Grimme mir erzählte. Ich bin, verzeihen Sie den Ausdruck, plötzlich scharf geworden. Als Frau Bergmann mit dem Kaffee wiederkam, haben wir noch jeder ein, zwei Gläser Cola mit Cognac getrunken und rumgealbert, aber auf einmal, ganz plötzlich, war die Stimmung aufgeladen, so voller Spannung. Dr. Grimme sagte zu Frau Bergmann, sie solle sich ausziehen . . .«
Henner Krug unterbrach einen Moment und wischte sich mit einem Taschentuch den Schweiß von der Stirn. Er sah jämmerlich aus. »Danach geht es ein bißchen bei mir durcheinander. Ich habe sie ausgezogen, und sie hat sich etwas gewehrt, aber damals dachte ich eben, das sei nur ein Spiel und gehöre dazu. ›Nein‹ hat sie auch ein paarmal gesagt, aber eben nicht so nachdrücklich, und sie hat auch nicht um Hilfe geschrien oder so was. Dieser passive Widerstand, das habe ich einfach nicht kapiert. Und dann, ääh, hat Dr. Grimme sozusagen mit einer Handbewegung angedeutet, daß ich als erster . . . und ich habe dann den Geschlechtsverkehr mit ihr ausgeübt, auf dem Teppich. Sie hat ganz still gelegen und nichts gesagt und nichts getan, mein Gott, ich dachte, das sei ihre Masche und daß sie wolle, daß man sie ein bißchen hart anpackt.«
Es war still im Gerichtssaal. Kirsten Bergmann hatte das Gefühl, kotzen zu müssen.

Krug räusperte sich. »Es kam dann zur Ejakulation. Ich habe sie losgelassen und bin aufgestanden. Frau Bergmann ist auf dem Boden liegengeblieben. Dann bin ich raus ins Badezimmer, um mich zu waschen, und als ich zurückkam, war Dr. Grimme auf ihr, und sie war noch immer so wie erstarrt. Ich habe mir eine Zigarette angezündet, mir war plötzlich mies zumute, und ich fand das alles nicht mehr lustig. Noch während die beiden . . . bin ich aus der Wohnung gegangen, das muß . . . gegen halb vier gewesen sein, eine genaue Zeitangabe kann ich nicht machen. Ich bin eine Weile rumgeirrt und habe ein Taxi gesucht, dann schließlich am Heumarkt eines gefunden und ich bin nach Hause. Dort habe ich auf die Uhr geguckt, es war kurz nach vier. Das kann natürlich niemand bestätigen, weil ich alleine lebe. Mir war elend zumute, danach schon. Die Zweifel an der Richtigkeit meines Tuns haben schon an diesem Morgen begonnen. Seither habe ich nicht mehr richtig schlafen können. Ich kann nur sagen, daß ich zutiefst bereue, diesen Irrtum begangen zu haben. Ich würde alles tun, wenn ich es wiedergutmachen könnte . . .«
Friedger Laubenthal räusperte sich sehr dezent. Es war genug, man durfte auch die Reue nicht übertreiben. Aus dem Gesicht des Vorsitzenden las er, daß dieser von Krugs Geständnis angenehm berührt war. Auch die beiden Schöffen schienen beeindruckt. Einen triumphierenden Blick auf seinen arroganten Kollegen konnte er sich nicht verkneifen.
Henner Krug setzte sich. Er war schweißgebadet, aber zufrieden. Er hatte nichts falsch gemacht. Bisher.
»Sind die Damen und Herren einverstanden, wenn wir eine Mittagspause von, sagen wir, eineinhalb Stunden machen?« Mayer war hungrig. Zustimmendes Nicken allerseits.
»Wollen wir zusammen zu Mittag essen?« Oliver Timm, der mit Grimme vor der Tür gewartet hatte, fragte den Staatsanwalt, ohne seine Stimme konspirativ zu senken. »Ich brauche noch zehn Minuten mit meinem Mandanten. Wenn Sie einverstanden sind, treffen wir uns zwanzig nach eins beim Chinesen.«

Raven nickte. Erstens hatte er keine Lust, in die Gerichtskantine zu gehen, und zweitens schätzte er den Rechtsanwalt als klugen und kompetenten Gesprächspartner. »Einverstanden.«
Der Staatsanwalt ging an Kirsten Bergmann vorbei, die mit ihrem Anwalt auf der Bank im Flur saß und gierig eine Zigarette rauchte. Sie hatte die Beine übereinandergeschlagen, und er konstatierte, daß die Beine schön waren. Aber warum begnügte sie sich nicht damit, Zeugin zu sein, statt als Nebenklägerin aufzutreten. Rachsucht? Masochismus? Nichts von alldem, was im Gerichtssaal gesprochen wurde, konnte in ihren Ohren schön klingen. Außer dem Urteil. Vielleicht.
Es war Bernhard Grimme nicht anzumerken, wie sehr ihn die vernichtende Aussage seiner ehemaligen Geliebten getroffen hatte. Er nahm ein Cartier-Feuerzeug aus der Anzugtasche, um Timm Feuer zu geben. »Rauchen ist ungesund«, sagte er.
Na, wenigstens hat er noch andere Sorgen, dachte Timm.
Er jedenfalls hatte Sorgen. Er sprach leise. »Krugs Geständnis, lieber Dr. Grimme, ist eine mittlere Katastrophe. Was immer Sie jetzt an Ihrer Aussage revidieren, würde kaum noch Eindruck auf das Gericht machen. Ich habe dieses untrügliche Gefühl, daß unser Vorsitzender von der Krugschen Einlassung überhaupt nicht überrascht war. Ein Deal, verstehen Sie?«
Grimme verstand nicht.
»Ich vermute, daß der gute Kollege Laubenthal mit dem Vorsitzenden über das Strafmaß und die Aussagebereitschaft seines Mandanten ein kleines Gespräch geführt hat. Wenn dabei etwas herausgekommen ist, nennt man das einen Deal. Und wenn ich recht habe, könnte es für uns schlimmer gar nicht sein. Lügt Krug?«
Die Frage kam sehr abrupt. »Natürlich lügt er.« Grimme beobachtete Kirsten aus den Augenwinkeln. Sie rauchte immer noch hastig. »Er lügt von dem Zeitpunkt an, an dem wir ihre Wohnung betreten haben. Ich habe nie etwas über ihre Intimsphäre zu ihm gesagt, kein Wort. Und ich habe sie auch

nicht aufgefordert, sich auszuziehen. Ich habe geschlafen. Sie glauben mir doch, Dr. Timm?«
Spielte es eine Rolle? Timm machte ein zuversichtliches Gesicht. »Sie fragen mich das zu oft. Außerdem bin ich Ihr Verteidiger, nicht Ihr Richter. Wenn Frau Bergmann die Krugschen Aussagen auch nur annähernd bestätigt, dann gute Nacht. Ich kann versuchen, die Nebenklägerin unglaubwürdig zu machen. Aber Frau Bergmann und Herrn Krug als Lügner darstellen . . .? Na, kommen Sie, es ist noch nichts entschieden. Außerdem werde ich heute nachmittag das reuevolle Geständnis des Herrn Krug mal abklopfen.« Es wird wenig nützen, dachte Timm. Er hatte das häßliche Gefühl, schon jetzt auf der Verliererstraße zu sein. Seine Gefühle trogen ihn selten – wenn es um Verteidigung ging.
Bernhard Grimme verabschiedete sich, um, wie er sagte, noch ein paar Schritte zu laufen. Laufen, so lange man es noch konnte.
Timm sah ihm nach, wie er den Flur entlangging. Ein Mann, dem man ansah, daß er Erfolg hatte. Bis jetzt. Ein Mann, der ihm sympathisch war, was ja auch nicht bei jedem Klienten der Fall war. Furchtbar, dieser Beruf: Man kam mit zu vielen Schuldigen und Unschuldigen zusammen. Verzweifelte, Arrogante, Selbstgerechte, vor allem letzteres. Es gab Mandanten, die ihn bis zum Schluß belogen. Es gab welche, mit denen er Mitleid hatte, und solche, für die er sein ganzes Können einsetzte. Ging da, in einem teuren Maßanzug, mit kurzen, grauen Haaren, die verkörperte Unschuld?
Das Restaurant, in dem er sich mit Raven traf, war so ungemütlich wie alle chinesischen Lokale. Es war fast leer, und der Kellner mit dem ewig chinesischen Lächeln brachte zwei Pilsgläser.
»Prost, Herr Staatsanwalt.« Timm hob sein Glas und trank mit Genuß. »Waren Sie bei dem Deal dabei?«
Henrik Raven hatte nicht erwartet, daß dieses Wort so schnell fallen würde. Zeit gewinnen. Er nahm die Speisekarte und

studierte chinesische Schriftzeichen mit deutschen Untertiteln.
»Ich nehme eine klare Suppe und Ingwer-Krabben. Die sind hier frisch, sehr zu empfehlen.«
Timm nickte, und sie bestellten bei dem Lächelnden das gleiche Essen und noch zwei Pils. Raven musterte den Rechtsanwalt, den er für einen der zehn besten Strafverteidiger in Deutschland hielt. So wie Laubenthal wahrscheinlich zu den schlechtesten zählte, eine Laus im schütteren Pelz der Gerechtigkeit. Aber so etwas würde er nie laut sagen.
»Nein«, beantwortete er die Frage nach längerer Pause. »Ich war nicht dabei. Der Vorsitzende ist dafür bekannt, daß er seine Prozesse zu Ein-Mann-Shows macht. Ich nehme an, es ist seine Eitelkeit. Jedenfalls langweilt mich diese Art der Prozeßführung zutiefst. Sieht übrigens nicht gut aus für Ihren Mandanten nach der Einlassung des Herrn Krug.«
»Also teilen Sie meine Meinung, daß diese Einlassung sehr überraschend kam – außer vielleicht für den Vorsitzenden?«
Raven grinste. »Mag sein. Außerdem war es eine ziemlich schmierige Angelegenheit, dieses Geständnis. Als Schauspieler würde er durchfallen. Aber vielleicht war es ja echt.«
Zwei klassische Gegner an einem Tisch. Aber so unterschiedlich sind die Positionen gar nicht, dachte Timm. Er verkniff sich die Frage, ob Raven seinem Mandanten geglaubt hatte. Da saß immer noch der Staatsanwalt.
»Für mich ist jedenfalls klar, daß Laubenthal und Mayer sich dahingehend verständigt haben, daß ein Geständnis auf eine nicht unerhebliche Milde des Gerichts stoßen würde. So weit, so gut. Aber der Nebeneffekt ist leider, daß Grimme erheblich belastet wurde. Das läuft jetzt doch schon beinahe auf Anstiftung zur Vergewaltigung hinaus.«
Er hat recht, dachte Raven. Es sah böse aus. »Aber angenommen, es hat eine Absprache gegeben zwischen Mayer und Laubenthal? Praktizieren Sie diese Form der außerprozessualen Verständigung nicht auch häufiger? Gerade Ihnen sagt

man doch nach, daß Sie schon manches Verfahren mit optimalen Ergebnissen verkürzt haben.«
Der Chinese brachte zwei dampfende Teller mit Krabben, die tatsächlich frisch aussahen und auch nicht nach Tiefkühltruhe plus Mikrowellenherd schmeckten. Timm griff hungrig nach seinen Eßstäbchen und sah etwas neidvoll zu, wie Raven sich Reis auf den Teller schaufelte. Diese plötzliche Abneigung gegen Menschen ohne Gewichtsprobleme.
»Ja, natürlich verstoße ich laufend gegen den Öffentlichkeitsgrundsatz des Verfahrens. Aber doch nur zum Nutzen meiner Mandanten. Aber ich rate ihnen grundsätzlich nie zu einem faulen Geständnis, nur, damit ich dem Gericht etwas anbieten kann.«
»Geständnisse wirken sich nicht immer strafmindernd aus.« Raven spießte eine Krabbe auf, die sich seinen Stäbchen schlüpfrig entzogen hatte.
»Keine Märchenstunde bitte, Herr Staatsanwalt. Natürlich wirken sich Geständnisse in der Praxis strafmindernd aus. Gerichte lieben geständige und reuevolle Angeklagte, weil sie Prozesse verkürzen und die Urteilsbegründung vereinfachen. Wenn ich in einer Wirtschaftsstrafsache – mit sagen wir 150 Leitzordnern und 100 Zeugen und so kompliziertem Sachverhalt, daß keiner mehr durchblickt –, also wenn ich dann dem Vorsitzenden oder Staatsanwalt sage: Wir räumen diesen und jenen Punkt ein, wenn ihr bei der Anklage andere weglaßt und wir mit einer niedrigen Strafe rechnen können – also, wenn ich so etwas noch vor einem Prozeß hinkriege, erspare ich allen Beteiligten Arbeit und Frust und meinem Klienten meist viel Geld. Wer kann sich schon einen langen Prozeß leisten?«
Raven legte seine Stäbchen zur Seite, er war satt. »Mit so einem renommierten Anwalt noch dazu. Nein, im Ernst. Ich weiß auch, daß nichts so teuer sein kann wie ein schlechter Rechtsanwalt. Ich hatte unlängst so einen Fall. Da hat einer seinen Mandanten durch sämtliche Instanzen gehetzt, obwohl er wußte, daß die Sache aussichtslos war. Der Mann ist jetzt

verurteilt und pleite. Aber, um auf Laubenthal zurückzukommen. Schlecht war sein Coup nicht.«
Timm winkte dem Chinesen. »Dieser Kuhhandel wird noch Folgen haben, so wahr ich hier sitze. Wollen Sie auch noch einen Schnaps?«
»O ja. Dieser fortschrittliche Chinese führt sogar Grappas. Aber, was Ihren Verdacht in bezug auf einen Deal betrifft – ich habe da grundsätzliche Bedenken. Praktisch sind sie, aber auch gefährlich. Mir geht es dabei nicht einmal um die heiligen Grundfesten der Strafprozeßordnung. Aber wie ist es, wenn, wie in unserem Fall, zwei Täter auf der Anklagebank sitzen? Wenn der Anwalt des einen dealt, ist die Schieflage da. Und wer ist normalerweise in der Lage, einen Deal zu initiieren? Nehmen wir den Laubenthal raus. In der Regel doch nur renommierte Anwälte, denn mit anderen würden sich Gerichte und Staatsanwälte nicht einlassen. Und wenn ich es auf die Spitze treibe: Renommierte Anwälte kosten Geld. Renommierte Anwälte kann sich nicht jeder leisten.«
»Kommen Sie mir nicht mit der Sozialschiene«, brummte Timm. »Wenn mich ein Fall interessiert, dann mach' ich auch eine Pflichtverteidigung. Aber Sie wissen ja, wie Leute mit Geld denken: Was nichts kostet, ist auch nichts. Und im übrigen bin ich ein Anhänger von Deals, wobei ich nicht übersehe, daß ihr immer größerer Eingang in die tägliche Justizpraxis mit Qualitätsverlusten verbunden ist. Viele Verteidiger übersehen leider, daß ihre Aktivitäten in Richtung einer kooperativen Verfahrensbewältigung in aller Regel eine Öffnung der Verteidigungslinie bewirken. Und sie überschätzen die Sicherheit und Reichweite von Absprachen.
Diese Absprachen in Strafverfahren sind für alle Beteiligten ein sensibles Unterfangen, bei dem nicht zuletzt die persönliche Reputation aller auf dem Spiel steht.«
»Eines Tages steht womöglich die in Aussicht genommene Strafe schon vor Prozeßbeginn im ›Expreß‹.« Der Staatsanwalt lächelte über seinen Scherz.

»Aber unser Vorsitzender würde dem ›Expreß‹-Journalisten doch nicht erzählen, an welches Strafmaß er denkt.« Timm war davon überzeugt, daß Mayer das Strafmaß schon im Kopf hatte. Aber das würde nie zu beweisen sein.
Der Staatsanwalt rief nach dem Kellner und verlangte getrennte Rechnungen. »Ich weiß jedenfalls nichts von einem Deal, wenn es das ist, was Sie von mir wissen wollen. Dazu fällt mir Bismarck ein: Mit guten Richtern und mäßigen Gesetzen läßt sich ganz gut leben, aber bei schlechten Richtern nützt das beste Gesetz nichts.«
Sie bezahlten, Timm gab das Trinkgeld. »Ein Zitat aus aktuellem Anlaß?« fragte er.
»Kein Kommentar.« Sie verstanden einander. Raven sah einen keineswegs leichten Prozeß auf sich zukommen und die Notwendigkeit eines klärenden Gesprächs mit dem Vorsitzenden. Gretchenfrage: der Deal.
»Ich fürchte, es ist Zeit. Wollen wir zurückgehen?«
Sie verabschiedeten sich an der Tür mit jenem offenen Lächeln, das Leute austauschen, die einander schätzen. Timm nahm sich Zeit beim Zurückgehen: Sauerstoff für die Gehirnzellen. Eine große, dank des maßgeschneiderten Anzugs schlanke Gestalt mit kurzen schwarzen Haaren und einer Nase, die wohlmeinende Menschen als griechisch bezeichnen würden. Sie war ein klein wenig gekrümmt. Erbe aus einer Zeit, in der er gemeint hatte, daß Boxen eine ideale körperliche Ergänzung zum Lebenskampf im allgemeinen sei. Zuschlagen, bevor es der andere tut ... Heute kam ihm das alles ein bißchen albern vor, genauso wie seine Zugehörigkeit zu einer studentischen Verbindung und die Jahre der Jagd nach Frauen. Einundvierzig war kein Alter für Resignation, aber doch eines für Reflexion. Die Zeit des jungen Boxers war vorbei.
Der alte Boxer kämpfte nur noch für Mandanten – und wenn es der Sache nützte, mit Glacéhandschuhen. Das andere Leben, das war ein schönes Abendessen im »Colombi« oder ein 75er »Château Gloria«; kleine Freuden, die mit Geld zu bezahlen

waren. Alterslose Laster, die er sich mühelos kaufen konnte. Im übrigen waren Timms Ansprüche an das Leben eher bescheiden: ein altes Auto, eine Mietwohnung am Rhein – und beide stellten in den Augen seiner Frau »unerträgliches understatement« dar. Aber er liebte diese Wohnung, in der er schon als Student gelebt hatte. Den Blick vom Schreibtisch auf das Wasser, während der Examensarbeit oder während er Studentinnen verführt hatte, in jenen Tagen, als die Jagd auf Frischfleisch noch Spaß gemacht hatte.

Der Gedanke, ein Haus zu kaufen, war ihm ein Greuel. Noch mehr Zimmer, in denen über der Zweisamkeit die Einsamkeit hing. Noch mehr Platz für Gäste, die seine Frau gern einlud, um das Schweigen zu überbrücken. Mehr Personal und noch mehr Geld, das er verdienen mußte, um sich unnütze Dinge leisten zu können.

Helena Timm, geborene von Liefen, war eine Manifestation seiner Anspruchslosigkeit. Er hatte Helena nach dem Examen geheiratet, aus Gründen der Liebe vermutlich. Helena war schön, gut erzogen, das, was man gemeinhin gebildet nannte, und Helena liebte ihn. Wie sie sagte.

Helena, mit ihrem »Ich-gebe-mich-dir-hin-Blick«, der jede Lust im Keim erstickte. Helena, die so gottverdammt selbstgerecht war und so banal kultiviert. Premieren-Abo, Zwei-Sterne-Restaurant, Schöner-Wohnen-Zeitschriften, Einladungen zu Vernissagen. Andere Leute fanden Helena charmant. Timm fand sie nur noch öde. Da ihre Kinderlosigkeit ein Schönheitsfleck am Idealbild der perfekten Familie war, konzentrierte sie sich darauf, perfekte Ehefrau zu sein, während er in seine Arbeit floh – und immer seltener in Affären, die flüchtig waren und ohne Bedeutung.

Nein, er war nicht unglücklich. Er liebte seine Arbeit, seine Siege. Er haßte seine Niederlagen. Er war erfolgreich und verdiente genug Geld, seinen Keller mit Wein und seinen Bauch mit Delikatessen zu füllen.

Nein, glücklich war er nicht. Aber dieser Zustand war ohnehin

nur eine Illusion, der sich Narren und Menschen ohne Phantasie hingaben.
Timm ging langsam zurück zum Gerichtssaal, grüßte Kollegen, die mit weißen Krawatten und wichtigen Gesichtern an ihm vorbeigingen. Dieser verdammte Laubenthal mit seinem dilettantischen Deal. Er war ein wundervolles Instrument in der Hand von Prozeßvirtuosen und ein übel verstimmtes Klavier, wenn Anfänger versuchten, darauf zu spielen. Bei diesen Vorvereinbarungen trug der Verteidiger das größte Risiko. Ein bißchen Geständnis gegen ein bißchen Strafnachlaß, das funktionierte eben nur, wenn sich das Gericht tatsächlich daran hielt und der Mandant nicht aus der Rolle fiel. Wenn der Richter dem Laubenthal eine milde Strafe gegen glaubhafte Reue in Aussicht gestellt hatte, war er keineswegs an diese Zusage gebunden. Und dem Mayer würde er sogar zutrauen, daß er seine vagen Zugeständnisse mit einem donnernden Richterspruch vom Tisch fegte.
Zurück zum Blinde-Kuh-Spiel in Saal 130. Wer würde wem glauben? Entscheidend war die Aussage der Bergmann. Blieb sie bei dem, was sie bei Polizei und Staatsanwalt ausgesagt hatte, wäre Krugs Aussage im wesentlichen gedeckt und sein Mandant so gut wie erledigt. Selbst wenn er Unstimmigkeiten, ja Lügen in den anderen Aussagen aufdecken könnte, würde das nichts am Kerngeschehen ändern. Aber wenn die Bergmann log, warum tat sie es? Aus Rache über eine zu Ende gegangene Affäre, über die Grimme nicht sprechen wollte? Ein mageres Motiv. Wenn aber Grimme log, etwas, das er nicht ganz ausschließen konnte, dann hatte der nicht nur prozessualen Selbstmord begangen, sondern auch seinen Verteidiger lächerlich gemacht. Kein schöner Gedanke, aber immer noch besser als der, daß Grimme die Wahrheit sagte und dennoch verurteilt wurde. Timm überlegte allen Ernstes, den Prozeß platzen zu lassen. Ein Grund würde sich finden. Der beste wäre, Mayer an einen Punkt zu bringen, an dem ein Befangenheitsantrag eine gute Chance hatte. Dann wäre wenigstens der

Deal Mayer-Laubenthal geplatzt. Aber damit wollte er zumindest bis zur Bergmann-Aussage warten. Es wäre zu schön, wenn sie im Prozeß umkippen würde, zu schön.
Er grüßte die Nebenklägerin, die immer noch vor dem Saal auf der Bank saß. Sie las den »Kölner Stadtanzeiger« und blickte hoch, als er vorbeiging.
»Noch zwei Minuten«, sagte er, und Kirsten Bergmann lächelte knapp. Sie registrierte den Anzug und die Boxernase. Unter anderen Umständen hätte sie diesen Mann attraktiv gefunden. Aber nicht in diesem schlechten Theater. Der Vorsitzende, der seine derben Scherze machte wie in einem Millowitschstück, war schlimm genug. Körperlicher Ekel war in ihr hochgekommen, als Henner Krug dann seine Aussage gemacht hatte. Diese geheuchelte, widerliche Reue, gepaart mit schlüpfrigen Entschuldigungen, hatte sich wie kalter Schleim auf ihre Haut gelegt, ihr die Luft zum Atmen genommen. Jedes Leugnen, jede Lüge wäre besser gewesen. Oh, sie hatte die Blicke des hohen Gerichts bei den entsprechenden Passagen wohl registriert – vom Vorsitzenden bis hin zu den Schöffen, die sonst mit stupiden Gesichtern wie Staffage dasaßen.
Sie hörte die Klingel, die in den Saal rief, und drückte ihre Zigarette in einem übervollen Aschenbecher aus. Kurz vor der Tür tippte ihr jemand auf die Schulter: Henner Krug.
»Darf ich dir meine Hand geben?« fragte er und streckte sie ungeschickt und unsicher aus.
Ihr war vollkommen egal, wer diese Szene beobachtete. Kirsten Bergmann trat einen Schritt zurück. »Niemals«, und sie spuckte dieses Wort aus wie eine Anklageschrift von fünfzig Seiten.

VII. Kapitel

In den ersten acht Monaten sprach sie nur mit drei Menschen: ihrer Englischlehrerin, ihrem Vater und mit Mary, dem Dienstmädchen. Mrs. Mattlock, eine dicke, stets schwitzende Person, die ihrem pädagogischen Auftrag jeden zweiten Tag drei Stunden lang nachkam, war mit den Fortschritten ihrer Schülerin zufrieden. Das Mädchen war intelligent und fleißig, und das einzige, wogegen sie ankämpfen mußte, war ihre unüberwindliche Abneigung gegen Kirsten Bergmann. Sie fand sie verschlagen, unkindlich, unzugänglich. Jeder mütterliche Annäherungsversuch prallte an einer Mauer von Kälte ab. Jeder Versuch, die Kleine in das Gesellschaftsleben von Gaborone zu integrieren, scheiterte an einem gleichgültigen »Nein danke«. Kirsten hatte kein Interesse an Spiel und Sport und lehnte Einladungen zu Teenager-Partys grundsätzlich ab. Es war im höchsten Maße irritierend, daß sie mit dem Dienstmädchen so vertraut schien. Die beiden sprachen sogar Setswana miteinander, diese schrille, häßliche Sprache der Schwarzen, die sonst allenfalls von den Buren gesprochen wurde, die im Lande aufgewachsen waren.

Nun, man durfte sich nicht wundern. Das Mädchen hatte seine Mutter verloren, und der Vater . . . Mrs. Mattlock mußte zugeben, daß der Doktor sie gut bezahlte. Darüber hinaus gab es wenig Gutes über diesen Deutschen zu sagen. Er war weder in den Golfclub eingetreten noch nahm er sonst an dem Gesellschaftsleben in Gaborone teil. In seinem Wartezimmer saßen überwiegend Schwarze. Einmal war sie dagewesen, und von dem animalischen Geruch war ihr übel geworden. Ferguson hatte weiße Privatpatienten immer vorgenommen, was Bergmann nicht tat, und das war angesichts eines vollen Wartezimmers eine Zumutung. Auch wie er einen behandelte: als ob man ein Stück Fleisch wäre, das ein Metzger sachgerecht bearbeitet. Kein persönliches Wort, kein Scherz; der Mann kam ihr vor wie eine Leiche, die aus unerfindlichen Gründen noch funktionierte wie ein Mensch. Außerdem sagte man ihm nach, daß er soff. Das Gerücht beruhte nur darauf, daß man ihn ein paarmal an der Bar des »Holiday Inn« gesehen hatte, einem Ort, den anständige weiße Frauen nicht zu besuchen pflegten: schwarze Säufer, schwarze Nutten und weiße Männer, die sich in diesem Ambiente wohl fühlten. Die wenigen weißen alleinstehenden Frauen in Gaborone hatten ihre Hoffnungen auf den Witwer inzwischen abgeschrieben. Mrs. Mattlock, die sozusagen im Hause verkehrte, war die einzige Nachrichtenquelle mit Informationen aus erster Hand. Aber das Interesse an den Bergmanns war bereits abgeklungen, und viel gab es weiß Gott nicht zu erzählen. Das Mädchen war verschlossen wie eine Auster, wenn es nicht um englische Grammatik oder Vokabeln ging.

In den ersten acht Monaten lernte Kirsten, außer Englisch und Setswana, mit ihrer Angst umzugehen: der Angst vor Spinnen und der unendlichen Vielfalt von Ungeziefer, die das Haus besonders während der Regenzeit heimsuchten. Da waren die schwarzen Würmer, die Mary »jololos« nannte und ohne Erbarmen zermatschte, wenn sie den Weg ins Haus gefunden hatten. Die Tausendfüßler mit den schwarzen Beinen waren ungefährlich, aber die rotfüßigen giftig. Mary wußte alles.
Besonders ekelhaft fand Kirsten die Termiten, die nach einem heftigen Regenschauer aus der Erde kamen und zu Hunderten um die Lichter schwirrten, bis ihnen die Flügel abfielen und sie wie Würmer am Boden krochen und starben. Eine Delikatesse, sagte Mary, die sie aufsammelte und in der Pfanne briet, bis sie knusprig wurden wie kleine Pommes frites. Sehr nahrhaft, sagte ihr Vater, der die gebratenen Würmer einmal probiert, aber an ihrem Geschmack keinen Gefallen gefunden hatte.

Die Resochintabletten gegen Malaria waren auf ärztliches Geheiß abgesetzt worden. Zwar gab es jede Menge Mosquitos, die trotz der Gitter immer wieder einen Weg ins Haus fanden, aber Axel Bergmann hatte entschieden, daß sie keine Malariaträger waren. Die Mosquitos, die ihn und Kirsten wie kleine Vampire überfielen, hatten ihm bisher recht gegeben. Mary stellte kleine Spiralen auf den Boden, die angezündet abscheulich rochen, aber eine beschränkt abschreckende Wirkung auf die Blutsauger hatten.

Obwohl Mary ihr Bestes tat, um Kirsten Spinnen und Insekten vom Leib zu halten, wurde das Mädchen seine Ängste nicht los. Zum Beispiel vor den Geräuschen der Nacht, dem Zirpen und Summen und Quäken von Millionen Lebewesen, die die Dunkelheit bevölkerten und ihre Alpträume ausfüllten. Und vor den Schlangen natürlich, die auch Mary fürchtete.

Es war schwer gewesen, einen Gärtner zu finden. Nach drei jungen Männern, die kamen und wieder ausblieben, als sie den ersten Lohn erhalten hatten, brachte Mary einen alten Mann ins Haus, der kein Wort Englisch sprach und nur wenig Setswana und der ein bißchen aussah wie ein sonnenverbrannter Chinese. »Ein Buschmann«, sagte Mary und erzählte Kirsten von kleinwüchsigen, schlitzäugigen Menschen, die in der Halbwüste der Kalahari lebten, ursprünglich Sammler und Jäger, ein aussterbendes kleines Volk, die »Neger« Botswanas. Xanu sprach in merkwürdigen Klicklauten, wenn er überhaupt etwas sagte, und Kirsten wunderte sich, wie herrisch Mary mit ihm umsprang, obwohl der Gärtner ein alter Mann war.

Xanu versuchte, dem Wildwuchs im Garten Einhalt zu gebieten, was ihm nur schwerlich gelang. Er bewegte sich langsam, und manchmal kam er ein oder zwei Tage nicht, und wenn Mary schimpfte, gab er vor, kein Wort Setswana zu verstehen.

Aber immerhin, Xanu hielt das Gras kurz, wodurch die Schlangen ferngehalten wurden, und als Kirsten eines Tages eine Schlange im Affenbrotbaum entdeckt hatte und Mary wie eine Geisteskranke schrie, hatte der Alte die Schlange mit seinem langen Buschmesser gejagt und vertrieben.

»Ihr Frauen seid hysterisch«, war der Kommentar ihres Vaters gewesen, und an diesem Abend erzählte er, was er von Schlangen wußte, daß die meisten viel mehr Angst vor Menschen hätten als umgekehrt, und nur zwei wegen ihrer Aggressivität wirklich gefährlich seien: die Mamba und die Puffotter, alle anderen würden vor Menschen fliehen. Er versprach, ihr ein Buch über Schlangen zu kaufen, und sie wagte nicht, ihm zu sagen, daß schon Bilder von Schlangen sie starr vor Angst machten.

Es kam nicht oft vor, daß ihr Vater mehr als das Nötigste mit ihr sprach. Wenn Mary das Abendessen brachte, las er oft oder schlang das Essen schweigend hinunter. Kirsten, die Marys Kochkünste abscheulich fand, beneidete ihn um die Flasche Wein. Sie nahm an, daß das Essen dadurch besser schmeckte. Immerhin hatten die Variationen Fleisch–Reis–braune Sauce, Fleisch–Kartoffeln–braune Sauce, Hackfleisch–Spaghetti–Tomatensauce zur Folge, daß ihr Kummerspeck dahinschmolz. Sie begleitete Mary oft zum Einkaufen in die »Mall«, wie das Zentrum hieß, wo zwei Supermärkte und kleine indische Geschäfte den Konsumrausch in Grenzen hielten. Es gab nur eine Sorte Brot, verpacktes, klebriges Toastbrot, das immer alt schmeckte, außerdem billiges Rindfleisch, das immer zäh war und lange gegart werden mußte, und manchmal teures Schweinefleisch, das die meisten Einheimischen nicht aßen. Verschrumpelte Tomaten und Karotten wurden angeboten, Kohl aus Botswana und nur wenig Obst, dem man zudem den weiten Weg aus der Republik Südafrika ansah.

Es gab jede Menge Taschendiebe in der »Mall« und kleine, zerlumpte Jungs, die bettelten oder anboten, die Einkaufstaschen gegen ein paar Thebes zu tragen. Wenn sie so hungrig auf einen zustürzten, bekam Kirsten es immer noch mit der Angst zu tun, aber Mary scheuchte sie mit groben Worten fort.

Die Siebzehnjährige, die morgens um sieben ins Haus kam

und abends, nach dem Abwasch, wieder ging, behandelte Kirsten wie eine kleine Schwester, ohne Zärtlichkeit, aber mit einer gewissen autoritären Fürsorge. Die kleine Weiße wiederum schloß sich an den einzigen Menschen an, der verfügbar war. Mrs. Mattlock konnte sie nicht leiden. Die hatte gefärbte blonde Haare und eine käseweiße, schwammige Haut, die sie unter geblümten, weitdekolletierten Nylonkleidern schrecklich zur Schau trug. Sie schwitzte und stank nach billigem Parfum. Und immer sprach sie von den »dummen Kaffern« und behandelte Mary wie ein Stück Dreck. Die verdrückte sich, wenn Mrs. Mattlock kam, immer durch den Hintereingang in ihre Hütte am Ende des Gartens.

Kirsten konnte nicht verstehen, wie ein Mensch in so einer Hundehütte wohnen konnte. Mary lebte in zwei Zimmern, die nicht größer waren als das Badezimmer im Haus. Die Wände waren unverputzt und der Boden aus blankem Lehm. Strom gab es nicht, nur eine verrußte Petroleumlampe. Marys ganzer Besitz bestand aus einem Eisenbett und einem Stuhl. An rostigen Nägeln, die in die Wand geschlagen waren, hingen ein paar Kleidungsstücke, und auf dem Fenstersims lagen eine Zahnbürste, ein Stück Seife und ein Lippenstift. Ein Klo gab es nicht, und Mary wusch sich am Wasserhahn, der im Garten war.

Sonntags, wenn Mary freihatte, kochte sie manchmal draußen vor ihrer Hütte auf offenem Feuer. In dem dreifüßigen Topf aus Gußeisen garte dann stundenlang eine klebrige Pampe aus Maismehl und Wasser, die sich, wie Kirsten fand, im Magen zu Stein verwandelte. »Kein Nährwert«, sagte ihr Vater zu diesem botswanischen Nationalgericht, das in eine braune Fleischsauce getunkt und mit den Händen gegessen wurde.

Aber meistens ging Mary sonntags weg, oder auch abends, in ihrem schönsten Kleid, das immer blütenweiß war und fadenscheinig vom vielen Waschen. Kirsten konnte oft nicht einschlafen, und sie wartete, bis sie spät nachts die Schritte auf dem Kies hörte, manchmal auch Flüstern und Gelächter.

Wenn Mary einen Freund hatte, nahm sie ihn nur nachts mit nach Hause, Kirsten bekam ihn nie zu sehen, wohl aber die zahlreiche Verwandtschaft, die vielen Vettern und Cousinen und Tanten und Onkel, die manchmal abends oder am Sonntagnachmittag kamen und sich schüchtern grüßend am Hintereingang vorbeidrückten.

Wenn Mary Besuch hatte, so war das nicht zu überhören. Sie sprachen so laut miteinander, als ob sie sich streiten würden. Doch ihren Vater schien das nicht zu stören, auch nicht, als Kirsten anfing Mary Kleider zu schenken, die diese erst zögernd, aber dann immer selbstverständlicher annahm. Nur Kirstens Schuhe fand Mary zu kindlich. Im Haus ging sie normalerweise barfuß, zum Einkaufen mit Plastikschlappen, und wenn sie ausging, trug sie hohe, giftgrüne Pumps, in denen sich ihr wiegender Gang in unsicherem Staksen verlor.

Mary hatte auch ihre Schwester in den Haushalt eingebracht. Esther arbeitete in der Praxis als eine Art Empfangsdame, ein Amt, das ihr einen gewissen sozialen Status verlieh. Mit dem Ausstellen von Rezepten und Rechnungen hingegen war sie überfordert, wie Axel Bergmann es ausdrückte, und er behielt sie nur, weil sie nett aussah, einigermaßen Englisch konnte und von unbotswanischer Liebenswürdigkeit war. Esther wohnte mit ihrem Freund, einem Baby und einer Schwester des Freundes in einem kleinen Haus in »White City«, einem Stadtteil, in dem Schwarze lebten, die Arbeit hatten und regelmäßig die Miete bezahlen konnten.

Kirsten fand Esther nicht so schön wie ihre jüngere Schwester und empfand sie nicht als liebenswürdig, sondern als zuckersüß. Aber sie ging ohnehin selten hinüber zur Praxis. Das war ein Punkt, in dem diese Mrs. Mattlock recht hatte: Es roch sonderbar im Wartezimmer, besonders jetzt im Winter, wo die Fenster geschlossen blieben. Die Leute saßen oft Stunden auf den harten Stühlen oder auch am Boden, fast regungslos und ohne Ungeduld. Mit jedem Monat kamen weniger Weiße in die Praxis.

Wenn Mrs. Mattlock darüber abfällige Bemerkungen machte, schien dies den Doktor nicht zu stören. Axel Bergmann behandelte seine Patienten mit der Stupidität, mit der ein Metzger sein Fleisch tranchiert. Viele junge Mütter mit Babys kamen in die Praxis, und wenn er Durchfall oder Mangelkrankheiten diagnostizierte und seine Ratschläge bezüglich Hygiene und Ernährung auf ein Achselzucken stießen, so beugte er sich vor den unvermeidlichen Folgen von Armut, Unwissenheit und Fatalismus. Wenn Babys starben, wurden neue geboren. Wenn seine Pillen nichts nützten, so war das Gottes Wille oder ein böser Zauber, je nachdem, bei wem man sich geborgener fühlte.
Die jungen Mädchen, die er gegen Geschlechtskrankheiten behandelte, würden wiederkommen, bis sie gegen Penicillin immun waren. Unendlich groß war der Glaube an seine Spritzen und Pillen, deren Wirkung noch verstärkt wurde, wenn der »witch doctor«, der traditionelle Heiler, seine Zauberformeln und Heilkräuter einsetzte. Doppelt genäht hält besser: Dieser Einsicht vermochte sich Axel Bergmann nicht zu verschließen. Er fand seine Patienten äußerst wehleidig und gleichzeitig furchtlos, wenn es ihnen wirklich an den Kragen ging. Die Zahlungsmoral war schlecht. Esther, der Drachen im Vorzimmer, war dazu übergegangen, Medikamente nur noch gegen bar auszuhändigen.
Er war dazu übergegangen, morgens statt Kaffee ein Glas Whisky zu trinken, weil das mit Chicorée versetzte braune Gesöff seine Geschmacksnerven verletzte. Ein Glas morgens und drei oder vier, bis die Sonne unterging, mittags zwei Flaschen Bier und abends Wein oder Whisky oder beides, bis der gnädige Schleier der Müdigkeit den Tag zudeckte und er endlich schlafen konnte. Die Bedürfnislosigkeit, nach innen und außen, war äußerst angenehm.
Keine Gefühle mehr: Liebe, Eifersucht, Haß, Neid, der Schmerz der Unzulänglichkeit. Gefühle waren das Salz des Lebens, das auf den Wunden brannte, die sie schlugen. Folg-

lich entbehrbar, wie er fand, nachdem er so lange in der Illusion gelebt hatte, ein glücklicher Mensch zu sein.
Dr. Axel Bergmann lebte und erfüllte seine Pflichten, und selbst dem Alkohol, dem er sich wie einem guten Freund zugewandt hatte, begegnete er mit Distanz. Wenn er Alkoholiker war, so noch lange keiner von denen, die morgens mit zitternden Händen aus der Flasche tranken. Er trank nie aus der Flasche. Wenn er manchmal unrasiert oder in abgewetzten Hosen und verschwitzten Hemden herumlief, war er dem Verfall guter Manieren, der die Weißen in dieser komischen kleinen Stadt infiziert hatte, noch nicht gänzlich anheimgefallen. Trotz seiner Verweigerung jeglicher Emotionen gab es immer noch eine Reihe von Dingen, die ihn nervten. Das Mädchen Mary zum Beispiel, die von einer besessenen und gleichwohl ineffektiven Putzwut befallen war und mit ihrem Besen immer dort zugange war, wo er gerade saß. Ihre schmachtende Unterwürfigkeit irritierte ihn ebenso wie die Kumpanei zwischen Mary und seiner Tochter. Kirsten, mittlerweile hohlwangig und dunkelbraun gebrannt, trug ständig einen versteckten Vorwurf im Gesicht. Wenn sie auch wenig sprach während der gemeinsamen Abendessen, so empfand er ihre Blicke als fordernd und tadelnd zugleich, und manchmal verging ihm dabei der Genuß an einer guten Flasche Wein.
War sie unglücklich, mußte sie lernen, sich damit abzufinden. Die Sucht nach Zuneigung – nun, seine Tochter hatte eben früher als andere gelernt, die Folgen dieser Abhängigkeit zu tragen. Blieb zu wünschen, daß sie daraus, wie man es so schön nannte, fürs Leben lernte. Nur wurde es langsam Zeit, daß er sie im Gymnasium anmeldete. Ihre Englischkenntnisse waren gut genug, und Mary und Mrs. Mattlock als einziger Umgang förderten nicht gerade ihre geistige Entwicklung. Außerdem hätte Kirsten dann anderes zu tun, als ihn zu beobachten, ihn mit den Resten ihrer Kindesliebe zu belästigen. Ja, er fühlte sich belästigt. Genauso wie anfangs durch diesen unsäglichen Harry Unger und dessen Versuche, ihn in das Ge-

sellschaftsleben von Gaborone zu integrieren. Es war auf eine traurige Art komisch: Da saßen diese Weißen – Buren, Engländer, Deutsche, Franzosen, Amerikaner – am Ende der Welt und gaukelten sich vor, der Nabel derselben zu sein. Illusionisten allesamt, die nicht begriffen, daß Gaborone die Endstation ihres kümmerlichen kleinen Lebens war, ein Leben, das sie sich ausgesucht hatten, weil sie es woanders nicht geschafft hätten. Bürokraten, Entwicklungsexperten, Geschäftemacher, kleine Gauner – Versager allemal, und nichts war penetranter als Versager, die sich als solche nicht erkannten. Er, Axel Bergmann, hatte aus dieser Selbsterkenntnis seine Konsequenzen gezogen. Und wenn sie ihn als Sonderling apostrophierten und schließlich aus ihrer verschworenen weißen Gemeinschaft ausstoßen würden – es machte ihm weniger aus als die Mücken, die ihn belästigten, weil Mary es nie lernen würde, Türen und Fliegengitter zu schließen.
Einmal war er zu einer dieser sogenannten Partys gegangen, vermutlich aus einem Rest von Neugierde. Es konnte auch eine Anwandlung von Masochismus gewesen sein. Im Garten wurde Braii angeboten, so nannte man in Gaborone die Kunst, Rumpsteaks auf pompösen Grillapparaturen in verkohlte Fleischstücke zu verwandeln. Es gab Bier und Whisky in Mengen, Männer in Khakianzügen und Frauen in geblümten Sommerkleidern mit schweißglänzenden Gesichtern und Mündern, denen nur dummes Gerede entfloß. Die Gespräche drehten sich um die Unfähigkeit der Schwarzen im allgemeinen und besonderen, um den ausbleibenden Regen und die Qualität des Whiskys, um geplante oder vergangene Jagdausflüge und um die Jagd nach Geld. Jeder schien alles über den anderen zu wissen und sich dennoch in farbenblinder Solidarität an ihn zu klammern. Ihm war nicht ganz begreiflich, wie Leute so borniert sein konnten. Jeder dieser weißen Proleten fühlte sich über das schwarze Gewürm erhaben und bezog daraus sein Selbstbewußtsein und die Fähigkeit, das unerträgliche Klima und die Mehrheit der Bevölkerung auszuhalten.

Eine Frau, deren Namen er vergessen hatte und deren Mann geschäftlich in Johannesburg war, hatte ihm deutliche Avancen gemacht. Außer Trinken gab es in Gaborone offenbar wenig sinnvolle Freizeitbeschäftigungen, denn zu vorgerückter Stunde erklärte sie ihm, daß Seitensprünge im Rahmen der verschworenen Gemeinschaft eine durchaus akzeptierte Form abendlicher Lustbarkeit seien. Eine Engländerin, nicht häßlich, aber am Rande des Verblühens: Sie erzählte von der Hitze, die sich nach innen übertrug und der Leidenschaft, die afrikanische Nächte wecken. Im übrigen würde ihr Mann sie mit schwarzen Mädchen betrügen, weshalb sie sich ihm aus hygienischen Gründen verweigere. Ob er auch . . .?
Nein, hatte er erwidert und den Fehler solcher Offenheit sofort bereut. In betrunkener Klarheit erwehrte er sich ihrer Zudringlichkeit, nicht aus moralischen Gründen. Schon der Gedanke erotisch bedingter Gefühlsausbrüche erfüllte ihn mit Ekel. Es war nicht Sex, was diese Frau gesucht hatte, sondern eine Form von Nähe, die er niemandem mehr gestattete. Er hatte sie einfach sitzenlassen, war an die Bar gegangen, dort, wo sich die hartgesottenen Trinker mit dem Leeren von Whiskyflaschen befaßten. Er war sturzbetrunken nach Hause gefahren und hatte sich geschworen, nie wieder eine Einladung anzunehmen. Einsam sein konnte er auch alleine.
Axel Bergmann, der inzwischen keine Einladungen mehr bekam und selten in die Stadt fuhr, weil Mary und Esther ihm die meisten Besorgungen abnahmen, hatte viel Zeit zum Nichtstun. Oft saß er im Schatten des Yacaranda-Baumes auf einem Korbstuhl, der die Schäbigkeit eines Kolonialrelikts hatte, neben sich eine Flasche, Eis und ein Glas, und beobachtete Marys Haus, beziehungsweise das Treiben vor ihrem Haus. Er kam nicht umhin, sich eine gewisse Anpassungsfähigkeit zu bescheinigen. Die Tswana schienen sowenig Gefühl für Zeit zu haben, für den Verlust von Zeit. Sie konnten stundenlang warten, einfach stillsitzen, nichts tun. Sie waren laut in ihrer Sprache, aber eigentlich ohne Aggressionen oder andere Ausbrü-

che unmäßiger Gefühle. Sie schienen das Leben so zu nehmen, wie es kam. Wenn Pula, der Regen, kam, war das gut für ihr Feld oder ihre Weide, denn ein Tswana ohne ein Stück Land und einige Kühe galt nichts. Und wenn Pula ausblieb, fand sich immer noch ein Verwandter, der Geld verdiente und einen durchfütterte. Reichte das Essen für einen Tag, warum sich den Genuß mit der Sorge um die nächste Mahlzeit ruinieren?
Axel Bergmann empfand die Unkompliziertheit dieser Lebensart als sehr angenehm. Sie war nicht mehr Allgemeingut. In den Ministerien, den häßlichsten Kästen von Gaborone, saßen auch smarte Leute, die, angespornt von weißen »Entwicklern«, dem Fortschritt nachjagten, der Karriere, der Leistung und natürlich dem Geld. Aber vermutlich hatten auch die irgendwo Viehherden, in der Weite des Buschlandes, sozusagen als Altersversicherung, falls es doch nicht klappen sollte mit dem Eintausch der alten Werte gegen die neuen. So wie seine Patienten oft zusätzlich den »witch doctor« zu Rate zogen . . . man konnte ja nie wissen.
Gottlob hatte er mit den »Smarties« in dunklen Anzügen wenig zu tun. Hier, vor Marys Haus, war die Welt noch in Ordnung.
Für viele weitere Tage, Wochen und Monate störte niemand Axel Bergmanns Kreise. Erst der Überfall änderte die relativ geordneten Verhältnisse im Haus »Motsuadi Road 13«.

VIII. Kapitel

Noch eine halbe Stunde, bis die Qual wieder begann. Bernhard Grimme saß als erster auf der Bank vor Saal 130. Er versuchte, mit der Angst fertig zu werden, die ihn lähmte und langsam kaputtmachte. Er träumte fast jede Nacht davon, seit einem halben Jahr, wie sich Handschellen um seine Gelenke schlossen und er schrie, und sie führten ihn weg, endlos lange Flure führten sie ihn entlang, bis sie ihn plötzlich wegstießen, in ein dunkles Loch stießen, und er fiel . . .

Der Alptraum hatte nach der Nacht begonnen, die er in der Arrestzelle des Kölner Polizeipräsidiums verbracht hatte. Er kopierte damit die Wirklichkeit und verfremdete sie bis zu dem Punkt, an dem er es nicht mehr aushalten konnte und in der Dunkelheit aufwachte. Die Angst besiegen . . . er konzentrierte all seine Kraft darauf. Er schlief und erwachte, er aß und trank und arbeitete in der Praxis, so als ob nichts geschehen wäre. Er ging in die Verhandlung, wo die Angst ihn vom Geschehen distanzierte und jene Hülle zurückließ, von der sein Verteidiger glaubte, sie sei vorbildliche Selbstbeherrschung.

Er war fünfzig Jahre alt und hatte geglaubt, sein Leben im Griff zu haben. Er besaß ein schönes Haus, eine gutgehende Praxis und ein ansehnliches Konto. Und alles war immer so gelaufen, wie er es geplant und gewollt hatte. Bis auf zwei Ausnahmen, doch selbst den Schmerz verlorener Gefühle hatte er als Teil seines Lebens hingenommen. Frauen stellten zu hohe Ansprüche an die Liebe. Sie wollten alles, was immer das war. Er hatte fünfzig Jahre gebraucht, um zu begreifen, daß Gefühle nicht ausreichten, um Liebe in Glück zu verwandeln. Leben, einfach leben war genug, wenn es angenehm und überschaubar und vor allem kontrollierbar war. Und nun galt plötzlich nichts mehr von dem, was er sich als Philosophie zurechtgebogen und in Alltagsritualen praktiziert hatte. Eine Nacht hatte genügt, das zu zerstören.

Die Polizisten waren kurz nach vier Uhr in die Praxis gekommen. Ganz normale Polizisten, die ihn behandelt hatten wie einen ganz normalen Verbrecher. Er war es nicht gewohnt, daß so mit ihm geredet wurde, er war laut geworden, und in ihren Gesichtern hatte er Haß gelesen. An einen Satz in dem Wortgefecht konnte er sich noch erinnern: »Auch mit feinen Pinkeln werden wir fertig.« Und dann, als sie ihm Handschellen androhten, war er freiwillig mitgekommen, zur Vernehmung, wie sie sagten. An eine Patientin hatte er gedacht, an ein Verkehrsdelikt, an alles, nur nicht an die eine Nacht. Er war in das grüne Auto eingestiegen, nein, sie hatten ihn geschubst, und später sagten sie etwas von »Widerstand gegen die Staatsgewalt«. Sie waren so mächtig gewesen und er auf einmal so klein.

Dr. Bernhard Grimme, ein unbescholtener Bürger, saß der Staatsgewalt gegenüber. Totale Hilflosigkeit. Als ihm einer in Zivil vorlas, weshalb man ihn überhaupt hergebracht hatte, war jeder Widerstand gegen das, was mit ihm geschah, zusammengebrochen.

Einen Anwalt hatte er verlangt, aber der Mann im Zivil lächelte nur höhnisch. Eine Aussage wollte man von ihm, eine Stellungnahme zum Vorwurf der Kirsten Bergmann. Und im übrigen sei da noch das Delikt des Widerstands gegen die Staatsgewalt. Welcher Widerstand? Gegen drei Polizisten, sagte der Mann in Zivil, und Grimme hatte keine Ahnung, wovon der Mann sprach, aber eine erste Ahnung von dem, was mit ihm geschah. Da saß er in diesem Zimmer mitten in Köln und war plötzlich ein Spielball in den Händen dieser Männer, die ihn in ihrer Gewalt hatten und das mit unerträglicher Häme demonstrierten.

Nur eine Aussage wollte man von ihm und eine Unterschrift.

Und als er sich weigerte, hatte sein Gegenüber mit den Achseln gezuckt und ihn abführen lassen. Kein Widerstand, nicht mit einer Geste hatte er sich gewehrt, als sie ihn in eine Zelle führten. Die Tür war zugeschnappt, leise und bedrohlich. Die Zelle war klein, schmutzig, und es stank nach Erbrochenem und nach Urin. Ihm war sofort übel geworden.
Bis zu jenem Tag im August waren sie für ihn nichts als kleine grüne Männer gewesen, die er wahrnahm, wenn er zu schnell gefahren war oder im Fernsehen eine Demonstration sah. Dr. Bernhard Grimme: ein angesehener Bürger und Arzt, ein Häufchen Elend, das mit Übelkeit und Angst kämpfte. Sein Arm tat ihm weh von dem Polizeigriff. Er verstand nicht, daß sie ihn nicht mit seinem Anwalt telefonieren ließen. Und er verstand nicht, was Kirsten ihm angetan hatte.
Nach zwei Stunden hatte er an die Zellentür geklopft und einen Beamten verlangt. Er hatte ihnen gesagt, daß er zu einer Aussage bereit war. Doch noch zwei weitere Stunden ließen sie ihn schmoren, bis sie ihn zu dem Mann im Zivil führten. Folter? Bernhard Grimme hatte alles für möglich gehalten. Aber der Polizist, der seine Aussage aufnahm, war beinahe höflich gewesen. Ja, nachdem er das Protokoll unterschrieben habe, sei alles in Ordnung.
»Sehen Sie, es war ja gar nicht so schlimm«, hatte ihm der Polizist in Zivil gesagt, hinterher, und dabei gelächelt. »Nun können Sie mit Ihrem Anwalt telefonieren. Hier ist das Telefon.«
Mit zitternden Fingern . . . Liebknechts Frau war am Apparat, und sie gab ihm Timms Privatnummer, weil ihr Mann unterwegs war.
Bernhard Grimme war der Frau seines Anwalts heute noch dankbar für diese sechs Zahlen. Timm hatte ihn rausgeholt, nicht in dieser Nacht, aber am nächsten Morgen, als er dem Haftrichter vorgeführt wurde. Unrasiert, ungewaschen und mit dem Gefühl, der Hölle entronnen zu sein, war er mit Timm aus dem Richterzimmer gegangen – ein freier Mann. Zunächst.

Timm hatte ihn nach Hause gefahren, gewartet, bis er sich geduscht hatte und die Haushälterin mit Kaffee und Brötchen kam. Grimme trank Cognac, er hätte keinen Bissen essen können, aber dieser Timm bediente sich mit gutem Appetit.
»Ich bin noch vor dem Frühstück losgefahren, Dr. Grimme.«
Nun war er wieder ein Mensch und kein Verbrecher in Polizeigewahrsam.
»Der Haftrichter ist ein Idiot, aber selbst der beugt sich Argumenten, die stärker sind als seine Dummheit. Natürlich hätte die Polizei Ihnen sofort erlauben müssen, mit Ihrem Anwalt zu telefonieren. Falls Sie das beruhigt – Sie sind nicht mein erster Fall, der so gelaufen ist. Die Polizei will Ihre Aussage und setzt Sie damit unter Druck, daß Sie praktisch isoliert werden. Völlig ungesetzlich, aber damit habe ich wiederum den Haftrichter unter Druck setzen können. Seien Sie froh, Herr Dr. Grimme, auch wenn das jetzt komisch klingt, daß Sie nicht in U-Haft müssen. Dort sind die Verhältnisse auch nicht viel besser als in den Arrestzellen der Polizei. Aber schließlich sind die Punkte Flucht- und Verdunkelungsgefahr in Ihrem Fall lächerlich. Vorausgesetzt natürlich, daß Sie sich vor einem eventuellen Prozeß weder mit Frau Bergmann noch mit irgendeinem anderen Beteiligten in Verbindung setzen. Darauf muß ich mich verlassen können.«
»Ja, selbstverständlich.« Grimme nickte. Nun hatte er sich in jemandes anderen Hand begeben. Er wollte, er mußte glauben, daß dieser Mann zu seinem Besten handelte. »Können die einen denn einfach so festnehmen?«
Timm war dabei, das Brötchen mit Orangenmarmelade zu verdauen und zündete sich eine Zigarette an. »Ja, wenn dringender Tatverdacht besteht, kann die Polizei Sie bis zum folgenden Tag festhalten. Spätestens am Tag nach der Festnahme müssen Sie dem Haftrichter vorgeführt werden. Und der entscheidet über die Untersuchungshaft. Ich weiß, es war eine üble Erfahrung für Sie, aber jetzt sind Sie erst mal raus, und das Weitere werden wir sehen.«

»Sind Sie schon mal verhaftet worden?«
Timm verkniff sich die Bemerkung, daß er noch nie jemanden vergewaltigt hätte, nicht mal seine eigene Frau. Der Mann sah aus, als sei er über Nacht fünf Jahre älter geworden. »Nein, Herr Dr. Grimme, aber ich kenne die Polizei und ihr Vorgehen in solchen Fällen. Und ich sage Ihnen gleich, daß irgendwelche Beschwerden keinen Sinn haben. Die drehen den Spieß einfach um, und plötzlich haben Sie auch noch eine Anzeige wegen Widerstands gegen die Staatsgewalt am Hals. Ihre Aussage gegen drei Polizisten, abgedeckt von allen im Revier: Was meinen Sie, welche Chance Sie da hätten? Ich habe schon viele Polizisten vor Gericht lügen sehen. Und so gut wie nie gab es einen Richter, der ihnen nicht glaubte. Richter haben einen absolut irrationalen Glauben an die Ehrlichkeit von Polizisten und die Verlogenheit von Zivilisten. Die würden wahrscheinlich sagen, daß man Sie deshalb nicht telefonieren lassen konnte, weil Sie außerhalb der Zelle nur randaliert hätten. Nein, lachen Sie nicht, ich meine das ernst.«
Grimme hörte auf, weil es außer Hysterie auch wirklich keinen Grund zum Lachen gab. Er massierte seinen schmerzenden Arm. »Aber ich habe doch nur was gesagt, weil ich Angst hatte und wieder rauskommen wollte.«
»Ja, ich weiß, das ist ja das Schlimme. Die meisten Leute sagen bei der Polizei aus, weil sie Angst haben oder unter Druck gesetzt werden. Ich rate allen meinen Klienten: kein Wort zur Polizei oder zu sonst jemandem, bevor ich die Anklage eingesehen habe. Sehen Sie, was da im Polizeiprotokoll steht, schwarz auf weiß, von Ihnen unterschrieben, ist bei den Akten. Wenn Sie in der Aufregung etwas falsch gesagt haben oder der Polizist, der es aufschrieb, eine sprachliche Wendung zu Ihren Ungunsten ausgelegt hat – es wird vor Gericht gegen Sie verwendet. Deshalb sind Anwälte bei der Polizei so unbeliebt: Wir verdonnern unsere Klienten, sobald wir Kontakt zu ihnen haben, zu absolutem Schweigen. Aber grämen Sie sich nicht. Die meisten hätten in Ihrer Lage genauso gehandelt. So, und nun,

Herr Dr. Grimme, erzählen Sie mir genau, was passiert ist. Dann werde ich die Akten vom Staatsanwalt anfordern und dafür sorgen, daß Sie eine Weile Ruhe haben . . .«

Er hätte nicht aussagen dürfen. Bernhard Grimme saß auf der harten Bank und wartete darauf, daß sich der lange Zeiger auf die Zahl elf zubewegte. Er hatte gar nicht wahrgenommen, daß die meisten Prozeßbeteiligten im Flur standen. Nur die Richter fehlten noch.
Kein Mitleid. Kirsten Bergmann erinnerte sich nicht daran, daß irgend jemand Mitleid mit ihr gehabt hätte, auch nicht, als sie Kind war und Liebe in so verschiedenen Formen gesucht hatte. Kein Mitleid mit Bernhard. Er hatte viel von seinem Siegerlächeln verloren; ein alter Mann mit tiefen Falten um den Mund und müden Augen. Warum zum Teufel hatte er die Haare so kurz geschoren? Es stand ihm nicht. Er trug die grüne Krawatte, die sie ihm einmal ausgesucht hatte, in Rom, in einer Zeit, in der sie noch geglaubt hatte, glücklich zu sein. Die Krawatte paßte wunderbar zu dem weißen Hemd mit den feinen blauen Streifen und einem seiner dunkelblauen Anzüge. Bernhards Geschmack war immer untadelig gewesen.
Als sie ansetzte, ihre Aussage zu machen, hatten sich ihre Blicke kurz gekreuzt. Nichts war in seinen Augen, nicht einmal Haß. Henner Krug, der hatte diesen hündischen Ausdruck im Gesicht, und sie mußte schnell wegschauen. Kein Mitleid. Die Gaffer, die auf den Zuschauerbänken saßen, und die Journalisten, die gekommen waren, um Dreck zu verbreiten, hatten auch kein Mitleid mit ihr. Sie war so weit gegangen, daß dieser letzte Schritt über den Abgrund nur noch eine kleine Anstrengung war. Einen Weg zurück gab es nicht mehr. Sie fixierte das Kreuz hinter dem Kopf des Richters, während sie ihre Geschichte erzählte. Der Vorsitzende hatte sie darüber belehrt, daß eine falsche Zeugenaussage mit Gefängnis zwischen drei Monaten und fünf Jahren und ein Meineid mit mindestens einem Jahr Gefängnis bestraft werden könne.

Kirsten Bergmann sprach klar und akzentuiert, und Oliver Timm fand seine Ahnung bestätigt, daß sie einen guten Eindruck auf das Gericht machen würde. So sittsam in ihrem Kostüm und den im Nacken verschlungenen Haaren. Die Seidenbluse und die schwarzen Strümpfe ließen gerade soviel Sex ahnen, daß der Rest der Aufmachung nicht unglaubwürdig wirkte. Sehr damenhaft, die Dame, und wenn sie fast distanziert wirkte, mußte man daraus nicht unbedingt schließen, daß sie ein Eiszapfen war. Porno-Mayer war vielleicht enttäuscht. Bis jetzt noch kein Drama, bei dem er den gütigen Schlichter spielen konnte. Manchmal, dachte Timm, muß man etwas von einem Voyeur haben, um sich alles anhören zu können, was in einem Gerichtssaal erzählt wurde.

In vollkommener Konzentration registrierte er jedes Wort, das sie sagte. Während sie das Geschehen bis zur Ankunft in der Wohnung erzählte, war ihre Aussage fast deckungsgleich mit der seines Mandanten und der Henner Krugs.

Andere Wertungen, gewiß. Jeder sah sich selbst und seine Handlungen im Zerrspiegel der Selbsteinschätzung. Kirsten Bergmann sagte, daß sie relativ viel getrunken habe und ausgelassen gewesen sei. Oliver Timm beobachtete die Schöffen und Richter: Sie waren genauso aufmerksam wie er. Die Ausdruckslosigkeit der Gesichter täuschte nicht darüber hinweg, daß hier die Bereitschaft war zu glauben, was Kirsten Bergmann erzählte. Nur die Schöffin hatte ihre Mundwinkel etwas nach abwärts gebogen, woraus er schloß, daß Kirsten Bergmann nicht ihre uneingeschränkte Anteilnahme genoß. Vielleicht war sie eine Spur zu beherrscht für den Geschmack dieser Schöffin. Aber er machte sich keine Illusionen: Selbst wenn die Frau Zweifel an der Aussage der Zeugin haben sollte: Sie würde sich in keinem Fall gegen Mayer und die anderen durchsetzen können. Falls er in ihr eine Mitstreiterin gefunden hatte, dann das schwächste Glied in der Kette. Die Verteidigung auf das Urteil der Schöffin abzustimmen, war ohnehin ein müßiges Unterfangen. Störrische Schöffen wurden von

den Richtern mit Paragraphen niedergebügelt. Das Prinzip der Öffentlichkeit, das die Schöffen bei Gericht darstellten, war eine Farce.
Timm notierte sich, was die Zeugin zu dem Barbesuch aussagte. Auch hier zeigte sie keine Emotionen. Nur ein Blick hin zu den Journalisten, die eifrig mitschrieben, verriet etwas von der Qual der Selbstentblößung.
»Um ein Uhr oder etwas später sind wir in diese Bar, zu ›Elsa‹, gegangen. Nach meiner Erinnerung hat Herr Krug diesen Vorschlag gemacht. Herr Grimme und ich, wir stimmten zu. Bis auf die Diskotheken war ja schon alles zu, und wir waren alle drei in der Stimmung weiterzumachen. Die Weinseligkeit spielte da wohl eine Rolle, bei mir jedenfalls.«
Besoffen war ich, dachte sie und bereute jedes Glas, das sie damals getrunken hatte. Seit dieser Nacht hatte sie nie wieder Champagner angerührt.
»Diese Bar kannte ich nicht, aber ein- oder zweimal vorher war ich schon in solchen Etablissements. Ich meine, ich finde das nicht per se anrüchig, auch damals nicht. Es war ein bißchen schummrig und schwummrig, fast leer, fast ein bißchen traurig. Die Mädchen, so erzählte uns eine, verdienen kaum noch was. Es ist ein mieses Geschäft geworden, aber wohl noch immer besser als Arbeitslosigkeit. Wir haben uns eine Weile unterhalten. Das ist bei mir auch berufliche Neugierde. Ich wollte immer schon eine Reportage über das sogenannte Nachtleben schreiben.«
Bravo, dachte Timm. Kirsten Bergmann hatte sich fein rausgezogen. Wenn ein Barbesuch solcher Art doch als etwas anrüchig empfunden wurde, stand sie nunmehr rein wie ein Engel dar. Berufliche Neugierde, das war gut, das mußte man sich merken.
Sie sah kurz zu ihm hin und ignorierte sein spöttisches Lächeln. War ihr doch egal, was dieser Anwalt von ihr dachte.
»Nach meiner Erinnerung sind wir mindestens eine Stunde geblieben, und wir haben in dieser Zeit sicher noch zwei weite-

re Flaschen Champagner getrunken. Bei mir waren es drei Gläser, glaube ich. Zu dem Zeitpunkt war ich schon beschwipst, aber nicht betrunken. Ich vertrage ziemlich viel. Jedenfalls waren wir immer noch nicht müde, denn wir sind bei ›Elsa‹ raus und in eine Diskothek, die nicht weit entfernt ist. Aber dort war es zu laut und zu jung, und dann habe ich den Vorschlag gemacht, daß wir in meiner Wohnung noch einen Abschiedstrunk nehmen sollten. Beide, Herr Krug und Herr Grimme, haben zugestimmt, und wir sind zu Fuß zu meiner Wohnung gelaufen, etwa 20 Minuten, schätze ich. Die beiden Männer nahmen im Wohnzimmer Platz, und ich bin in die Küche gegangen, um Kaffee zu kochen. Bernhard, Herr Dr. Grimme, hat Cognac aus der Bar geholt, Gläser auch. Dann bin ich mit dem Tablett zurück ins Wohnzimmer und . . .«

»Ja, Frau Bergmann . . .?« Der Vorsitzende blickte sie über die Brille mitfühlend an.

»Kann ich ein Glas Wasser haben, bitte.«

»Ja, natürlich.« Mayer winkte einem der Justizbeamten, der pflichtschuldig aus dem Saal schlurfte und mit einem Pappbecher zurückkam.

»Danke schön.« Sie trank einen Schluck.

Einer der Journalisten wippte ungeduldig mit dem Fuß. Er mußte noch einen zweiten Prozeß mitnehmen und verwünschte jede Verzögerung, die ihn an diesen Saal fesselte. Jetzt, wo es spannend wurde, konnte er auf keinen Fall raus. Hunger hatte er auch, aber bevor das Opfer ausgesagt hatte, würde Mayer kaum unterbrechen lassen. Fünfzig Zeilen, hatte man ihm in der Redaktion gesagt, müsse dieser Fall schon hergeben. War zwar kein Blut drin, aber jede Menge Sperma. Vergewaltigung war immer gut, schon das Wort zerging einem auf der Zunge. Die kühle Blonde mußte ein ganz schön heißer Ofen sein, wenn sich gleich zwei an ihr gewärmt hatten. Schade, daß sie nicht flennte oder sonstwie eine mitleiderregende Show abzog. Die Leser mußten sich mit dem Opfer identifizieren können. Sex and Crime: Das waren immer noch die schön-

sten Geschichten, die das Leben schrieb. Draußen wartete ein Fotograf darauf, das Opfer abzulichten. Also ganz persönlich hielt er die Kollegin Bergmann für eine ausgemachte Idiotin. Sich so ins Rampenlicht zu stellen, war das nötig? Schließlich und endlich war sie weder entjungfert noch mißhandelt worden. Einer der Typen war ihr Ex-Liebhaber. Mitnichten ein Grund, so ein Theater zu veranstalten und sich zum Gespött der Leute zu machen. In ihrem Sender konnte die doch einpacken nach diesem Prozeß. Und all das, um sich für ein bißchen Sex zu rächen? Lehre ihn einer, die Weiber zu verstehen. Aber bei diesem Gedanken kam ihm eine gute Idee: Warum nicht, begleitend zu dem Prozeß, eine Serie beginnen, mit dem Titel: Vergewaltigte Frauen? Ein paar Fälle ließen sich bestimmt ausgraben, viel häßlicher noch als diese läppische Vergewaltigung.
Er notierte sich die Idee und beobachtete dann das hohe Gericht. Porno-Mayer war ganz Ohr. Der Vorsitzende war dafür bekannt, in solchen Prozessen eine Lust an Details zu entwickeln, die haarscharf an der Grenze der Wahrheitsfindung lagen. Bisher hatte er die Sau noch nicht rausgelassen, aber er war sicher, daß Mayer ihn auch diesmal nicht enttäuschen würde. Außerdem lag eine saftige Strafe in der Luft. Dem Mayer ging der Ruf voraus, seine Urteile an der oberen Grenze zu fällen.
Kirsten Bergmann stand da wie ein schöner Racheengel.

IX. Kapitel

Es überraschte sie nicht, ihn mit beiden Mädchen im Bett zu sehen. Was sie durch das Schlafzimmerfenster schwarz auf weiß sah, war die Bestätigung eines Verdachts, den sie schon seit Monaten gehegt hatte. Schließlich war sie fast sechzehn, kein Kind mehr, und wenn sie je eines gewesen war, dann nicht mehr seit dem Überfall damals, als ihr Vater eine so jämmerliche Figur abgegeben hatte.

Die beiden Männer waren durch die Küche ins Haus gekommen, während Kirsten und ihr Vater beim Abendessen saßen und Mary weiß Gott wo war, jedenfalls nicht im Haus. Sie standen so plötzlich im Eßzimmer, daß Kirsten sie erst bemerkte, als sie schon vor ihr standen.
Ein langes Messer in einer schmutzigen Hand. Ein Afrikaner und ein Mestize. Die schmutzige Hand bewegte sich nervös. Kirsten starrte auf das Messer, dann auf ihren Vater.
Er hielt das Whiskyglas fest, ihr Vater, der plötzlich anfing, am ganzen Körper zu zittern.
»Wir wollen Geld«, sagte der Mestize. Kirsten sah nur dieses Messer und das Zittern des weißen Mannes. »Du hast doch was im Haus. Gib ihnen schon das Geld.«
Das bleiche Gesicht versuchte, den Mund zu bewegen. Axel Bergmann sah seine Tochter an, als wolle er sie um Verzeihung bitten für alles, was geschehen war; für alles, was geschehen könnte. Aber er sprach nicht.
»Wo ist Geld«, sagte der Mann mit dem Messer. Sein Gesicht war böse, aber das sah Kirsten nicht. Sie blickte ihren Vater an, ohne ihm zu verzeihen.
»Ist es in deinem Schreibtisch?«
War das Zittern des Kopfes ein Nicken? Kirsten stand auf. Ihre

Knie waren weich, und dennoch war sie ganz kalt. Wo war Mary? War dieser bleiche, zu jeder Reaktion unfähige Mann wirklich ihr Vater, ihr Beschützer?
»Du gehst mit«, sagte der Mann mit dem Messer zu dem Schwarzen, der Kirstens Hand ergriff und festhielt, während sie in den Flur gingen. Dieser Mann stank nach Schweiß und Angst. Sie hatte keine Angst. Sie war starr vor Entsetzen.
Der Mann ließ ihre Hand los, während Kirsten den Schreibtisch öffnete. Sie spürte seine Finger, die ihr dünnes T-Shirt am Rücken hochschoben und sich nach ihren Brüsten vortasteten. Rauhe, gierige Finger, die weh taten.
Sie weinte, ohne es zu merken. Sie griff nach dem Bündel Pula-Noten in der Schublade. Sie dachte an einen Kampf, den sie verlieren würde.
Die Schreie aus dem Eßzimmer kamen ihr vor wie ein Flüstern. Aber Mary und Esther hatten sehr laut geschrien. Der Schwarze ließ sie los, riß ihr das Geldbündel aus der Hand und rannte weg. Sie blieb stehen, vor dem Schreibtisch, und hörte jetzt ganz deutlich das Gekreische der beiden Mädchen.
»Kirsten, ist dir was passiert?«
Sie stand immer noch regungslos da, als Mary zu ihr kam. Sie folgte dem Mädchen erst ins Eßzimmer, als sie hörte, daß die beiden Männer fort waren. Sie weinte nicht mehr.
Dr. Axel Bergmann hielt in seiner zitternden Hand eine Whiskyflasche.
»Es ist ungehörig, aus der Flasche zu trinken.« Kirsten nahm sie ihm aus der Hand, schenkte sein Glas voll. »Hör auf zu zittern. Dir ist ja nichts passiert. *Dir* nicht.«
Als sie ihm das Glas reichte, sah sie auf seiner hellen Hose eine dunkle, feuchte Spur entlang der Oberschenkel. Unter seinem Stuhl war eine winzige Lache. Aber die hatte nichts damit zu tun, daß er weinte.
Ein »unangenehmes Ereignis«, das sie konsequent aus ihrem Gedächtnis gestrichen hatte. Wie alles, das unangenehm war, das weh tat, Kirsten verdrängte. Sie stählte sich gegen Schmerz

und Angst mit der Energie eines Tiers, das überleben wollte. Ihr Vater war betrunken gewesen, völlig hilflos. Gott, die hatten nicht viel Geld mitgenommen, weil es nicht viel gab in dem Haus in der Motsuadi Road. Doch den Hund hatten sie vor ihrem Eindringen getötet, und Kirsten hatte ihn, zusammen mit Mary, noch in der Nacht begraben. Tränenlos. Hunde waren ersetzbar, wie Menschen. Sie brauchten nicht so große Gräber.

Seit dieser Nacht hatten Mary und Esther das Regiment übernommen. Die Veränderung der Machtverhältnisse wurde nicht mit einem Paukenschlag eingeläutet. Es ging ganz unauffällig vonstatten. Mary verwaltete das Geld, das Esther aus der Praxis zusammenkratzte. Die beiden nannten den Doktor nicht mehr »master«, sondern beim Vornamen. Es war Mary, die Kirsten das Taschengeld aushändigte und ihr die Schuluniformen kaufte für das exklusive, weil fast weiße Gymnasium, der einzigen guten Schule in Gaborone. Mary besorgte die Flaschen, die der Doktor brauchte, um seine Tage in Nächte zu verwandeln. Sie putzte natürlich nicht mehr, sondern ließ ihre kleine Cousine kommen, die das Haus mehr schlecht als recht vor dem gröbsten Schmutz bewahrte. Kirsten wurde von Mary nicht mehr wie eine Schwester, sondern mit der Autorität einer Vorgesetzten behandelt. Manchmal drohte sie ihr sogar Prügel an. Für Afrikaner war es selbstverständlich, Kinder zu schlagen, aber Kirsten hatte sich gewehrt, so daß es immer nur bei Drohungen blieb. »Wenn du mich schlägst, schlage ich zurück.«

Mary und Esther trugen jetzt Kleider aus leuchtenden synthetischen Stoffen, die die indischen Krämer aus Südafrika importierten. Sie waren nicht geizig, wenn Geld im Haus war, doch Kirsten haßte die billigen Fähnchen und zog es vor, außerhalb der Schule in abgewetzten Jeans und T-Shirts herumzulaufen.

Der Doktor ging gegen 11 Uhr, wenn sein Alkoholnebel sich gelichtet hatte und der neue Tag einen neuen Schluck erlaubte, in die Praxis. Weiße Patienten kamen nicht mehr, aber noch erstaunlich viele Schwarze, viele junge Mädchen, die Esther im voraus und bar bezahlten. Selbst wenn der Doktor nach Alkohol roch und seine Hände manchmal zitterten: Er war immer noch eine weiße Autoritätsperson, und seinen Handgriffen und bunten Pillen traute man mehr zu als jenen der einheimischen Ärzte, von denen es in Gaborone ohnehin nur zwei gab.

»Es sind die wehleidigsten und gleichzeitig zähesten Leute, die ich je erlebt habe«, sagte Axel Bergmann von seinen Patienten. »Sie rennen wegen jedem Kopfschmerz zum Arzt, aber wenn sie wirklich krank sind oder große Schmerzen haben, sind sie von stoischer Leidensfähigkeit.«

Er hatte längst aufgehört, sich über das, was ihm fremd und unbegreiflich war, zu wundern. Er tat seine Arbeit wie ein melancholischer Roboter, zum einen, weil die Tage zu lang waren, sie nur mit Flaschen aufzufüllen, zum anderen, weil sein ungeordneter Haushalt Geld brauchte.

»Die Nutten kommen zu ihm, um sich ihre Bastarde abtreiben zu lassen«, sagten die weißen Leute in Gaborone. Was die Frauen mit Empörung zischten, regte die Männer nicht auf, waren es doch zum Teil ihre Bastarde, die der Doktor mit geübten Handgriffen aus der Welt schaffte. Doch unterm Strich verzieh man ihm nicht, daß er das Ansehen der Weißen besudelte. Auch die schwarze Oberschicht, die sich in ihren Lebensformen und -normen weitgehend den Weißen angepaßt hatte, fühlte sich irgendwie verschaukelt.

»Niggerhaushalt.« Das Wort hatte Kirsten schon so oft gehört, daß sich ihre Ohren automatisch sperrten. Trotzdem liebte sie die Schule, jene geordneten acht Stunden am Tag, in denen sie weder Marys Gekeife hörte noch Vaters Flaschen oder Marys Verwandtschaft sah, die längst im Wohnzimmer saß. Alles in der Schule war klar, einfach und leicht nachzuvollziehen. Die Lehrer waren Respektspersonen, und wer nicht parierte, bekam dies mit dem Rohrstock zu spüren. Um zehn Uhr morgens gab es lauwarmen Tee und Kekse, um 12.30 Uhr scheußlich schmeckendes Mittagessen und nachmittags ab drei Uhr Sport.

Die Machtverteilung in der Schule war wundervoll eindeutig: Da gab es die Lehrer mit ihren Stöcken, die älteren Schüler und die Stärksten der jeweiligen Klasse. Man hatte die Wahl, sich anzupassen oder zu kämpfen. Kirsten tat beides. Für die Lehrer war sie eine Vorzeigeschülerin, intelligent, fleißig und niemals frech. Den Älteren ging sie aus dem Weg. In ihrer Klasse hatte sie sich mit den Schwächeren geprügelt und mit zwei Überlegenen insofern arrangiert, als sie ihnen bei Klausuren half.

Sie war groß für ihr Alter, schlank und durchtrainiert, obwohl sie Sport nicht besonders mochte. Aber sie machte überall mit und belegte jeden Kurs, den die Schule anbot. Lernen war leicht, weil es so vom Leben abgehoben war und alle Fragen beantwortete, die man stellte. Wissen war Macht und stärkte ihre Position gegenüber Mary und Esther und letztlich auch ihrem Vater. Sie verachtete ihn, weil er ihr niemals zu erklären versucht hatte, warum er seinen Selbstmord so langsam vollzog.

Nein, sie war nicht unglücklich. Nicht einmal, wenn sie darüber nachgedacht hätte, wäre sie zu diesem Schluß gekommen. Instinktiv versuchte sie, sich an Mary zu orientieren, an Mary und ihren Verwandten und Freunden, deren Besuche nie abrissen. Sie erschienen Kirsten so unkompliziert. Sie redeten viel und lachten gerne. Das Leben war reduziert auf die wesentlichen Dinge: Geburten, Hochzeiten und Begräbnisse. Es gab Tabus, die unausgesprochene Ängste unausgesprochen regelten, und höhere Dinge, die der liebe Gott in der Hand hatte oder der Medizinmann, je nachdem, was es war. Es gab Geldsorgen, aber immer irgendwo einen Verwandten, der aushalf. Mary, die das Geld des Doktors verwaltete, war trotz ihrer Jugend zu einer Respektsperson in der Familie geworden, weil sie immer die Möglichkeit hatte zu helfen. Kirsten, die das manchmal mitbekam, fand es im Prinzip in Ordnung. Ein einziges Mal, als es um die Anschaffung eines teuren Französisch-Wörterbuchs ging, war es zu einem heftigen

Streit gekommen. Mary hatte behauptet, daß dafür kein Geld da war. Kirsten hatte ebenso laut geschrien wie Mary, so daß sogar ihr Vater, der mit seiner Flasche unter seinem Baum saß, sich gestört fühlte. Er hatte, was Kirsten mit verächtlichem Lächeln quittierte, keine Stellung bezogen, sondern die 120 Pula aus der Tasche gezogen und sie ihr gegeben. Kein Sieg, keine Niederlage. Nur die Ohnmacht der Abhängigkeit, die zu durchbrechen sie sich geschworen hatte.

Freunde brauchte sie nicht, so glaubte sie. Sie hatte sich in der Schule so weit durchgesetzt, daß das böse Wort »Niggerhaushalt« nur noch hinter ihrem Rücken und so leise fiel, daß sie es nicht hörte. Niemand tat ihr weh, was schon viel war, und im übrigen hielt sie die Mädchen und Jungen ihrer Klasse für ziemlich albern. Wenn sie nicht von der Schule sprachen, dann von Partys oder Sport oder die Mädchen von den Jungen oder umgekehrt. Im Grunde war sie eine Einzelgängerin. Sie liebte die Distanz zwischen sich und den anderen, und sie fühlte sich stark in ihrer Einsamkeit.

Dem Leben zuzusehen, war viel komischer, als daran teilzuhaben. Manchmal saß sie ganz still im Wohnzimmer, wenn Marys Verwandtschaft zu Besuch war. Am besten gefiel ihr Marys Großvater, ein fast zahnloser Alter, der mit hoher Fistelstimme sprach und furchtbar stank. Moses – so nannten sie ihn – sprach oft von den alten Zeiten, was die Jungen zu nerven schien. Er erzählte von weißen Löwen und Mörderelefanten und den Jahren, als noch keine Straße durch die Kalahari führte und man keine Lizenz brauchte, um Wild zu jagen. Moses haßte die Briten, mit Ausnahme der Königin, und er verabscheute die Miniröcke seiner Enkelinnen und das, was er »lose Sitten« nannte. Auch die Tatsache, daß sie für den weißen Doktor arbeiteten, fand seine Zustimmung nicht. Was ihn aber nicht daran hinderte, mindestens einmal pro Woche vorbeizukommen, um das süße Bier der Weißen zu trinken, soviel, bis er in einen Singsang verfiel und schließlich einschlief.

Oder Kirsten saß nach der Schule auf einer Mauerbank in der »Mall«, auf dem Marktplatz: ein großes, schlankes Mädchen mit brauner Haut und von der Sonne fast weiß gebleichten Haaren, in der grünen Schuluniform der North-Side-School. Sie beobachtete die zwei Polizisten, die knüppelschwenkend ihre Runde drehten und so in ihrer Langeweile versunken waren, daß sie nicht wahrnahmen, was um sie herum vorging. Die Mammies, die ihre Babys in bunten Tüchern auf den Rükken gebunden hatten und Holzschnitzereien, Körbe oder Schmuck aus Tigeraugen anboten. Gegen ihre stoische Ruhe wirkten die weißen Frauen, die in den Supermarkt oder zur Bank hetzten, sehr hektisch. Die Hitze des Spätnachmittags, die sich bleiern zwischen die häßlichen Betonbauten senkte, verwandelte jede ihrer Bewegungen in Schweißtropfen. Die Frauen hielten ihre Taschen und Einkaufstüten fest, denn kleine schwarze Jungen hielten ständig nach Opfern Ausschau, denen sie ihre Dienste antragen, die sie anbetteln oder bestehlen konnten. Es war ein zäher Kampf auf beiden Seiten, und Kirsten hatte ihren Spaß daran. Während die Tswana-Frauen die Jungs mit unflätigen Worten wegscheuchten, waren die Weißen unsicher, schwankten zwischen Angst und Mitleid, und diesen Moment der Überlegung und Unaufmerksamkeit nützten die Cleveren, um in die Einkaufstüten oder Handtaschen zu grabschen.
Die Polizisten sahen nichts und hörten nichts. Sie waren so unnahbar wie die Männer, die in Schlips und Anzug und mit Aktenkoffer und wichtigem Gesicht die Treppe zum »President-Hotel« hochgingen, um einen Drink zu nehmen. Die Arbeit in den Ministerien war anstrengend, die britische Bürokratie hatte ein schweres Erbe hinterlassen.
Kirsten fand, daß die Weißen eine ziemlich käsige Rasse waren. Sie paßten nicht in die Sonne und zu den Farben von Lehm und Sand. Sie waren nicht laut genug, nicht langsam genug, und es schien sie zu irritieren, daß es so viele von den anderen gab – zumindest in der »Mall«.

Ein paar Ausnahmen gab es: Männer, die mit staubigen Khakihosen herumliefen und gegerbte Gesichter und Cowboyhüte hatten, ein bißchen wie in Wildwestfilmen. Es mußten Weiße sein, die schon sehr lange da waren und sich nicht nur den Farben der Landschaft angepaßt hatten. Sie scheuchten die Jungs weg wie Schmeißfliegen, und oft sah Kirsten sie auf der Terrasse des »President« sitzen, mit schwarzen Mädchen im Arm, und hörte ihr dröhnendes Lachen bis zu ihrer Mauerbank.

Es machte Spaß, dem Leben zuzusehen und sich herauszuhalten. Und sie war überhaupt nicht überrascht, als sie ihren Vater zusammen mit Mary und Esther im Schlafzimmer sah. Ihr Vater, so weiß zwischen den beiden schwarzen Leibern. Das Fliegengitter versperrte den Blick auf Details, aber Esthers große, hängende Brüste waren nicht zu übersehen. Mary saß auf ihrem Vater und machte Bewegungen wie beim Reiten. Esther spielte mit ihren Hängebrüsten und schnaufte dabei. Beide hatten den für botswanische Frauen typischen dicken Hintern, aber der von Mary war muskulös, während Esthers bei jeder Bewegung wabbelte wie einer der grünen Puddings aus der Tüte, die Kirsten verabscheute. Ihr Vater lag ruhig da, so als ob er schliefe, und wären die ruckhaften Bewegungen nicht gewesen, hätte sie das auch geglaubt. Dann sah sie, wie er auf Esthers Brüste schlug, die anfingen zu tanzen wie zwei aus den Fugen geratene rußgeschwärzte Glühbirnen. Esther kicherte, und Kirsten fand die Szene plötzlich so komisch, daß sie hinter dem Fenster leise mitlachte.
Mary hörte es als einzige, und sie blickte zum Fenster auf das kleine Gesicht. Im Halbdunkel des Schlafzimmers funkelten ihre gelben Augen, und sie hatten den triumphierenden Ausdruck einer Katze, die gerade Sahne geschleckt hat. Siehst du, sagte ihr Blick hin zum Fenster, ich bin mächtiger als du. Du bist weiß, und ich bin schwarz, aber ich kann Dinge tun, für die du noch zu dumm bist.

»Lach nicht, gib mir lieber die Flasche, du Hure.«
Die Stimme ihres Vaters zerriß den Zauber der Vorstellung. Kirsten wandte sich ab und zertrat eine Rose, an deren Dornen sie sich eben gekratzt hatte. Wahrscheinlich, dachte sie, geht das schon eine Weile so, ich war nur zu blöd, es zu merken. Lange würde es nicht mehr dauern bis Mary, das Dienstmädchen, endgültig ins Haus zog, mit Sack und Pack und all ihren Kleidern und Klunkern. Ein gefundenes Fressen für alle, die sich ohnehin schon das Maul zerrissen. Im Grunde war es ihr egal, weil eine Häßlichkeit mehr oder weniger schon keine Rolle mehr spielte. Kirsten dachte an ihre Mutter, die so süchtig nach allem Schönen gewesen war und die Langeweile ihres sterilen Traums nicht ertragen hatte. Sie dachte nur selten an sie, weil es weh tat, immer noch. Nicht weil Magdalena sie verraten hatte, sondern wie sie es getan hatte. Wenn die Leute das Häßliche lieber mochten, warum machten sich alle was vor? Da war es schon besser, sich auf so jemanden wie Mary zu verlassen: Die gab nicht vor, etwas anderes zu sein, und sie schämte sich auch nicht.
Sieh her, hatte ihr Blick gesagt, ich sitze auf deinem Vater, weil ich seine weiße Haut mag und sein weißes Haus. Ich liebe ihn nicht, und ich liebe dich nicht, aber ich hole mir vom Leben soviel ich kann.
Kirsten saß im Dunkeln unter dem Affenbrotbaum und kämpfte gegen Tränen an. Es war schwer, erwachsen zu werden, wenn einem keiner dabei half. Sie wollte nicht so eine Lügnerin werden wie ihre Mutter und nicht wie Vater, der nur noch ein Stück Fleisch war, das sich am Leben hielt. Und nicht wie Mary, die ihre kleinen Begierden zu einem Leben addierte. O nein, sie wollte alles: alles wissen, von allen geliebt werden, alles auskosten, einfach alles. Es gab nur einen Menschen, der ihr helfen konnte, das zu erreichen: sie selbst.
Aber Mary zog nicht in das Haus ein, wie sie es Kirsten in dieser Nacht angekündigt hatte. Drei Monate später, kurz nach Kirstens sechzehntem Geburtstag, starb Dr. Axel Bergmann.

Er starb, wie es sich für einen guterzogenen Menschen gehört: Selbstmord, durch eine Handvoll potenter Schlafmittel.
Esther fand ihn an einem Sonntagnachmittag, während Kirsten an einem Tennisturnier ihrer Schule teilnahm. Sie informierte ihre Schwester, die zwei und zwei zusammenzählte und die zweifellos richtige Entscheidung traf, allen Schwierigkeiten durch einen ausgedehnten Besuch bei der Großmutter in Maun aus dem Weg zu gehen.
»Dort bleiben wir, bis Gras über die Sache gewachsen ist«, sagte Mary, und Esther nickte. »Aber vorher nehmen wir noch alles Geld und was sonst noch da ist und nicht auffällt, wenn es weg ist. Das haben wir uns verdient, so wie wir für den Doktor geschuftet haben.«
Mary und Esther waren weg als Kirsten kurz vor Sonnenuntergang nach Hause kam. Sie hatten keine Unordnung hinterlassen, jedenfalls keine, die aufgefallen wäre. Da war nur die Leiche, die schon ein bißchen roch, weil es so heiß war.
Kirsten registrierte das Whiskyglas und die leere Flasche neben einem leeren Tablettenröhrchen. Ihr Vater saß zusammengesunken auf dem Stuhl im Wohnzimmer, und er war wohl schon sehr weit weg, weil sie ihn ansehen konnte wie einen Fremden. Neben der Flasche lag ein großer weißer Zettel, auf den er mit seiner peniblen Handschrift nur einen Satz geschrieben hatte:
»Deine Mutter ist auch tot. Adieu.«
Sie stand da in ihrem weißen Tenniskleid, verschwitzt und noch den Schläger in der Hand, und war unglaublich zornig auf diesen Mann, der sich einfach davongeschlichen und diesen idiotischen Satz hinterlassen hatte. Was meinte er damit? Daß Mutter für ihn endgültig gestorben war oder definitiv gestorben oder was? Hatte er sich deswegen umgebracht oder wegen der Schwierigkeiten der letzten Monate? Hätte er nicht wenigstens einmal noch mit ihr reden können oder in einem Brief erklären, warum das Leben so unerträglich für ihn war? Aber nein, nur dieser Satz nach den Jahren des Schweigens.

Die Gleichgültigkeit in Vollendung: Besser hätte er ihr nicht zeigen können, welchen Platz sie in seinem Leben eingenommen hatte. Nämlich gar keinen.
Sie legte den Zettel wieder auf den Tisch und rief nach Mary. Aber es war ganz still im Haus. Auch das Lehmhaus war leer. Kirsten fing an zu lachen: Wo die beiden doch Begräbnisse so gerne mochten, würden sie dieses eine wohl auslassen. Die Schwierigkeiten der letzten Monate: Esther, die über alles klatschen mußte, hatte Kirsten laufend mit Details versorgt.
Der Doktor machte Abtreibungen, was in der ganzen Stadt bekannt war. Abtreibungen waren zwar illegal, aber geduldet, weil es sonst zu viele schwarze und schwarzweiße Babys gegeben hätte. Aber dann war dem Doktor eine siebzehnjährige Patientin unter den Händen weggestorben. Ein Unglück, aber weil eines selten alleine kommt, war die Siebzehnjährige die Tochter eines einflußreichen Chiefs, und der hatte den Doktor nicht nur bedroht, sondern auch angezeigt. Esthers dunkle Vorhersage: Man würde den Doktor des Landes verweisen.
Das, dachte Kirsten, war wohl der Grund, warum die beiden Mädchen abgehauen waren. Ein vernünftiger Entschluß, den sicher Mary, die Klügere, getroffen hatte. Komisch, wie allein sie sich plötzlich fühlte. Sie hatte niemanden verloren, der sie liebte, aber es waren doch wenigstens Menschen dagewesen, die gesprochen oder geschrien oder geschwiegen hatten. Jetzt war es ganz still.
Sie ging zum Telefon und rief, weil ihr nichts Besseres einfiel, Mrs. Mattlock an. Sie würde wissen, was zu tun war.

Das wußte Mrs. Mattlock tatsächlich. Mit der Wollust eines Menschen, dessen Organisationstalent nie zur Entfaltung gekommen war, informierte sie Polizei und Arzt, die Nachbarschaft und sämtliche ihrer Freundinnen, sagte »arme Kleine« zu Kirsten und schimpfte auf Mary, die alles Bargeld hatte mitgehen lassen. Sie nahm Kirsten, die sich vergeblich wehrte, mit in ihr Haus und vergaß nicht, einen Nachtwächter zu organisieren, der vor dem Haus Motsuadi Road Nr. 13 schlief oder in beschwörenden Formeln die Geister bannte, die in dem Haus eines Selbstmörders ihr Unwesen trieben.

Gaborone hatte einen perfekten Skandal, den Mrs. Mattlock aus erster Hand genoß. »Was machen wir nur mit der armen Kleinen?« sagte sie zum wiederholten Male und schrieb gewisse lieblose Reaktionen der armen Kleinen auf die gestörten Verhältnisse im Hause des Doktors zurück. Kirsten zuckte nur einmal zusammen, als sie über die Deutsche Botschaft hörte, daß ihre Mutter tatsächlich tot war, wie und warum hatte man nicht in Erfahrung gebracht oder ihr verschwiegen.

Die Vollwaise, wie Mrs. Mattlock Kirsten mitleidsvoll nannte, ging weiter zur Schule, und wenn sie trauerte, um ihren Vater, ihre Mutter oder um sich selbst, verriet sie das mit keinem Wort und keiner Geste. Sie sagte auch nicht, daß ihr Mrs. Mattlock oder der Aufenthalt in deren Haus auf die Nerven ging. Sie lebte einfach weiter.

Natürlich waren da viele Fragen nach der Turbulenz der ersten Woche und dem stillen Begräbnis ihres Vaters. War Geld da, abgesehen von dem Haus, der Praxis und dem, was darin war? Mrs. Mattlock beauftragte einen Rechtsanwalt, das Haus zu verkaufen. Wer sollte sich um die »arme Kleine« weiter kümmern, wenn die sich beharrlich weigerte, nach Deutschland zurückzugehen?

Kirsten erfuhr, daß das Haus an der Alster immer noch im Besitz der Familie war. Aber darüber hinaus gab es kein Erbe, nichts, was Vater oder Mutter ihr hinterlassen hatten.

Kirsten interessierte das alles nur im Zusammenhang damit, wie sie ihr weiteres Verbleiben in Gaborone finanzieren sollte. Sie war, wie es der zuständige Mann von der Deutschen Botschaft ausdrückte, »nicht kooperativ«. Gab an, keine weiteren Verwandten in der Bundesrepublik zu haben. Unter keinen Umständen wollte sie zurück.

»Ich will in der Nähe meines Vaters bleiben«, antwortete sie auf entnervte Fragen nach dem Warum, und die Lüge ging ihr

glatt über die Lippen. In Wahrheit wußte sie selbst keine klare Antwort, da war nur das Gefühl, daß sie zunächst in Gaborone besser aufgehoben war. Sie war noch nicht bereit, zu reisen.
Kirsten ging sogar so weit, Mrs. Mattlock ein Kostgeld anzubieten, aus dem Erlös des zu verkaufenden Hauses. Sie mochte die verschwitzte Person nicht, aber ihr war klar, daß sie Erwachsene brauchte, die für sie bürgten und damit eine Aufenthaltserlaubnis in Gaborone ermöglichten.
Mrs. Mattlock erwog das Angebot in einer Mischung aus Mitleid und Geldgier. Ihr Mann gab zu bedenken, daß das Mädchen sechzehn war, in einem Alter, in dem die Schwierigkeiten erst anfingen. Außerdem empfand er als arrogant, was Mrs. Mattlock als »zurückhaltendes Wesen« interpretierte. »Immerhin ist sie die Tochter eines Arztes«, sagte sie. »Eines Säufers und Hurenbocks«, erwiderte ihr Mann boshaft, weil er wußte, daß seine Frau unanständige Ausdrücke selbst in Gedanken mit Gänsefüßchen versah.
Kirsten ging weiter zur Schule und quittierte Mitleidskundgebungen mit traurigem Lächeln. Natürlich kannte jeder die Geschichte ihres Vaters, und natürlich ließ man sie spüren, daß sie anders war als die Geborgenen, Behüteten, diejenigen, deren Leben arm an Sensationen war. In den ersten Tagen kam sie sich vor wie ein Monster, das dem Gruselkabinett entsprungen war, aber sie schluckte den Schmerz des Andersseins mit der idiotischen Beharrlichkeit eines Marathonläufers.
Beim gemeinsamen Abendessen, das ein Dienstmädchen zur ständigen Unzufriedenheit von Mrs. Mattlock zubereitete, sprach sie nur, wenn sie gefragt wurde. Es gab nicht viel zu sagen. Mr. Mattlock, der vor dem Essen drei Whiskys trank, sprach über die Unfähigkeit seiner Geschäftspartner und seine Frau über die Unfähigkeit der Dienstboten. Darüber hinaus gab es noch die Themen »Wetter, Partys und sonstige Einladungen«. Kirsten, die sich an die Schweigsamkeit ihres Vaters gewöhnt hatte, war erschlagen von soviel Gerede um nichts. Es war ihr ganz recht, daß ihre leise Gegenwart der Trauer

einer Vollwaise zugeschrieben wurde. Was blieb, war das Gefühl der Unsicherheit. Seit dem »schrecklichen Ereignis« in Hamburg hatte sie sich nie wieder sicher gefühlt.

So standen die Dinge, als der Bure auftauchte. Alles war noch in der Schwebe, weil Mrs. Mattlock sich nicht entscheiden konnte, die Fremde aufzunehmen. Jeder in Gaborone kannte den Buren: Kosie van Rouen war einer der reichsten Männer in Botswana, was er unter anderem der Tatsache verdankte, daß sein Vater der Regierung Tausende von Hektaren Land in einem Pachtvertrag abgeluchst hatte, der über hundert Jahre lief. Ein Teil des Landes war bewässert und in eine Farm umgewandelt worden. Auf dem übrigen Teil grasten Rinderherden, die so groß waren, daß niemand ihre Zahl zu schätzen versuchte. Außerdem gehörten dem Buren Anteile am Schlachthof in Lobatse und verschiedene Häuser in Gaborone, die er von einem erbarmungslosen Inder verwalten ließ, der die Mieten alle zwei Jahre in die Höhe schraubte.
Trotzdem nannte man den Buren den »Rinder-Millionär«, und wenn der Ausdruck nicht schmeichelhaft war, so verschaffte er ihm doch Respekt in einem Land, in dem nicht die Höhe des Bankkontos, sondern die Zahl der Rinder Status und Ansehen brachte. Kosie van Rouen kannte die Anzahl seiner Rindviecher genau, verschwieg sie aber aus Steuergründen. Im übrigen war ihm egal, was die Weißen in Gaborone über ihn redeten. Wenn er nicht geschäftlich unterwegs war, mit seiner zweimotorigen Cessna und einem Piloten, der auch als Chauffeur fungierte, wenn Kosie betrunken war, lebte er auf seiner Farm, 40 Kilometer von Gaborone entfernt. Kosie hatte sich, mit mehr Geld als Geschmack, einen Prunkpalazzo in die Landschaft stellen lassen, der trotz des umliegenden Parks in dem kargen Buschland so seltsam aussah wie ein U-Boot in der Wüste. Trotzdem liebte der Bure sein Haus aus Glas und Marmor, das von einer Vielzahl von Dienstboten bewirtschaftet wurde, deren Zahl er tatsächlich nicht kannte. Er empfand

Luxus als eine der angenehmsten Erscheinungen des Lebens. Manchmal verschwand er für ein paar Tage im Busch, um zu jagen. Nicht um zu töten, sondern um sich mit großem Aufwand einen Privatzoo zuzulegen. Noch zerbrach er sich den Kopf, wie er seine Lieblingstiere – Elefanten – in sein kleines Königreich integrieren konnte. Die Viecher waren selbst für den Buren zu groß.

Kirsten sah den Buren zum ersten Mal, als sie an einem Mittwochnachmittag aus der Schule nach Hause ging. Er saß auf einem schweren Motorrad, mitten auf der Straße. Als sie an ihm vorbeiging, rief er: »Stehenbleiben«, und sie drehte sich um.

»Ich habe auf dich gewartet«, sagte er, und: »Ich bin Kosie van Rouen.«

Sie hatte von ihm gehört. Sie sah ihn schweigend an. Er war groß, ein gutes Stück größer als sie. Semmelblond, mit blauen Augen und Sommersprossen und einem Gesicht, das zu groß war, um sympathisch zu sein. Alles an ihm war ein bißchen zuviel: der Mund zu groß, der Hals zu dick, die Schultern zu breit. Er sah, fand Kirsten, wirklich aus wie ein Bure und Herr vieler Rindviecher. Sie sagte kein Wort.

»Es ist idiotisch, mitten in der Sonne zu stehen.« Der Bure wies auf sein Motorrad. »Steig auf, ich habe dir was zu sagen.«

Und wieder fragte sie nicht. Sie schulterte ihre Schultasche, stieg auf das Motorrad und hielt sich an ihm fest, während er mit atemberaubender Geschwindigkeit durch die Stadt fuhr und auf die Teerstraße in Richtung Lobatse.

Kirsten hatte keine Angst. Sie ahnte, wohin der Weg ging, nämlich zu dem Palast, über den sich die Leute in Gaborone das Maul zerrissen. Was er dort von ihr wollte, ahnte sie nicht.

Sie fuhren über eine Privatstraße, bis die gelbe Buschlandschaft sattgrün wurde; der Farbenwechsel fand exakt hinter dem großen Tor statt, das offenstand. Der Park war wunderschön, doch das Haus, vor dem sie schließlich hielten, war von barbarischer Häßlichkeit.

»Es ist viel größer als das des Präsidenten«, sagte Kirsten, als sie abgestiegen war. Es war das Schmeichelhafteste, was ihr dazu einfiel.

Der Bure nickte und ging voraus. Eine schwarze Frau öffnete die Glastür und verbeugte sich, als die beiden eintraten. Kosie van Rouen ging wortlos durch das Wohnzimmer, öffnete eine Glastür zur Veranda und zeigte auf einen der riesigen Rattanstühle.

»Setz dich. Was möchtest du trinken? Bier, Gin Tonic, Eistee?«

Kirsten schob den Faltenrock über die Knie. Es war schwer, in solchen Stühlen züchtig zu sitzen. »Eistee bitte, ich mag keinen Alkohol.«

»Ein Fehler, der sich beheben läßt.« Der Bure verschwand in die Küche und kam mit einem Tablett zurück, auf dem eine Karaffe Eistee und zwei Bierflaschen standen.

Er setzte sich ihr gegenüber und musterte das Mädchen mit dem Pferdeschwanz und der grünen Schuluniform. »Du kannst einschenken. Wenn du willst, kannst du später schwimmen. Maggie findet bestimmt einen Badeanzug.«

Kirsten schaute wortlos auf den Swimmingpool, der natürlich größer war als alle, die sie in Gaborone gesehen hatte. »Vielleicht.«

Sie schenkte ein und trank ihr Glas durstig in einem Zug leer.

»Neugierig bist du wohl gar nicht. Eine bemerkenswerte Eigenschaft für eine Frau.« Van Rouen zündete sich eine Zigarette an. »Aber ich sag' dir trotzdem, weshalb ich dich hierhergebracht habe. Ich will dich nämlich heiraten.«

Es war komisch. Kirsten fing an zu kichern und konnte nicht aufhören. Fragte sich, warum alle Erwachsenen auf die eine oder andere Art verrückt waren?

»Hör auf, so blöde zu grinsen. Du bist kein Kind mehr, und ich bin kein Clown. Mit sechzehn ist man in Botswana im heiratsfähigen Alter. Ich bin übrigens vierunddreißig, falls du das noch nicht wissen solltest. Und jetzt will ich dir sagen, warum du mich heiraten wirst, meine Kleine. Du stehst völlig allein da

und hast kein Geld außer dem bißchen, das der Verkauf des Hauses einbringt. Außerdem wird dich der Rechtsanwalt, den diese Mattlocks beauftragt haben, unter Garantie bescheißen, ich kenne ihn. Die Mattlocks möchten dich loswerden, und das wird ihnen gelingen, weil die Regierung deine Aufenthaltserlaubnis nicht verlängern wird. Du aber möchtest nicht nach Germany zurück. Kannst du mir so weit folgen?«
Kirsten nickte. Sie glaubte diesem Fremden jedes Wort.
»Du bist also in einer beschissenen Lage, in der du Hilfe brauchst. Und jetzt komme ich ins Spiel. Wenn ich dich heirate, bist du die Sorge um Geld oder Aufenthaltserlaubnis automatisch los. Du kannst weiter zur Schule gehen und meinetwegen anschließend studieren. Was immer du möchtest, kannst du tun. Meinetwegen auf die feine Gesellschaft in Gaborone spucken, wenn dich das anmacht . . .«
»Und wie komme ich von hier in die Schule?«
Kosie starrte sie entgeistert an. Das Mädchen war ebenso schön wie verrückt. »Mit einem Chauffeur natürlich. Du kannst auch deinen Führerschein machen, wenn dir das lieber ist.«
Der Typ war vollkommen ausgeflippt, Kirsten starrte auf ihre schmutzigen Zehennägel in den weißen Sandalen. »Und wieso ich? Sie kennen mich doch gar nicht.«
Der Bure lehnte sich zurück und legte die Füße auf den Tisch. Er grinste. »Da du offenbar kein romantischer Typ bist, kann ich mich deutlich ausdrücken. Ich habe dich ein paarmal gesehen, in der Stadt, und gehört habe ich sehr viel. Dein Vater war eine Säule des Klatsches in Gaborone, wie du dir denken kannst. Daß er ein Säufer war und den Mädels geholfen hat, ist mir übrigens scheißegal. Du bist gut erzogen, schön und noch nicht gebraucht. Ich will eine Frau. Mit den schwarzen Weibern habe ich nichts am Hut, und weiße gibt es so gut wie gar nicht. Die paar, die hier ohne Ehemann rumlaufen, sind mir zu häßlich und zu dumm. Also ist es doch ganz logisch, daß ich auf dich gekommen bin. Sonst noch Fragen?«

Kirsten schüttelte den Kopf. Sie hatte keine Fragen außer der, welche Antwort sie geben sollte. Es war einfach, ja zu sagen, sehr einfach. Schließlich hatte er mit allem recht. Dagegen sprach, daß sie ihn für einen verrückten alten Mann hielt, mit einem so lausigen Geschmack, daß sich ihre Mutter beim Anblick dieses Hauses noch im Grabe umdrehen würde.
Van Rouen stand auf. »Ich muß mit meinem Verwalter sprechen. Du kannst schwimmen oder hier sitzen bleiben und überlegen, was immer du möchtest. Ich bin in einer Stunde zurück. Dann will ich die Antwort haben.«

X. Kapitel

»Dann wurde ich von den beiden vergewaltigt.«
Der Vorsitzende unterdrückte einen Seufzer. Mein Gott, warum stellen sich ausgewachsene Leute so blöde an, wenn sie vor Gericht standen. Wie verstockte Kinder . . . Erst brachte die Dame eine Lawine ins Rollen, und dann sprach sie von Schneeflöckchen.
»Frau Bergmann, wir haben alle Verständnis für die Schwierigkeit Ihrer Aussage. Aber ich muß Sie um Details bitten. Schließlich bestreitet ein Angeklagter die ihm vorgeworfene Tat. Also erzählen Sie der Reihe nach: Sie kamen aus der Küche zurück ins Wohnzimmer . . .«
Sie hatte gute Lust, ihm in sein verständnisvolles Gesicht zu spucken. Details: Tatsache war, daß sich diese Geschichte so oft in ihrem Kopf wiederholt hatte, daß sie nicht mehr wußte, was Wirklichkeit, was Phantasie war. Eine falsche Aussage konnte Gefängnis bedeuten. Es war so, als ob sie vor einem Abgrund stünde und hinter ihr eine Meute wilder Hunde. Sprang sie, hatte sie noch eine Chance.
Kirsten Bergmann blickte nieder auf ihre schwarzen Lackschuhe, um die Gesichter nicht sehen zu müssen. »Ich kam ins Wohnzimmer und setzte mich auf die Couch neben Herrn Krug. Während ich Kaffee einschenkte, redeten wir noch irgendwas, ich weiß es nicht mehr, und dann begann Herr Krug plötzlich, an mir herumzufummeln.«
Details, Kirsten: »Ich meine, er hat meine Beine gestreichelt und so, und ich habe seine Hand weggeschoben. Als das nichts nützte, habe ich ihm gesagt, er möge das unterlassen. Herr Grimme saß da, hatte die Augen halb geschlossen und tat überhaupt nichts. Irgendwann habe ich Krug gesagt, daß ich müde sei und ins Bett wolle, aber alleine. Ich stand auf und

brachte die Kaffeekanne zurück in die Küche. Als ich zurückkam ins Wohnzimmer, fiel Herr Krug sofort über mich her. Er zerrte mich auf den Boden und riß mir das Kleid runter. Ich habe mich gewehrt und ihn wohl angeschrien, aber das nützte überhaupt nichts. Er hatte die Kraft eines Verrückten. Als ich auf dem Teppich lag, habe ich aufgegeben. Ich meine, die Tatsache, daß ich da lag und Bernhard einfach zusah, das war so gräßlich, daß ich mich einfach aufgab. Ich habe mich nicht mehr gewehrt, als Krug seine Hose runterzog, während er mich mit einer Hand festhielt. Ich habe die Augen zugemacht und mir gesagt, daß es ganz schnell vorübergehen wird, daß ich eine Puppe bin und all das mit mir gar nichts zu tun hat. Ich habe gespürt, wie er gekommen ist, das ging ziemlich schnell. Dann bin ich irgendwie weggetreten, geistig. Ich bin einfach liegengeblieben, muß ich wohl, denn ich spürte, daß es ein zweites Mal passierte, daß jemand sein Glied in mich schob. Verzeihen Sie, aber das klingt alles so nebulös, weil ich wirklich weggetreten war. Als ich es wagte, die Augen wieder aufzumachen, war ich allein. Ich stand auf, ging ins Badezimmer und legte mich in die Wanne, bestimmt eine halbe Stunde lang, aber es war natürlich nicht möglich, den Dreck wegzuspülen. Dann zog ich mich an und ging zu Fuß zum Haus meiner Freundin Irmela Höggen. Ich kam dort um kurz vor sechs Uhr an und klingelte sie aus dem Bett. Ich habe ihr die Geschichte erzählt, und sie riet mir davon ab, zur Polizei zu gehen. Meinte, ich solle erst in Ruhe überlegen. Ich habe dann beim Sender angerufen und drei Tage Urlaub genommen. Am Nachmittag bin ich zurück in meine Wohnung, habe dort aufgeräumt, einen kleinen Koffer gepackt und bin zum Flughafen gefahren. Ich nahm die nächste Maschine nach Hamburg, mietete mir dort ein Auto und fuhr nach Sylt. Zwei Tage habe ich überlegt, was ich tun soll. Am dritten flog ich zurück nach Köln, bin zu meinem Rechtsanwalt gegangen und anschließend zur Polizei. Das ist die ganze Geschichte.«
Kirsten Bergmann hatte klar und deutlich gesprochen, aber

während ihrer Aussage niemanden angeschaut. Jetzt blickte sie hoch.
Zuwenig Details, sagte ihr der Blick des Vorsitzenden. Die Mienen der anderen verrieten nichts als ernste Konzentration. Das nicht unzufriedene Gesicht des Oliver Timm sah sie nicht.
Johannes Mayer verspürte Hunger, aber er sagte sich, daß es Unsinn war, jetzt zu unterbrechen. So ordnete er nur eine Pause von zwanzig Minuten an und ließ sich von einem Justizbeamten ein Würstchen aus der Kantine holen. Er zog sich mit den Richterkollegen in das Besprechungszimmer zurück. Den beiden Schöffen empfahl er, sich im Eiltempo in der Kantine für die nächste Runde zu stärken.
»Na, was halten Sie von der Aussage unserer Zeugin?«
Richterin Kampen sah ihn überrascht an. Porno-Mayer war nicht bekannt dafür, auf die Meinung anderer Wert zu legen.
»Ich denke, sie sagt die Wahrheit. Für mich ist sie auch dort glaubwürdig, wo sie Erinnerungslücken hat. Dieses ›Wegtreten‹, von dem sie immer spricht, ist durchaus nachzuvollziehen.«
»Trotzdem wird Timm sie, wenn die Aussage so stehenbleibt, in der Luft zerreißen.« Richter Boll blickte mit Abscheu auf das Würstchen, das auf einem Berg fetter Pommes lag. Er öffnete seine Aktentasche und holte einen Yoghurt heraus.
»Ganz richtig.« Der Vorsitzende spießte ein paar Fritten auf und tunkte sie in Mayonnaise. »Wir haben jetzt drei verschiedene Versionen von drei Beteiligten. Bei der Polizei und beim Staatsanwalt hat die Bergmann noch ausgesagt, daß der zweite Schwanz dem Dr. Grimme gehörte – verzeihen Sie, Frau Kollegin, aber die Thematik verleitet zu undelikaten Äußerungen. Wenn die Zeugin dabei bleibt, daß sie die zweite Vergewaltigung sozusagen in Trance empfangen hat, könnte das theoretisch ja auch der Angeklagte Krug gewesen sein. Das wäre allenfalls unterlassene Hilfeleistung für Grimme, allenfalls . . .«
»Dann müßte Grimme aber von seiner Schlafstory runter. Die ist ja nun wirklich keine Meisterleistung der Unschuldsbezeu-

gung. Aber die Bergmann hat doch am Anfang gesagt: ›Ich wurde von beiden vergewaltigt.‹ Darauf müßte man sie festnageln, bevor die Verteidiger zum Zug kommen.« Martin Boll sah den zweifelnden Blick seiner Kollegin. Richterin Kampen war noch unerfahren in der Taktik der Prozeßführung. Und sie hatte diesen heiligen Respekt vor der Würde der Zeugen. Na, das würde sich noch abnutzen.
»Genau das beabsichtige ich zu tun. Bevor Timm sie in die Finger bekommt, muß ihre Einlassung hieb- und stichfest sein. Übrigens scheint der Staatsanwalt mit meiner Prozeßführung nicht ganz einverstanden zu sein. Hat er was verlauten lassen?«
Martin Boll grinste. »Henrik Raven ist es nicht gewohnt, daß ihm die Vorsitzenden alle Fragen sozusagen vorwegnehmen. Ihm bleibt ja kaum was zu tun, und ich fürchte, daß er sich tödlich langweilt. Heute hatte ich den Eindruck, daß er mit offenen Augen schlief.«
Der Vorsitzende schob das letzte Stück Wurst in den Mund und den Teller angewidert weg. »Täuschen Sie sich nicht, Herr Kollege. Raven hat jedes Wort verfolgt. Prozesse, in denen sein Freund Timm mitmacht, langweilen ihn nie. So, aber nun wollen wir weitermachen und die Erinnerung der Dame Bergmann auffrischen. Sie ist ja eine kluge Frau und wird schnell begreifen, worauf ich hinauswill.«
Sie begriff es schnell, schließlich hatte ihr Rechtsanwalt sie in der Pause darauf vorbereitet. Auf die Frage des Vorsitzenden, ob sie Henner Krug oder Bernhard Grimme mit Worten oder Gesten eine gewisse Bereitschaft signalisiert hatte, antwortete sie mit einem klaren »Nein«.
»Und als Herr Krug anfing, Sie zu befummeln, wie Sie es ausdrücken, haben Sie ihn da nachdrücklich zurückgewiesen?«
»Ja.«
»Und Dr. Grimme, mit dem Sie ja lange Zeit intim befreundet gewesen waren, hat überhaupt nicht reagiert?«
»Nein.«

»Hatten Sie den Eindruck, daß er schlief?«
»Nein.«
»Und als der Angeklagte Krug Sie auf den Teppich zerrte, da haben Sie Dr. Grimme nicht um Hilfe gebeten, in irgendeiner Form? Ich meine, das wäre doch eine normale Reaktion.«
Kirsten Bergmann überlegte einen Moment. »Das mag sein, aber die Situation war nicht normal, überhaupt nicht. Und weil das so war, habe ich wohl nicht so normal reagiert, wie Sie das jetzt ausführen.«
Der Vorsitzende ärgerte sich, aber er zeigte es nicht. »Sie sagen, Frau Zeugin, daß Sie sich mit Worten und Taten gewehrt haben. Erinnern Sie sich noch, in welcher Form das geschah?«
Kirsten schaute auf den Staatsanwalt, der zu schlafen schien. Es war ja auch wirklich lächerlich und uninteressant, diese Aufarbeitung einer Nacht ihres Lebens. Sie zuckte die Achseln. »Im Detail weiß ich es nicht mehr. Ich habe wohl gesagt ›Hör auf, laß mich in Ruhe, ich will nicht.‹ Um Hilfe habe ich nicht geschrien, falls Sie das meinen. Und ich habe versucht, ihn wegzustoßen. An einzelne Handgriffe kann ich mich nicht erinnern.«
Der Staatsanwalt fand die Zeugin ganz schön frech. Sie konnte von Glück sagen, daß sie das »Opfer« in diesem Prozeß war. Sonst würde Mayer jetzt anders mit ihr umspringen.
Der Vorsitzende hegte ähnliche Gedanken. »Ich will Ihr Erinnerungsvermögen nicht überstrapazieren, Frau Zeugin. Aber wissen Sie, was genau Dr. Grimme tat, während Sie auf den Teppich gezwungen wurden?«
»Nein, ich habe nicht hingesehen. Und ich habe ihn auch nicht direkt angesprochen oder um Hilfe gebeten. Ich meine, es war so absurd, was da mit mir passierte. Ich weiß nicht, wie viele Leute in Ausnahmesituationen vernünftig und überlegt und normal reagieren. Ich war völlig blockiert, gelähmt vor Entsetzen.«
Richter Mayer hob seine Stimme: »Wir kommen jetzt zum wichtigsten Punkt Ihrer Aussage, Frau Bergmann. Sie haben

eingangs gesagt: ›Ich wurde von beiden vergewaltigt.‹ Weiter haben Sie dann gesagt, daß diese zweite Vergewaltigung vollzogen wurde, als Sie in einem Zustand der Benommenheit waren. Sie haben nur von einem ›Glied‹ gesprochen, das in Ihre Scheide eingeführt wurde. Wenn ich aber Ihr Aussageprotokoll von Polizei und Staatsanwalt lese, so haben Sie darin explizit gesagt, daß es Dr. Grimme war, der das zweite Mal über Sie hergefallen ist. Wir müssen auch hier ins Detail gehen, mit anderen Worten, Sie müssen auch vor Gericht diese zweite Vergewaltigung spezifizieren. Es war doch Dr. Grimme?«

»Ich beanstande den letzten Satz. Das war eine Suggestivfrage.«

Natürlich. Die wandelnde Strafprozeßordnung hatte wieder zugeschlagen. Der Vorsitzende nickte Timm mit leisem Lächeln zu. »Ich nehme den letzten Satz zurück, Frau Zeugin, bitte sagen Sie uns, wem Sie den zweiten Geschlechtsverkehr zuordnen.«

Ja, natürlich war das wichtig. Sie versuchte, so krampfhaft ehrlich zu sein, und doch war die Wahrheit nichts als Erinnerung, die durch den Filter ihrer Gefühle gelaufen war. Aber wie konnte sie das diesen fremden Leuten erklären. Irmela hatte recht gehabt: Es war wie ein schlechtes Fernsehspiel.

»Wenn ich ganz ehrlich sein soll, kann ich das heute mit Bestimmtheit nicht mehr behaupten. Bei der Polizei und noch beim Staatsanwalt war ich ganz sicher, und nur darauf kann ich hier und jetzt Bezug nehmen. Ich war, wie gesagt, benommen und hielt die Augen geschlossen. Ich glaube, daß es Dr. Grimme war, ich habe es immer geglaubt. Aber ich würde lügen, wenn ich das dem Gericht jetzt als Fakt hinstelle. Es ist mir bewußt, daß dies jetzt merkwürdig klingt. Aber mehr kann ich nicht sagen.«

Der Vorsitzende war einen Moment sprachlos. Eine so einfache Frage, und sie war nicht imstande, eine klare Antwort darauf zu geben. Die einzigen Zeugen, mit denen man was anfangen konnte, waren wirklich Polizisten. Er gab das Wort dem Staatsanwalt.

»Selbst wenn Sie die Augen geschlossen hielten, Frau Bergmann, und selbst wenn Sie benommen waren: War es nicht möglich, einen Unterschied zu fühlen? Sie verstehen, was ich meine?«
O ja. Glaubte dieser Mann im Ernst, sie hätte auf die Größe des Schwanzes geachtet? Konnte man so Männer identifizieren? Wäre ihr der von Bernhard vertraut und der andere fremd gewesen? »Nein, Herr Staatsanwalt. Das, worauf Sie hinauswollen, habe ich nicht gespürt. Wenn ich glaube, daß es Dr. Grimme war, dann ist dieser Glaube nicht körperlich inspiriert.«
Henrik Raven gestattete sich ein kurzes Lächeln. »Ich habe nur noch zwei Fragen. Die eine, ob Sie aufgrund des Vorfalls zum Arzt gegangen sind?«
»Nein. Äußerlich hat mir nichts gefehlt, also gab es keinen Grund dazu.«
»Und nun würde mich noch interessieren, aus welchem Grund Sie sich nach drei Tagen entschlossen haben, zur Polizei zu gehen. Sie sind doch nach Kampen gefahren, um sich das zu überlegen?«
»Ja, das bin ich. Aber es ist nicht leicht, zu erklären, weshalb ich mich entschlossen habe, die Vergewaltigung anzuzeigen. In meinen Überlegungen spielten übrigens Dr. Grimme und Herr Krug keine Rolle. Es ging mir nur um mich. Ich glaube, ich habe mich letztlich so entschieden, weil ich dieses Unrecht nicht einstecken wollte. Ja, ich glaube, das war es.«
»Noch eine letzte Frage, Frau Bergmann. Was veranlaßt Sie, zu *glauben*, daß Dr. Grimme Sie beim zweiten Mal vergewaltigt hat?«
Der Vorsitzende hatte diese Frage selbst stellen wollen. Aber Raven war wohl nicht zu bremsen, wenn er aus seinem Halbschlaf erwachte.
War der Mann ironisch oder lag es nur an seiner schläfrigen Stimme? Kirsten schaute ihm in die Augen und sah nur Zweifel. »Ich habe es schon gesagt. Das ist reine Gefühlssache. Ich

kann es nicht erklären und nicht stichfest begründen. Im übrigen ist es von Herrn Krug ja bestätigt worden.«
»Die Wertungen wollen Sie bitte dem Gericht überlassen, Frau Bergmann. Ich habe keine Fragen mehr.« Der Staatsanwalt war nicht zufrieden. Kirsten Bergmanns Antworten waren ihm ein bißchen zu clever. Er hatte so ein Gefühl . . . obwohl es offenbar nichts Schlimmeres gab als Gefühle.
Der Vorsitzende hatte auch eines: Kirsten Bergmann begann, ihn zu nerven. Dieser selbstgefällige Umgang mit der Wahrheit! Hätte sie nicht einfach ja sagen können?
»Sie wissen, Frau Zeugin, wie bedeutungsvoll dieser Moment Ihrer Erinnerung ist? Es fällt mir schwer, nachzuvollziehen, warum Sie bei Polizei und Staatsanwaltschaft so eindeutig ausgesagt haben und sich jetzt mit Worten darum winden. Haben Sie seit dieser Nacht Kontakt zu einem der beiden Angeklagten gehabt?«
»Nein. Ich habe Herrn Krug zweimal im Sender gesehen, aber nicht mit ihm gesprochen.« O Gott, warum hörte das nicht auf!
Aber es gab noch viele Fragen. Natürlich, man stellte sie mit einer gewissen Behutsamkeit. Das delikate Thema wurde mit Wörtern belegt, die eher komisch als verletzend waren. Kirsten war klar, daß ihre Kühle das Gericht irritierte. Es wäre besser, mehr verletzte Weiblichkeit zu zeigen, dachte sie, aber die Zurschaustellung ihres Lebens war schlimm genug. Auch noch Gefühle zu zeigen, wäre über ihre Kraft gegangen.
Während sie da saß und Antworten gab, die sie zum größten Teil antizipiert und vorformuliert hatte, fragte sie sich allen Ernstes, was diese Leute von ihr dachten. Daß sie eine Hure war? Sie hätte gerne gefragt, aber das war nicht ihre Rolle. So saß sie da und bemühte sich, die Konzentration nicht zu verlieren, nicht die Haltung und schon gar nicht das Gesicht. Einen Spiegel vor sich zu haben, wäre schön gewesen. So war ihr Spiegel das Gesicht desjenigen, dem sie eine Antwort gab.
»Können Sie uns denn sagen, Frau Bergmann, warum Ihre Beziehung zu Dr. Grimme auseinandergegangen ist?«

Der Vorsitzende hatte eine salbungsvolle Stimme, gerade so, als ob er Beichtstuhlatmosphäre verbreiten wollte. Aber diese Schuld war nicht mit zehn Ave-Maria zu begleichen. Außerdem war sie vor langer Zeit aus der Kirche ausgetreten. Zu viele Sünden für einen Gott . . .
»Nein, Herr Vorsitzender, das kann ich nicht. Ein Streit um alte Dinge, das war alles.«
Das war alles. Bernhard Grimme, der jedes Wort, jede Veränderung ihrer Stimme, jede Geste verfolgt hatte, fand, daß sie trotz allem gut war. Ganz cool. Es wäre besser, wenn er sie hassen könnte, weil das immerhin ein Ventil wäre. Sie war nicht besser als er, auch wenn sie das glaubte. Absurd war nur, daß der Rest seines Lebens einem Urteilsspruch unterlag. Wie hatte er sich nur je sicher fühlen können?
Timm meldete sich noch einmal zu Wort: »Frau Bergmann, ich möchte zu dem Moment zurückkommen, als Herr Krug Sie auf den Teppich zerrte. Nein, noch früher, als er anfing, Sie zu belästigen, als Sie noch auf der Couch saßen. Haben Sie von dem Zeitpunkt an kein Wort mehr mit Dr. Grimme gesprochen?«
»Doch, als ich auf der Couch saß und Krugs Hände wegschob, habe ich noch mit ihm gesprochen, was, weiß ich aber nicht mehr.«
»Und er hat nicht in irgendeiner Form auf die Belästigungen von seiten des Herrn Krug reagiert?«
»Nein, wenn er es mitbekommen hat, hat er es ignoriert.«
Eine gute Antwort. Timm sah sie direkt an, weil er wußte, daß die meisten davon irritiert waren. »Aber von dem Punkt an, als Sie aus der Küche zurückkamen und Herr Krug Sie auf den Teppich zerrte, fiel kein Wort mehr zwischen Ihnen und Dr. Grimme?«
»Nein.«
»Sie haben ihn auch nicht mehr angesehen, ist das richtig, Frau Bergmann?«
Sie blickte genauso direkt zurück. »Ich glaube nicht, nein.«
»Sie haben gesagt, daß Dr. Grimme die Augen halb geschlossen

hatte, als Sie ihn das letzte Mal direkt angeblickt haben. Können Sie nachvollziehen, daß Dr. Grimme geschlafen hat oder zumindest sehr schläfrig war?«

Ihre Augen waren auf Timms Hände gerichtet, mit denen er sich auf dem Tisch abstützte. Er hatte sehr schöne Hände. »Nein, Herr Dr. Timm. Ich kann nicht nachvollziehen, daß Dr. Grimme bei dieser grotesken und gräßlichen Szene am Einschlafen war oder bereits schlief.«

»Sie können es aber nicht ausschließen?«

»Doch«, sagte sie, bevor Timm noch ausgesprochen hatte.

Der Schuß war danebengegangen. Das Üble war, daß er selbst es nicht nachvollziehen konnte und das Gericht gewiß auch nicht. Wie unwahrscheinlich durfte die Wahrheit sein?

»Frau Bergmann: Sie haben ausgesagt, daß Musik lief, Vivaldis ›Vier Jahreszeiten‹, nicht wahr? Wissen Sie, ich habe Schwierigkeiten, mir diese gespenstische Szene vorzustellen. Die Musik lief, Sie lagen unter Herrn Krug und Dr. Grimme saß im Stuhl ...«

»Herr Verteidiger, das Ausmaß Ihrer Vorstellungskraft ist für das Gericht nicht von Interesse!«

Der Vorsitzende erntete Gelächter von der Pressebank.

Timm lächelte nicht. »Könnte es nicht sein, Frau Bergmann, daß Dr. Grimme den Eindruck hatte, ich wiederhole, das *er* den Eindruck hatte, daß Sie durchaus einverständlich da lagen, und er dann, wie er ausgesagt hat, den Raum verließ und sich in Ihrem Schlafzimmer aufs Bett legte und schlief? Sie haben ausgesagt, daß Sie ihn nicht mehr *gesehen* haben!«

»Nein.«

Eine schwache Antwort auf eine gute Frage. Timm überzeugte sich mit einem kurzen Blick auf die Richter und Schöffen, daß die Frage angekommen war.

»Welche Gefühle hegten Sie Dr. Grimme gegenüber in der Nacht, als Sie ihn trafen? Liebe, Haß, Gleichgültigkeit ...«

War das von Bedeutung? Aber nein, sie durfte ja nicht fragen, sie mußte antworten. »Es fällt mir schwer, Gefühle in solche

Schubladen zu stecken. Aber wenn Sie mir diese Alternativen geben, dann trifft das Wort ›Gleichgültigkeit‹ noch am ehesten.«
Sie log, aber sie log gut. »Was halten Sie von der Aussage des Herrn Krug, Frau Bergmann, daß Dr. Grimme ihn quasi zur Tat aufgefordert hat, indem er von gewissen Vorlieben in Ihrem Sexualleben sprach . . .«
»So nicht, Herr Verteidiger . . .« Der Vorsitzende funkelte Timm wütend an, aber bevor er weitersprechen konnte, winkte der ab. »Gut, ich formuliere die Frage anders: Trifft die Einlassung des Herrn Krug bezüglich Ihrer sexuellen Präferenzen zu, Frau Bergmann?«
Ihre Stimme zitterte zum ersten Mal: »Nein. Wenn Dr. Grimme das wirklich gesagt hat, war es gelogen. Oder Herr Krug hat gelogen . . .«
»Danke, das reicht. Keine weiteren Fragen.« Timm setzte sich. Der letzte Satz war so gut gewesen, daß er ihr das Wort abschneiden mußte. Sie auf den zweiten GV festzunageln, wäre ein Fehler gewesen. Da hatten sich schon der Staatsanwalt und Mayer die Zähne ausgebissen; sie wäre nur stur geworden. Ihr Rechtsanwalt war jedenfalls eine Null. Der hatte bei keiner kniffligen Frage eingegriffen. Nur Mayer, der ungeliebte Gegner, hatte aufgepaßt.
Er nickte seinem Mandanten beruhigend zu. Ist doch ganz gut für uns gelaufen, sagte sein Lächeln. Aber es hätte besser laufen können, sagte sein kritisches Ich. Strafverteidiger müssen immer Pessimisten sein.
Der Vorsitzende erklärte die Sitzung für geschlossen. Erst in einer Woche sollte es weitergehen, mit der Befragung der beiden Angeklagten und der Ladung von Zeugen.
Sie verließ den Saal 130, ohne mit ihrem Rechtsanwalt noch ein Wort zu wechseln. Sie ignorierte den Journalisten, der sie im Flur ansprach. Kirsten Bergmann fühlte sich wie ausgekotzt. Sie nahm die Knolle von der Windschutzscheibe und setzte sich in ihren alten Jaguar. Beim Einsteigen riß sie sich eine

Laufmasche und starrte darauf wie auf ein ekliges Tier. Weinen wäre schön gewesen, aber selbst dafür war sie zu leer, zu traurig. Dieser Prozeß war von den Fehlern, die sie in ihrem Leben gemacht hatte, mit Abstand der schlimmste. Dieser idiotische Wunsch nach Gerechtigkeit hatte sie blind gemacht für die Konsequenzen ihres Handelns.
Sie startete den Wagen, der mit zärtlichem Brummen ansprang. Es war besser, zum Sender zu fahren, wo man sie seit Wochen behandelte wie ein rohes Ei. Die dummen Witze wurden hinter ihrem Rücken gemacht. Aber es war besser, zu arbeiten, als in die leere Wohnung zu fahren. Keine Wut ist schrecklicher als die, die sich gegen einen selbst richtet.

XI. Kapitel

Mrs. van Rouen saß am Swimmingpool und zog mit ihren Füßen Kreise im Wasser. Mit einer Hand streichelte sie Max, den zahmen Schimpansen, den Kosie ihr von einem seiner Ausflüge in den Busch mitgebracht hatte. Aber Max, der mit Affenliebe an der schönen Blonden hing, wurde es schließlich zu heiß, und er trollte sich, um einen schattigen Platz auf der Veranda zu suchen, wo schon die dänische Dogge lag und den heißen botswanischen Dezember mit relativer Bewegungslosigkeit zu überstehen suchte.

Keine Elefanten. Kirsten hatte bei Kosie durchgesetzt, daß er seinen Zoo nicht noch um Elefanten bereicherte. Sie liebte Elefanten zu sehr, um ihnen dieses luxuriöse Gefängnis zuzumuten. Dafür begleitete sie Kosie während der Schulferien auf seinen Buschexkursionen. Es gab wenige Dinge, die ihr mehr Spaß machten, als den majestätischen Dickhäutern zuzusehen, die den Menschen – sofern diese kein Gewehr in der Hand hatten – haushoch überlegen waren.

An manchen Sonntagen flogen sie an irgendeinen gottverlassenen Platz in der Kalahari, allein oder mit Bekannten. Fred, der Pilot, servierte dann eisgekühltes Bier oder Champagner. Kirsten hatte Geschmack an Champagner gefunden, während sie Bier, Longdrinks oder Schnaps rigoros ablehnte.

»Du trinkst das Zeug nur, weil es teuer ist«, sagte Kosie oft. Aber er sagte es mit einem Augenzwinkern. Schließlich hing er an Kirsten mit derselben Affenliebe wie Max. Seine Frau war jünger als andere Frauen, schöner und klüger, und vor allem besaß sie diese Kühle, die sie von den anderen unterschied und die er erstaunlich fand. Ein schöner Paradiesvogel, um den ihn die Männer beneideten. Er hatte, wie nicht anders zu erwarten, die richtige Wahl getroffen.

Das Wasser war glasklar und angenehm kühl. Kirsten ließ sich treiben. Zwei Jahre lebte sie nun in diesem Haus, und sie lebte wie eine Königin. Luxus war angenehm. Reichtum auch. Er erlaubte ihr, sich Wünsche zu erfüllen, von denen sie vorher nicht wußte, daß sie sie überhaupt hatte. Kleider, Schmuck, Reisen, das Perlwasser, das Kosie aus Johannesburg importieren ließ . . .
Die äußeren Annehmlichkeiten dieses Lebens überdeckten die Schattenseiten. Ihre Einsamkeit zum Beispiel. Kirsten hatte keine Freunde. Jetzt, wo sie mit der Schule fertig war, gab es auch den Rettungsanker der Unterrichtsstunden nicht mehr. In den letzten beiden Jahren war sie in der Schule mit einer Mischung aus Bewunderung und neidvoller Verachtung behandelt worden – von Schülern wie auch Lehrern. Kosie war ein mächtiger Mann in Botswana. Aber die Verbindung des Buren mit der sechzehnjährigen Tochter eines Selbstmörders war noch lange kein Grund, sich ihr vertrauensvoll zu nähern. Für die Tswana war sie der Balg eines Verlierers – und niemand wurde von ihnen so sehr verachtet wie ein Weißer, der gescheitert war.

Die Hochzeit war, typisch Kosie, protzig gewesen. Kirsten hatte sie mit stoischer Gelassenheit über sich ergehen lassen. Sie trug das teuerste Hochzeitskleid, das Kosie in Südafrika auftreiben konnte, und einen Einkaräter, als sie zur Kirche gingen.
Kein Geringerer als der Bischof von Botswana traute das »Paar des Jahres« in der anglikanischen Kirche unweit der »Mall« in Gaborone. Die Kirche war nicht groß genug gewesen für die fast sechshundert Hochzeitsgäste. Jeder, der in Gaborone Rang und Namen hatte, war gekommen, Weiß wie Schwarz, selbst die Frau des Präsidenten, Lady Mbwene, eine Britin, und ihre hellbraune Tochter, von der man sagte, daß ihr weißer Mann sie verprügelte, und die Zwillinge, die in Gaborone den Reigen der jungen Playboys anführten.

Kosies südafrikanische Freunde, zum Teil in Botswana ansässig, zum Teil aus Südafrika angeflogen, waren da. Die Frauen trugen geblümte Kleider, große Hüte und weiße Handschuhe. Kirsten fand die meisten von ihnen zu dick und plump im Benehmen. Aber sie sagte nicht, was sie dachte. Sie sagte überhaupt nicht viel, sondern lächelte höflich, schüttelte Hände und ließ sich gratulieren. Sie sah aus wie eine schöne, schüchterne Jungfrau, und daß sie tatsächlich eine war, ließ Kosie seine männlichen Freunde mit der Prahlsucht eines Jägers wissen, der den legendären weißen Löwen Botswanas erlegt hatte – ihn erlegen würde.

Die Hochzeitsparty in seinem Park und im Haus war die größte und teuerste, die in Botswana je gefeiert wurde. Sechshundert Gäste zertrampelten den Rasen auf der Suche nach den Bierfässern, der Champagnerbar, den Kellnern mit Weinflaschen, den Buffets mit Hummern und Austern, den schwarzen Köchen, die mit schweißglänzenden Gesichtern Unmengen von Steaks und Würstchen grillten.

»Kosie hat sich von einer kleinen Herde getrennt, um die Preiskuh zu feiern«, sagte einer seiner Freunde, der schon leicht schwankend neben dem Klavierspieler im Wohnzimmer stand und sich aus einer Flasche Cane bediente.

Es war wirklich eine große Hochzeit. Draußen, am Swimmingpool, spielte »Kalahari«, die beste Band Botswanas, zum Tanz auf, und wer zu müde war oder zu betrunken, saß auf der Terrasse und schaute zu, wie die Sonne unterging, ein Spektakel, das willkommener Anlaß war, zu verschärftem Trinken überzugehen.

Kirsten nippte an dem ersten Champagner ihres Lebens und fand den Geschmack angenehm. Das perlende Zeug machte alles irgendwie leichter. Es half ihr, diese Hochzeit zu ertragen und die vielen fremden Leute, die sich benahmen, als ob sie am Verhungern oder Verdursten wären. Sie verschwammen ein wenig und wurden dadurch netter. Kosie trank furchtbar viel. Er saß im Kreis seiner Freunde, wo es nur Bier und Zuk-

kerrohrschnaps gab und Witze gerissen wurden, die für ihre Ohren nicht bestimmt waren. Kosie wollte sie da nicht haben.
Doch sie fand keinen Anschluß an die Gruppen der Frauen, die vorsichtig an den Getränken nippten, die Gerüchteküche Gabarones in Gang hielten und über die trockene Hitze klagten, die so schlecht für den Teint war. Kirsten fühlte sich wie eine Fremde auf ihrer Hochzeit, eine Hauptdarstellerin, vom Autor zur Stummheit verdammt. So trank sie Champagner zwischen den Pflichttänzen, die sie auf der Terrasse des Pools absolvierte. Sie beobachtete, wie einer von Kosies Freunden sein Mädchen in den Swimmingpool warf und der botswanische Direktor der Minengesellschaft einer weißen Frau in den Ausschnitt griff.

Es war eine lustige und laute Hochzeit. Zu vorgerückter Stunde landeten noch mehr Frauen im Pool. Viele zogen die Schuhe aus, um auf dem Rasen zu tanzen, und einige zogen sich paarweise zurück, irgendwohin in die Dunkelheit des Parks. Kosie und seine Freunde grölten Rugby-Lieder und überstimmten den Mann am Klavier, der sich schließlich fügte und den betrunkenen Männerchor begleitete.

Die schwarzen Kellner und Köche, die nach dem Schweiß harter Arbeit rochen, sahen sich in ihrer Meinung bestätigt, daß die Weißen eben anders waren. Sie aßen nicht soviel wie die Tswana, aber sie tranken mehr. Sie konnten nicht singen und nicht tanzen. Aber sie lachten öfter und lauter. Einige fanden es komisch, sich mit Hummer zu bewerfen, der teilweise im Pool landete.

»Die dummen südafrikanischen Hummer können nicht einmal schwimmen«, sagte der Direktor der Minengesellschaft, was von manchen als rassistische Bemerkung ausgelegt wurde. Aber im großen und ganzen war die schwarz-weiße Gesellschaft einig in ihrer Lust am Vergnügen. Nur die Braut war so weiß und verloren in dieser Menge. Sie saß auf einem weißen Stuhl unter dem Affenbrotbaum, hatte die Schuhe ausgezogen und den Schleier abgelegt. Sie war ein bißchen betrunken und

so einsam, wie man es nur in einer großen Menschenmenge sein kann.
Sie spielte mit ihren langen weißblonden Haaren und überlegte, was ihre Mutter wohl zu dieser Hochzeit gesagt hätte. »Ja« zu sagen war so einfach gewesen. Die Konsequenzen davon zu tragen, war eine andere Sache. Das Erwachsenwerden zwang einen, Entscheidungen zu treffen, von denen man nie rechtzeitig wußte, ob sie richtig waren. Nichts war mehr leicht und einfach, so wie in ihrer Kindheit. Selbst die letzten Jahre mit ihrem Vater kamen ihr nun schön vor, weil sie ohne Schuld waren – die Schuld, an sich selbst und anderen falsch zu handeln.
Mrs. van Rouen, in ihrem lächerlich pompösen Spitzenkleid, das nicht zu den glatten Haaren und dem Kindergesicht paßte, malte sich aus, wie diese Nacht zu Ende gehen würde. So, wie sie es durch das Fenster im Schlafzimmer ihres Vaters gesehen hatte? Es hatte eher komisch als bedrohlich ausgesehen. Doch der Gedanke an Kosies nackten Körper war grauenhaft. Vielleicht würde er sie zerquetschen mit seinen großen Pranken. Und irgendwo hatte sie gelesen, daß es sehr weh tat. Sie wünschte sich, daß sie ewig auf diesem Stuhl unter dem Affenbrotbaum sitzen könnte. Daß die Nacht nie zu Ende gehen würde und die Gäste ewig blieben . . .
Kirsten verließ den Pool und ging zur Terrasse. Die Sonne brannte so heiß, daß man sich nicht abzutrocknen brauchte. Sie lächelte in Erinnerung an ihre Hochzeitsnacht. Sie hatte ganz anders geendet, als sie sich das auf ihrem Stuhl ausgemalt hatte.
Um drei Uhr morgens, als die Kellner sich kaum noch aufrecht halten konnten und ein harter Kern von vielleicht 50 Leuten immer noch Alkohol in sich hineingoß, war sie aufgestanden und an den Schnapsleichen, Pärchen und Männergruppen vorbei ins Schlafzimmer gegangen, eine Flasche Champagner in der einen und ihre Schuhe in der anderen Hand. Niemand schenkte ihr Beachtung, auch nicht Kosie, der mit seinen

Freunden ein Wetttrinken veranstaltete, mit dem Ziel, daß einer aufrecht stehen blieb und somit Sieger war.
Als Kosie, der Sieger, ins Schlafzimmer kam, merkte sie nichts mehr davon. Sie schlief. Sie verschlief ihre Entjungferung, die um fünf Uhr morgens vonstatten ging. Als sie am nächsten Morgen aufwachte, sah sie das Blut, und Kosie wiederholte den Akt, so daß sie wußte, wie es geschehen war. Es tat noch ein bißchen weh, war aber längst nicht so grauenhaft und aufregend, wie sie sich das vorgestellt hatte. Kosie hatte in seinem Rausch gar nicht bemerkt, daß er ihr die Premiere vorenthalten hatte. Und alle folgenden Aufführungen ließ sie mit geduldiger Nachsicht über sich ergehen.

Sie gewöhnte sich an seinen großen, nackten Körper und die erstaunlich zärtlichen Pranken. Nur seine Küsse mochte sie nicht, weil sie nach Tabak und Alkohol rochen und ihr die Luft zum Atmen nahmen.
Kirsten holte sich Eistee aus dem Kühlschrank und sprach ein paar Worte mit der Köchin, die sich über den Affen beschwerte, der Bananen und Mangos aus der Küche klaute. Kudina war rund und appetitlich und ohne jeden Zweifel eine der besten Köchinnen in Gaborone.
»Wenn Max noch mal den Herd ausdreht und meinen Braten ruiniert, bring ich ihn um, ich schwör's Ihnen, Madam. Wissen Sie, ob Master heute pünktlich zum Essen kommt?«
Kirsten zuckte die Achseln. »Ich weiß nicht, er ist draußen auf der Weide mit dem Doktor. Einer der Zuchtbullen ist krank. Kann gut sein, daß er den Doktor zum Essen mitbringt. Aber so wie ich dich kenne, hast du ohnehin genug gekocht. Du mästest uns, Kudina.«
Die Köchin sah der Missis nach, die mit einer Kanne Eistee aus der Küche ging. Sie war zu dünn. Eine Frau mußte was auf den Knochen haben, für harte Zeiten. Aber schön war sie, mit den goldenen Haaren und den Glasperlenaugen. Und immer freundlich. Nicht so wie der Master, der schon mal mit einem

Lendenstück nach ihr geworfen hatte, weil es ihm nicht schmeckte. Er hatte eben das Temperament eines Buren. Aber großzügig war er, machte keinen Krach, wenn sie zu einem Begräbnis mußte. Ihre Schwester, die bei einem Deutschen arbeitete, hatte da große Probleme. Die Ausländer verstanden nicht, was in Afrika wichtig war und was nicht. Die Missis war zwar auch aus dem Ausland, aber sie lebte schon so lange hier, daß sie schon ein wenig von Land und Leuten angenommen hatte. Jedenfalls war sie fast so braun wie ein hellhäutiger Tswana. Es war schon komisch: Ihre Nichte rieb sich mit Creme ein, um heller zu werden, und die Missis legte sich in die Sonne, um dunkel zu werden.
Kirsten schlürfte Eistee im Schatten der Veranda, unter dem Deckenventilator, der heiße Luft verteilte. Ihre Beine lagen auf der Dogge, die nur müde blinzelte, und Max spielte mit ihren Zehen. Es war schön, sich der Trägheit hinzugeben, nachdem sie die Prüfungen mit Auszeichnung bestanden hatte.
Die Frage war, was weiter geschehen sollte. Kosies Meinung dazu war eindeutig: Sie hatte nun genug gelernt und sollte sich mit Kinderkriegen beschäftigen. Der Arme wußte nicht, daß Kirsten seit zwei Jahren die Pille nahm und ganz und gar nicht die Absicht hatte, sich von ihrem Mann schwängern zu lassen. Sie wollte kein Kind von Kosie, nicht jetzt und nicht später. Und bisher hatte sie seinen Versuchen, sie zu Spezialisten nach Johannesburg zu schicken, mit List widerstanden.
Sie wollte Sprachen studieren: Englisch, Französisch, Spanisch. Sich in Literatur hineinfressen und lernen und lernen. Theoretisch war das auf der Uni in Gaborone möglich, aber auf einem Niveau, das international wenig Bestand hatte. Und unter keinen Umständen würde Kosie ihr erlauben, in London oder Paris zu studieren. Sie wußte genau, warum: Er hatte Angst, daß sie ihm abhanden kommen würde. Er hatte Angst vor Bildung, die er verächtlich »diese Intellektuellenscheiße« nannte. Kosie war clever und tüchtig und auf seine Art eine starke Persönlichkeit. Er paßte zu diesem Land. Aber klug war

er nicht. Mit Kosie konnte man über Rinder und Geschäfte reden, über Politik bis zu einem gewissen Grad und über Geld. Aber Bücher interessierten ihn ebensowenig wie Themen, die nicht existentiell waren. Im Grunde war Kosie ein Simpel.
Sie mochte ihn, so wie sie Max mochte und ihren Hund. Sie mochte es, von ihm geliebt zu werden, verwöhnt und bewundert. Aber er und seine Freunde, die mindestens dreimal pro Woche ins Haus kamen und bis zum Morgengrauen tranken, waren keine Gesprächspartner. Sie langweilte die Männer so, wie sie von ihnen gelangweilt wurde. Und Kirsten konnte sich gut vorstellen, was seine Freunde zu ihm sagten. Sie sagten: »Deine Frau hat Flausen im Kopf, Kosie. Es gibt nur eine Möglichkeit, den Weibern Flausen auszutreiben – sie barfuß, schwanger und hinterm Herd zu halten.«
Sie hatten alle die Manieren von Holzfällern. Auch Kosie. Aber gut, in diesem Land war anderes gefragt als gute Manieren. Kirsten erinnerte sich nur mit Grausen an gemeinsame Reisen. Die besten Hotels waren gerade gut genug. Aber so, wie Kosie aß und trank und mit Leuten umsprang, war er eine einzige Peinlichkeit. Sie zog es mittlerweile meist vor, auf der Farm zu bleiben. Hier paßte er hin. Hier und draußen auf der Weide und im Busch war er perfekt. Aber sie selbst war so einsam und unzufrieden. Niemand, mit dem sie wirklich sprechen konnte, von dem sie etwas lernen konnte, der sie zum Lachen oder zum Weinen brachte.
Die Tage zerflossen ihr unter den Händen, und sie wurde erwachsen, ohne gefordert zu sein. Das war es: Ein Leben ohne jede Herausforderung versank in Langeweile und Mittelmäßigkeit. Nicht mal die Einkaufsorgien in Johannesburg und Kapstadt waren noch aufregend. Kosies materielle Heilkuren gegen die Krankheit Langeweile hatten ihren Reiz verloren. Wenn er wenigstens verstehen würde, was sie meinte. Wenn sie selbst sich verstehen könnte und die Kraft zum Handeln hätte.
Wahrscheinlich würden nach dem Essen wieder ein paar

Freunde vorbeikommen und den Eisschrank plündern, was Kudina mit einem morgendlichen Wutanfall quittierte. Freddy, der Tierarzt, der sich nur für Rindviecher, Alkohol und Frauen – genau in der Reihenfolge – interessierte. Bill, der die Nachbarfarm hatte und Freddys Interessen teilte. Jeff, der Ingenieur, der es nicht über sich brachte, mit schwarzen Frauen zu schlafen und Kirsten mit den Augen vergewaltigte. Der Architekt van der Merwe, der seine dicke Frau regelmäßig verprügelte und dies als Anekdote zum besten gab. Schließlich Pater O'Brian, eine Galionsfigur der irischen Liebe zum Alkohol. Der Pater war der einzige, der noch über etwas anderes reden konnte als über Rinder und Frauen. Aber meistens war er schon betrunken, bevor Kirsten zu Bett ging, und döste auf seinem Stuhl ein. Wenn den Männern dann nichts mehr einfiel, gab es draußen ein Wettschießen oder eben das berühmte Wettsaufen. Später, viel später, kam Kosie ins gemeinsame Bett, ein betrunkenes Mannsbild.
Ein dummer Tölpel, der von Rindern mehr verstand als von Frauen! Gott, wie sie seine betrunkenen Umarmungen verabscheute und seine widerliche Selbstzufriedenheit. Sie hatte ihn geheiratet, ohne zu wissen, was Liebe war. Kirsten wußte es immer noch nicht. Liebe war eine zu große Vokabel für ihr kleines Leben. Diese Gefühle – Verachtung, Heiterkeit, Ungeduld, Unzufriedenheit und nur selten die Zärtlichkeit der Freundschaft – konnten mit Liebe nichts zu tun haben. Kosie konnte man nicht hassen, dazu war er viel zu gutmütig. Aber was sollte sie denn mit diesem Mann anfangen, der sie in einen goldenen Käfig gesteckt hatte, »Kleine« zu ihr sagte und sich ihrer mit der Selbstverständlichkeit desjenigen bediente, der im Recht war.
Kirsten streichelte Max, ihren Leidensgenossen. Sie wußte nichts über die Leidensfähigkeit von Affen. Aber wie unendlich langweilig mußte es sein, immer nur mit Menschen umzugehen, mit einer fremden Rasse, und immer Bananen auf dem Tisch zu finden und nie Abenteuer zu erleben. Das Leben mit

ihrem Vater in der Motsuadi Road war in gewisser Hinsicht ein Abenteuer gewesen, eben weil sie nie gewußt hatte, wie der nächste Tag aussehen würde und der übernächste . . .
Das Leben als Mrs. van Rouen war wie ein sterbenslangweiliger Roman. Noch mehr Champagner und neue Kleider und Reisen und Autos . . . Vielleicht ein paar Kinder von Kosie, kleine, sommersprossige Burengesichter mit dem heiteren Gemüt ihres Vaters. Vielleicht eine Affäre, so viele Frauen in Gaborone schienen sich damit die Zeit zu vertreiben. Und irgendwann das Alter und das Wissen, daß alles umsonst gewesen war.
Vielleicht, dachte Kirsten, hatte ihre Mutter doch das Richtige getan. Vielleicht war die Entscheidung, dem Glück nachzujagen, nicht so sinnlos gewesen, wie sie als Kind gedacht hatte. Möglicherweise war ihre Mutter glücklich gewesen in ihren letzten Jahren. Aber auch das konnte sie nur annehmen.
Sie hatte sich geweigert, mit Kosie nach Deutschland zu fahren, und nur auf sein Drängen hin das Haus an der Alster vermietet, anstatt es zu verkaufen. Kosie hatte ihr ein Konto in London eingerichtet, auf dem die Mieteinnahmen eingingen und der Verkaufserlös des Hauses in der Motsuadi Road lag. Viel war es nicht, aber immerhin ihr eigenes Geld.
Kosie machte so ein Getue um Geld. Überall hatte er Konten, weil er, obwohl er sich hatte einbürgern lassen, der botswanischen Regierung nicht traute. »Wenn die Kommunisten kommen«, sagte er immer, »haben wir genügend Geld im Ausland, um hier die Mücke zu machen.« Armer Kosie, dem von seiner Mama immer der schwarze Kommunist als leibhaftiger Teufel suggeriert worden war. Herausgekommen war ein Rassist, der keiner sein wollte. Mit seinem Kopf glaubte er, daß die Farbe keine Rolle spielte in der Beurteilung eines Menschen. Aber was vermochte Kosies Glaube gegen die Ängste seiner Kindheit, die er mit ins Erwachsenenleben geschleppt hatte? Hier wenigstens hatte Kirsten keine Probleme: Sie waren anders, die Tswana. Andere Werte, andere Gefühle, ein anderes Den-

ken. Nicht besser, nicht schlechter, eben anders. So hatte sie es bei Mary empfunden, und so war es auch bei den paar Bekannten, Geschäftspartnern und nützlichen Beamten, die manchmal auf die Farm kamen. Es gab Anknüpfungspunkte, aber auch einen tiefen Graben, den wohl beide Seiten empfanden. Niemals, soviel stand fest, würde der Bure in seinem Herzen ein Tswana werden.

»Tag, Kleine. Ich habe Richard zum Essen mitgebracht. Man muß den Junggesellen mal ordentlich füttern.«

Kosie, mit dem Tierarzt im Schlepptau. Zwei verschwitzte Gestalten in Buschstiefeln und kurzen Khakihosen. Richard glotzte sie an. Der knappe Bikini war nichts für einen Junggesellen. Kirsten stand auf und drehte ihr Gesicht vor dem verschwitzten Kuß weg.

»Ich werde Kudera Bescheid geben, daß sie für drei deckt. Oder kommt sonst noch jemand?«

Kosie grinste. »Eingeladen habe ich keinen, aber das heißt nicht viel. Wir holen uns erst mal ein Bier, und dann gehen wir unter die Dusche. Es war verdammt heiß draußen, aber Richard hat den Bullen durchgekriegt.«

Na und? Dazu war er schließlich da, der treffliche Tierarzt mit dem gierigen Blick einer ausgehungerten Hyäne. Jeder von ihnen an seinem Platz. Ihr Platz war der eines Hauskätzchens in Kosies merkwürdigem Zoo.

Aber die Katze zeigte erst ihre Krallen, als zehn Leute starben. Es hatte nichts mit ihr zu tun, das heißt, es war kein persönlicher Schmerz und keine Schuld. Doch die Ereignisse der kommenden Wochen boten ihr die Gelegenheit, auf die sie unbewußt schon lange gewartet hatte.

Es begann in der Nacht, als sie ihm sagte, daß sie ihn verlassen würde. Kirsten hatte einen idiotischen Zeitpunkt gewählt, weil sie unerfahren war im Umgang mit Männern, auch mit ihrem eigenen. Der Zeitpunkt war deshalb idiotisch, weil Kosie in diesem Zustand leichter Angetrunkenheit war, in dem Verstand und Gefühle geschärft sind.

Er glaubte zunächst an einen Scherz, obwohl er vom Humor seiner Frau herzlich wenig hielt. Er stand im Schlafzimmer, nackt bis auf ein Whiskyglas, und starrte sie an.
Seine Frau saß mit gekreuzten Beinen auf dem Bett, ebenfalls nackt, und spielte mit einer langen blonden Strähne. In der anderen Hand hielt sie die Champagnerflasche, die noch zu einem Viertel voll war. Sie war schön, seine Frau, aber von solch perfekter Schönheit, daß es beinahe langweilig war. Manchmal hätte er sich mehr Vulgarität gewünscht anstelle dieser glatten Schönheit. Nicht einmal wenn sie betrunken war, entgleisten ihre Züge. Nicht einmal wenn sie etwas so Ungeheuerliches sagte, veränderte sich ihr Gesichtsausdruck. In den zwei Jahren, in denen sie verheiratet waren, hatte sie nicht einmal gerülpst.
»Du machst einen Witz, meine Kleine. Was möchtest du haben: ein neues Auto, eine Reise, ein Löwenbaby zum Spielen . . .« Oder wünschte sie sich, daß die Hausgäste, Bekannte aus Pretoria, wieder abfuhren? Er merkte ihr an, daß ihr die beiden Männer, die seit zwei Wochen im Haus waren, nicht paßten. Sie zeigte es mit kleinen Gesten und spitzen Bemerkungen.
»Ich mache keinen Witz, Kosie. Ich will meine Freiheit wiederhaben, nicht mehr und nicht weniger.«
Frauen waren zum Kotzen. Kosie, der sich nie der Mühe unterzogen hatte, Frauen verstehen zu wollen, fühlte sich wie ein Blinder im Boxring.
»Du bist verrückt oder betrunken oder beides. Gehen dir Nick und John auf die Nerven, ist es das? Ich kann den beiden sagen, sie sollen ins Hotel ziehen, wenn es das ist, was du möchtest. Sind sie dir nahegetreten? Ich schlage sie zu Brei . . .«
Wenn er nackt war, sah er ziemlich furchterregend aus. Kirsten war spätestens jetzt klar, daß man eine solche Szene nicht unbekleidet inszenieren durfte. Es war ja auch ein spontaner Entschluß gewesen, den Mund aufzumachen. Sie hatte sich Mut angetrunken.

»Quatsch. Ich kann die beiden zwar nicht ausstehen, aber sie haben mir nichts getan. Kosie, sei mir bitte nicht böse. Ich mag dich, aber ich war zu jung, als du mich geheiratet hast. Wir passen einfach nicht zusammen. Ich interessiere mich nicht für die Farm, für deine Freunde, dein Leben. Ich will noch keine Kinder. Ich will nicht, daß mit achtzehn mein Leben schon festgeschrieben und besiegelt ist. Kannst du das nicht verstehen und mir verzeihen?«
Sie machte keine Scherze. Kosie ging an die Bar und schenkte sich einen Vierstöckigen ein. Seine Kleine, dieses unkomplizierte und pflegeleichte Wesen, das er vor zwei Jahren aus der Scheiße gezogen hatte, war genauso verrückt wie ihr Vater. So verrückt wie alle Europäer, die in Afrika strandeten. Die wollten alle mehr vom Leben, als ihnen zustand.
Der Whisky war wie Samt auf seinen Nerven.
»Nein. Ich verstehe nicht. Du hast ja auch nie eine Andeutung gemacht, daß du hier unglücklich bist, verdammte Scheiße. Und auf einmal sitzt du da und faselst dummes Zeug. Welche Freiheit meinst du denn, meine Kleine? Die, mit jedem vögeln zu können? Oder die Freiheit des Geistes? Ich habe mich in deine Klugtuerei nie eingemischt. Und es war mir scheißegal, wenn du mich und meine Freunde immer in eine Ecke gestellt hast, auf die ihr Intellektuellen spuckt. Ich will dir auch sagen, warum: Weil wir hier etwas leisten und auf die Beine bringen, während Leute wie du nur träumen. Vielleicht hast du recht, vielleicht paßt du nicht hierher. Aber hier bist du, und hier wirst du bleiben, an meiner Seite, so, wie du es in der Kirche geschworen hast.«
»Sei nicht ein so verdammter Heuchler!« Kirsten zog langsam das Laken über die nackten Brüste. Kosie sah jetzt aus wie ein gereizter Elefant, der sich seinem Angriffsziel mit wehenden Ohren und Trompetenstößen näherte. Wie hatte sie so dumm sein können, zu glauben, daß es ein Spaziergang würde?
»Du kannst mich nicht gegen meinen Willen festhalten, Kosie.«

Seine wasserblauen Augen waren vom Whisky und vor Wut gerötet. Er warf das Glas in die Ecke und ignorierte den klirrenden Knall. Mit einer gewaltigen Bewegung riß er ihr das Laken weg.
»Und ob ich das kann, Kleine. Ich werde dich hier festhalten, bis du Vernunft angenommen hast. Du wirst mich jetzt mal von einer anderen Seite kennenlernen, Kirsten, und wer weiß, vielleicht gefällt dir das besser. Los, leg die Flasche weg und mach die Beine breit. Na los, stell dich nicht so an, du bist schließlich meine Frau, und ich kann mit dir machen, was ich will.«
Die Flasche zersplitterte mit einem obszönen Knall. Es war ein sehr ungleicher Kampf, aus dem die Verliererin mit einem blauen Auge, malträtierten Brüsten und schmerzendem Unterleib hervorging.
Irgendwann hatte sie aufgehört, sich zu wehren, nicht weil der Mut sie verließ, sondern weil sie sich lächerlich vorkam. Die Wut war viel größer als der Schmerz. Wut auf sich selbst: Sie hatte diese Demütigung provoziert, weil sie ihn unterschätzt hatte. Kosie hatte sich auf die einzige Art gewehrt, die er kannte: mit Gewalt. Sie stand unter der Dusche und wußte, daß da nichts reinzuwaschen war. Und es tat wirklich weh.
Als sie aus dem Bad zurückkam, rückte er auf dem Bett zur Seite. »Sieht ziemlich übel aus«, sagte er. »Ich bring dir morgen aus der Apotheke was mit, aber du wirst ein paar Tage nicht aus dem Haus können.«
»Nein«, erwiderte sie, »ich weiß.« Sie brachte es sogar fertig, zu lächeln. »Deine beiden Freunde werden sicher keinen Anstoß daran nehmen. Bei euch ist es ja nicht unüblich, daß Frauen verprügelt und vergewaltigt werden.«
»Ehefrauen kann man nicht vergewaltigen«, sagte er, bevor er sich umdrehte.
Nein, natürlich nicht. Es war auch mehr eine Schlägerei als ein Geschlechtsakt gewesen. Kirsten versuchte, sich so zu legen, daß es weniger weh tat. Kosie hatte recht. In der Ewigkeit die-

ser Beziehung waren die paar Minuten unbedeutend. Nur eines zählte: am Ende den Kampf zu gewinnen. Wie ein guter Boxer würde sie aus dem ersten K.o. lernen, nicht wieder ohne Deckung in den Ring zu steigen.

XII. Kapitel

»Hör mal, so geht es nicht weiter. Du gehst vor die Hunde und schaust dir zu dabei. Du schläfst kaum noch, ißt kaum noch und trinkst wie ein Profi. Deine Sendungen sind hundsmiserabel, und nichts scheint dich zu berühren, außer diesem verdammten Prozeß ... Ja, glotz mich nicht so an, als ob ich vom Mond käme. Ich bin Irmela, seit fünf Jahren deine beste Freundin, und ich mache mir Sorgen, verdammt noch mal!«

Kirsten Bergmann starrte ihre Freundin an. Das Lächeln erreichte ihre Augen nicht. »Du brauchst dir keine Sorgen zu machen. Es geht mir ganz gut. Ich bin nur ein bißchen nervös wegen des Prozesses.«

Sie saßen am Küchentisch in Kirstens Wohnung, laut Irmela der einzig gemütliche Ort. Irmela fand Kirstens Zuhause abscheulich und ungemütlich. Die spärliche Möblierung, alles in Schwarz bis hin zu den Lampen und Teppichen, war ein harter Kontrast zu den weißgekalkten Wänden. »Sieht aus wie ein durchgestyltes Hotelzimmer«, pflegte sie zu sagen. Aber diesmal hatte sie keinen Sinn für das Ambiente, keine boshaften Bemerkungen übrig. Sie machte sich Sorgen um Kirsten. Außerdem fand sie Leute, die tagsüber im Morgenrock herumsaßen, schon fast asozial. Früher hätte Kirsten nie Leute im Morgenrock empfangen. Früher, das war, bevor ihre Freundin ihren Ratschlag mißachtet und die beiden Halunken angezeigt hatte.

Sie holte sich ungefragt ein Bier aus dem Kühlschrank und setzte sich Kirsten gegenüber an den schweren Holztisch.

»Tagsüber Whisky trinken ist abscheulich. Und deine beiden letzten Sendungen waren auch abscheulich. Die Kollegen reden schon darüber. Willst du dir deinen guten Ruf versauen, alles, was du dir aufgebaut hast?«

Kirsten zündete sich mit leicht zitternden Händen eine Zigarette an. »Das wird wohl nicht das einzige sein, worüber sie reden. Zu mir sagt ja keiner was. Sie sehen mich nur an wie eine seltsame Pflanze.«

». . . die nicht mehr lange unter Naturschutz steht. Natürlich quatschen sie, das ist doch ganz normal. Unter den Männern sind die Lager geteilt, und die Kolleginnen sind allesamt dafür, den beiden die Eier abzuschneiden. Aber was deine letzten Sendungen angeht, sind alle einer Meinung: Du solltest besser Urlaub nehmen, wenn du nicht anständig arbeiten kannst.«

»Die können mich mal alle . . .«

Irmela Höggen schlug mit der Faust auf den Tisch. »Die können dich auch feuern, meine Liebe. Es gibt keine Schonzeit für vergewaltigte Frauen.«

»Auch keine Schonzeit für gute Freundinnen, Irmela. Hör auf, auf mir rumzuhacken. Als du bei deinem letzten Liebeskummer in den Sack gehauen hast, habe ich mich auch nicht aufgespielt wie Inge Meysel. Laß mich einfach in Ruhe, und trink einen mit mir.«

Trink einen mit! Der Standardsatz der letzten Wochen! Irmela grub ihre Schneidezähne, die ein wenig auseinanderstanden und ihr das Aussehen eines hübschen Eichhörnchens gaben, in die Vorderlippe. Kirsten ließ sich zum ersten Mal, seit sie sie kannte, gehen. Und das waren immerhin fünf Jahre. Nun, sie kannte einige Frauen in ihrer Umgebung, die diesen Weltschmerz kriegten und sich einfach hängen ließen – aus Angst vor dem Alter, dem Alleinsein oder der ersten Ahnung nicht erreichter Ziele. Aber Kirsten war immer anders gewesen: hart zu sich selbst, beherrscht, ganz cool. Manchmal unheimlich, die Distanz, die sie aufbaute.

Nicht mal, als sie sich von Bernhard trennte, hatte sie Selbstmitleid oder Schwäche gezeigt. Und nun das! Ungeschminkt, Morgenrock, Whiskyflasche. Sie sah gar nicht mehr schön aus und nicht mehr jung. Die blauen Augen waren rot unterlaufen und die Haut drum herum ein wenig verquollen. Feine Falten

um die Augen und Mundwinkel – die ersten Boten dieses elenden Verfalls, der sich Alter nannte.
»Schau mich nicht so an, als ob du zum ersten Mal eine alte Frau sehen würdest, Irmela! Der Lack ist ab, meine Liebe. In zehn Jahren können wir froh sein, wenn uns noch einer vergewaltigen will.«
»Sehr komisch. Sag mir lieber, warum du dich von allem und jedem absonderst seit ein paar Wochen? Wenn du nicht arbeitest, hockst du allein zu Hause und trinkst. Du hast so viele Freunde und Bekannte hier. Meinst du nicht, daß es besser wäre, die Normalität aufrechtzuerhalten, statt im Elfenbeinturm des Selbstmitleids abzustürzen? Wenn du mir die Bemerkung gestattest: Es bekommt unter anderem deinem Teint nicht.«
Die liebe Irmela und ihr verzweifelter Kampf um den Erhalt von Jugend und Schönheit. Kirsten kannte keine Frau, die soviel Geld für Kosmetika ausgab wie Irmela. Der Kampf kostete sie vermutlich mehr Energie als ihre Arbeit: redaktionelle Ergüsse über Kunst und Kultur. Der Nachteil dieses Ressorts war, daß Irmela auf jeden Maler zwischen zwanzig und sechzig reinfiel, der nicht gerade schwul war. Und je älter Irmela wurde, desto schlechter wurde die Qualität dieser Maler als Liebhaber.
Kirsten starrte aus dem Küchenfenster auf den Rhein, der in der Nachmittagssonne so träge dahinfloß, als sei er müde geworden. Sie liebte diesen Blick aus ihrer Wohnung.
»Wer Freunde wie dich hat, braucht keine Feinde, was? Komm, Irmela, es ist doch nicht so schwer zu verstehen. Ich kann die Blicke nicht ertragen, das Unausgesprochene. In den Augen der Männer lese ich, daß ich eine Hure bin. Alle, die davon wissen, und im Sender weiß es ja praktisch jeder, sehen mich so an. Und selbst wenn sie etwas Freundliches sagen, erreichen ihre Worte diesen Blick nicht, verstehst du. Sie geben mir zu verstehen, daß ich die Existenz von zwei ehrenwerten Männern ruiniere, nur weil ich gerade Migräne hatte, als die mal ranwollten.«

»Quatsch. Die, die dich wirklich kennen, denken das nicht. Dr. Hirsch zum Beispiel. Und der ist immerhin dein Boß.«
»Und in mich verliebt. Den alten Gockel kannst du doch nicht dazuzählen.«
»Es gibt noch ein paar andere, aber du glaubst mir ja sowieso nicht. Bloß, verlaß dich nicht zu sehr auf Hirschs Gefühle. Wenn es um die Arbeit geht, hat er keine. Und du hast nicht ein eigenes Reisemagazin bekommen, weil er in dich verliebt ist, sondern weil du gut bist, vielmehr warst.«
»Nu komm . . .«
»Wenigstens hast du nicht gesagt: ›Prost, darauf trinken wir einen.‹ Weißt du, ich glaube nicht, daß dir plötzlich alles egal geworden ist: deine Karriere, deine Freunde, dein bis dato so perfekt organisiertes Leben. Es paßt nicht zu dir, wegen so einer blöden Geschichte unterzugehen.«
Perfekt organisiert? Was für ein merkwürdiger Ausdruck. Sie hatte immer den Eindruck gehabt, Statistin im eigenen Leben zu sein. Und die wenigen wichtigen Auftritte waren fast immer zum Fiasko geworden. Komisch, daß Irmela sie so falsch einschätzte.
»Also, erstens gehe ich nicht unter, ich bin lediglich untergetaucht. Daß alles irgendwie weitergeht, weiß ich auch. Aber ich habe eben nicht dein glückliches Naturell, nach jeder sinnbildlichen Ohrfeige, die dir ein Mann verabreicht hat, zu sagen: ›Nun, das war halt nicht das Richtige – neues Spiel, neues Glück.‹ Ich habe unter der Trennung von Bernhard sehr gelitten, und dieser Prozeß ist ein schrecklicher Epilog auf diese Liebe . . .«
»Dann hättest du die beiden nicht anzeigen dürfen . . .«
Diese verdammte . . . Kirsten merkte gar nicht, daß sich ihre Hand um die Flasche verkrampfte. Da war dieser unwiderstehliche Wunsch, ihr Gegenüber zum Schweigen zu bringen, diese selbstgerechte dumme Kuh zu verletzen . . .
»Kirsten, um Gottes willen . . .« Irmela Höggen spürte so etwas wie Angst.

Das war nicht mehr das Gesicht, das sie kannte. So als ob eine Maske gefallen und etwas sehr Häßliches, ganz und gar Fremdes zum Vorschein gekommen wäre. Kirstens Züge waren entstellt vor Wut und Haß, und ihre Finger umklammerten die Flasche, um sie zu zerbrechen. Der Morgenrock war verrutscht, und sie konnte Kirstens Brüste sehen, große und erstaunlich feste Brüste, die sich noch nicht nach unten neigten.

Irmela dachte in dieser Situation etwas ganz und gar Idiotisches. Nämlich, daß es ungerecht war, wie diese Brüste standen, während ihre eigenen kleinen . . .

Und weil sie auf diese Brüste starrte, sah sie nicht, wie Kirsten ausholte und warf. Sie hörte nur den Knall, als die Flasche gegen die Tür prallte. Scherben flogen durch die Küche.

Kirsten starrte auf die Whiskyflasche. »Sieht aus wie Blut«, sagte sie. Es war ein befreiender Akt gewesen, gerade so, als ob sie eine Bombe in den Gerichtssaal werfen würde. Kein Richter mehr und kein Staatsanwalt und kein Rechtsverdreher, nur Blut . . .

Irmela Höggen stand auf. Müßig, sich zu überlegen, wie weit entfernt von ihrem Kopf die Flasche vorbeigesegelt war.

»Du bist verrückt geworden. Und hör auf, zu lächeln, verflucht noch mal!« Ihre Stimme zitterte ein bißchen.

Die Frau, die die Flasche geworfen hatte, zog den Morgenrock zurecht. »Tut mir leid, Irmela, ich wollte dich nicht erschrekken. Du hast nur auf einen Knopf gedrückt, der eine Explosion ausgelöst hat. So, und jetzt kannst du mir helfen, diese Schweinerei zu beseitigen, und dann werde ich ein Bad nehmen. Nun schau mich nicht so entgeistert an, es geht mir jetzt wirklich besser. Und du hast sicher etwas anderes zu tun, als deinen Sonntag mit mir zu verbringen. Was macht die Liebe, meine Freundin? Welches Genie förderst du zur Zeit mit Wort und Tat? Erzähle es mir, ich bin nicht mehr auf dem laufenden.«

Wahrscheinlich war sie wirklich verrückt geworden. Das Ge-

sicht wieder ganz normal, sowie der sanfte Befehlston, dem sie sich immer gebeugt hatte. Eine Freundschaft, in der von Anfang an klar gewesen war, wer wem überlegen war. Irmela nahm schweigend Besen und Kehrichtschaufel aus dem Küchenschrank. Es war wirklich eine Sauerei.
Kirsten kniete sich neben sie und sammelte die großen Scherben vorsichtig mit den Händen auf. »Willst du es mir nicht erzählen?«
»Da gibt es nicht viel zu erzählen. Er heißt Ernst und ist Bildhauer, stammt aus Wien, glaube ich.«
»Und leidet furchtbar darunter, ein verkanntes Genie zu sein.«
Irmela stand auf und holte Eimer und Lappen. »Mach dich nicht immer über meine Männer lustig. Jedenfalls habe ich den Liebermann, den Galeristen, den kennst du doch auch, beschwätzt, eine Ausstellung mit Ernsts Skulpturen zu machen. Sie sind wirklich gut, weißt du. Michelangelo ist ein Dreck dagegen.«
»Paß auf, da liegt noch eine Scherbe. Und du wirst eine Sendung über Ernst machen, und vielleicht wird er ein wenig berühmt werden, und dann wird er dich verlassen. Irmela, du lernst es nie. Laß sie doch verkannt und arm und unglücklich bleiben, dann hast du länger was von ihnen. Männer sind undankbar.«
So als ob es dieses verzerrte Gesicht nie gegeben hätte. Irmela betrachtete ihr Putzwerk: Alle Spuren dieser Szene waren weggewischt, Kirsten war wieder diejenige, die gute Ratschläge gab. Umgekehrt vertrug sie es offenbar weniger gut.
»Na schön, rauchen wir noch eine Zigarette, und dann laß ich dich allein. Ich bin ohnehin mit Ernst verabredet, ich habe ihn zum Essen eingeladen. Du hast unrecht. Ernst ist anders als die anderen. Er will gar nicht, daß ich ihn protegiere. Ich muß mich ihm geradezu aufdrängen.«
Kirsten zog mit Genuß an ihrer Zigarette. Alles war, wie es immer war. Das Leben kein Knall, sondern ein ewiges Rülpsen. Selbst wenn die Bombe fiel: Irmela würde in den Trüm-

mern ein verkanntes Genie finden, sich verlieben und die Kunstszene manipulieren. So ungeschickt sie mit ihren Männern war, so klug zog sie an den Fäden dieser Szene. Kannte jeden Galeristen, jeden Mäzen und Kritiker, die meisten der potentiellen Käufer. Und wenn sie erst einmal mobil machte und in einer ihrer Sendungen das Genie aus dem Zylinder zog wie ein Zauberer das Kaninchen, war die Sache schon fast gelaufen. Manchmal war der Ruhm nur kurz, weil es so viel Kunst gab und zuwenig Leute, die in Kunst investierten. Aber immerhin hatte Irmela den meisten ihrer Liebhaber zu Publicity verholfen. Aber keiner blieb. Und weil diese verdammten Maler und Bildhauer außerhalb ihrer Arbeit keine Phantasie hatten, gab es immer das gleiche Abschiedsgeschenk: ein Kunstwerk. Irmelas Wohnung sah schon aus wie eine Galerie, in der sich die verschiedensten Richtungen ein Stelldichein gaben. Das war keine Wohnung mehr, das war ein Kunsttempel zweiter Garnitur.

Sie drückte ihre Zigarette aus. »Vielleicht hast du recht und diesmal Glück. Ich wünsch' es dir, genauso wie ich mir wünsche, daß ich heil aus diesem Prozeß herauskomme. Glaub mir, ich habe es tausendmal bereut, ihn in Gang gebracht zu haben. Aber jetzt schmeiße ich dich raus. Wir sehen uns morgen im Sender. Danke, daß du gekommen bist.«

Sie begleitete ihre Freundin zur Tür und zog sie erleichtert zu. Es war schön, allein zu sein. Niemand, der einen nervte, verletzte oder langweilte. Niemand, vor dem man sich verstecken mußte. Diese verzweifelten Versuche, das Glück in einem anderen zu finden! Im Endeffekt war die Rechnung immer höher gewesen als das, was sie bestellt und gewollt hatte. Irmela konnte so etwas nicht passieren. Selbst mit Liebeskummer war Irmela nicht wirklich unglücklich. Es war schon merkwürdig, wie verschieden sie beide waren. Gott sei Dank hatte sie schlecht gezielt.

Sie ließ das Badewasser ein. Auch das Badezimmer war in Schwarzweiß gehalten und war so kühl und sachlich und zweckbestimmt wie alle anderen Räume ihrer Wohnung. Bernhard hatte sich über ihr spartanisches Mobiliar immer lustig gemacht. Er hatte sein Haus fast ausschließlich mit Jugendstilmöbeln eingerichtet, die vermutlich ein Vermögen wert waren. Sie verstand nichts von Antiquitäten, aber sie sah die Schönheit und Harmonie. Und trotzdem hatte sie die Vollkommenheit dieses Hauses nie gemocht. Es erinnerte sie an das Haus an der Alster und an die verlogene Ästhetik ihrer Mutter.

Das Eintauchen in das prickelnd heiße Wasser war ein Genuß. Sie versank in der Wanne, die für zwei nie groß genug gewesen war. Bernhards Badewanne war ungefähr dreimal so groß wie ihre, das einzige, worum sie ihn beneidet hatte. Nein, auch seine Bibliothek, dieser Raum voller Bücher, die völlig unsystematisch das Zimmer ausfüllten, war ein Platz, an dem sie gern gewesen war. Perdu. Nie wieder. Was blieb, war diese Höhle, das bißchen, das sie sich selbst aufgebaut hatte.

Sie verdiente nicht schlecht beim Sender, aber da war die teure Wohnung, bei der der Vermieter den Rhein- und Domblick mit mindestens 500 Mark zugerechnet hatte. Der Jaguar war eine Sparkasse. Mit den Kosten für die Reparaturen finanzierte sie vermutlich die halbe Werkstatt. Und da waren all die Attribute eines Lebensstils, der Geld kostete: die Putzfrau, der Masseur, der Friseur, die Kosmetikerin, die Fetzen mit den Designernamen und der übrige Schnickschnack, an den sie sich so selbstverständlich gewöhnt hatte. Zumindest war sie keine Ein-Mann-Hure. Alles selbst verdient. Aber die Zinsen aus dem Geld, das sie für den Verkauf des Hauses erzielt und angelegt hatte, gingen mit drauf. Und dieses Geld war die einzige Sicherheit, die sie hatte, falls dem Chefredakteur eines Tages ihre Nase nicht mehr gefiel. Sechsunddreißig, geschieden, allein. Da war wirklich niemand, der sie auffangen würde, wenn sie fiel.

Und bei Gott, sie hatte die Balance verloren. Die Redakteurin

dieses Frauenblatts, die bei ihr angerufen hatte, war völlig entsetzt gewesen, als sie sie angeschrien hatte. Nein, sie wollte keine Sendung machen und kein Interview geben und keine Geschichte schreiben über das Los vergewaltigter Frauen. Und sie hatte nicht vor, einen Club vergewaltigter Frauen zu gründen, wollte keine Solidarität und kein Mitleid. Sie wollte auch nicht alle Männer hassen. Zwei reichten für ein Leben . . .
Ein Leben, das so merkwürdig hohl geworden war nach dem Bruch mit Bernhard. Nicht daß sich äußerlich viel verändert hätte. Sieben Nächte allein statt vier. Sie hatten nicht jeden Abend miteinander verbracht und nicht jede Nacht und auch nicht jedes Wochenende. Zwei kluge Leute, die sich ihre Freiräume ließen.

Nein, in der Zeit nach Bernhard fiel es ihr nicht schwer, ihr Leben im Griff zu halten. Die Arbeit war ein unschätzbarer Rettungsanker. Sie war gegangen und hatte die Lücke, die Bernhard hinterließ, mit einer kurzen und unwichtigen Affäre ausgefüllt. Und sie hatte ihren Haß genährt in dieser Zeit, unbemerkt von Freunden und Kollegen, die sie wegen ihrer ungebrochenen Lebensfreude lobten. Es war lachhaft, wie sehr Menschen einander mißverstanden. Wahrscheinlich sah sie Irmela auch ganz anders, als diese in Wirklichkeit war. Vielleicht war sie gar kein fröhliches, oberflächliches Eichhörnchen, sondern zutiefst unglücklich und auf der verzweifelten Suche nach Liebe. So viele Frauen waren süchtig nach Liebe. Ein ganzes Leben lang auf der Jagd – was erlegten sie? Kleinwild. Oder kapitale Böcke.

Ihre Gedanken gingen im Kreis, und sie sparte das aus, was am meisten weh tat. Kirsten stieg aus dem Bad und trocknete sich mit dem weichen, schwarzen Badetuch. Sie zog Jeans an und einen schwarzen Pullover und schminkte sich nur wenig. Die Haare ließ sie offen auf die Schultern fallen. Von hinten konnte man sie für ein junges Mädchen halten. Und von vorn? Die feinen Falten waren kaum noch zu überschminken. Na und?

Während sie die Treppe hinunterging, überlegte sie die An-

schaffung einer neuen Badezimmerlampe. Weicheres Licht war gefragt. Vielleicht würde noch der Tag kommen, an dem sie sich überhaupt nicht mehr sehen konnte.
Kirsten fuhr nach Bonn und parkte den Jaguar neben dem Rheinauen-Park. Eine sentimentale Reise, nichts weiter. Es war ein schöner, wenn auch ziemlich kalter Tag. Sie lief in Richtung Rheinaue, den Kopf gesenkt und die Hände in die Taschen des schwarzen Trenchcoats vergraben. Sie ging mit weit ausholenden, energischen Schritten, ohne das Ausflugsgewühle wahrzunehmen. Sie blickte nur auf, wenn ein Schiff vorbeikam. Sie liebte Schiffe, alles, was mit Wasser zu tun hatte. Auch wenn der Rhein eine stinkende braune Brühe war, verzieh sie ihm den Verlust seiner Unschuld. Sie wählte die Grünen, weil sie vage das Gefühl hatte, daß deren Ziele ein Gegenpol waren zu der alles niederwalzenden Politik von Wirtschaftswachstum und Vollbeschäftigung. Aber es war natürlich ganz hoffnungslos.
In der Rheinaue setzte sie sich auf eine Parkbank, obwohl es eigentlich zu kalt zum Sitzen war. Das Bad und die frische Luft hatten den leichten Whiskynebel und die Nachwirkungen einer Schlaftablette fast vertrieben. Sie zündete sich eine Zigarette an, lehnte sich zurück und starrte in den Himmel. Auch der war nicht mehr richtig blau. Richtig blau war nur Kirsten Bergmann, wenn sie abends allein in ihrer Wohnung saß und sich zu den Klängen von Mozart oder Beethoven in den Rausch des Vergessens trank.
Der Hund, der ihr von hinten eine Pranke auf die Schulter legte, erschreckte sie so sehr, daß sie aufschrie.
»Tut mir furchtbar leid. Ich habe ihn nicht darauf trainiert, schöne Frauen zu belästigen. Normalerweise tut Theo das auch nicht. Es war eine freundliche Geste.«
Sie erkannte den Mann nicht sofort. »Ist schon gut, ich hab' mich nur erschrocken«, sagte sie und lächelte ein wenig.
Das Lächeln erfror, als sie ihn genauer ansah und erkannte. Es gab wohl kein Entrinnen, nicht einmal an einem Sonntag auf

einer Parkbank. Staatsanwalt Henrik Raven wirkte ohne seine Robe um ein paar Jahre jünger. Er trug Jeans und eine dicke Jacke, und er grinste so unbefangen, als ob er sie nicht erkennen würde.

»Darf ich mich einen Moment dazusetzen?«

Gottverdammter Störer ihres Friedens. »Bitte. Parkbänke sind so öffentlich wie Strafprozesse.«

»Die Prozeßordnung verbietet uns nicht, miteinander zu reden.« Er nahm den Hund am Halsband, der an Kirsten offenbar Gefallen gefunden hatte und sie beschnupperte. »Theo, du setzt dich hierhin. Collies sind eigentlich intelligente Hunde, aber dieser hier ist aus der Art geschlagen.«

»Hunde sind nie klüger als ihre Herren.« Sie hatte sich zurückgelehnt, die Augen geschlossen und hörte ihn leise lachen. »Herr Raven. Wir können uns gern über Hunde oder über das Wetter unterhalten. Aber nicht über den Prozeß. Wenn ich aus diesem Saal komme, versuche ich, bis zum nächsten Mal abzuschalten.«

Henrik Raven musterte sie von der Seite. »Diese Absicht hatte ich auch ganz und gar nicht, Frau Bergmann. Sonntags nie. Mögen Sie Hunde?«

Sie hielt die Augen immer noch geschlossen. »Ja, sehr. Als ich in Afrika lebte, hatte ich zwei Hunde. Aber hier hat es keinen Zweck. Die Wohnung ist zu klein, und ich bin zu oft unterwegs.«

Raven tätschelte Theo, der zu seinen Füßen lag und fasziniert auf die Schwäne starrte. »Ich hatte das Glück, ein Haus mit großem Grundstück zu erben. Deshalb lebe ich auch in Bonn und fahre zur Arbeit nach Köln. Wenn ich weg bin, paßt meine Haushälterin auf ihn auf.«

Ein unverheirateter oder getrennt lebender Staatsanwalt mit Grundbesitz: Wenn sie ihn unter anderen Umständen getroffen hätte, hätte sie ihn vielleicht sogar gutaussehend gefunden. Ein kluges, ein bißchen gelangweiltes Gesicht. Sie fröstelte und zog die Schultern hoch.

Raven schubste seinen Hund und stand auf. »Es ist zu kalt für eine Parkbank. Außerdem ist Theo dabei, sich in die Schwäne zu verlieben. Wissen Sie was? Gehen wir doch noch ein Stück miteinander, und ich lade Sie irgendwo zu einem Bier ein.«
Wie eine Frage war das eigentlich nicht formuliert. Kirsten erhob sich ebenfalls und schaute ihn einen Augenblick an. Er benahm sich normaler als viele ihrer Freunde und Kollegen. Warum nicht?
Sie nickte, und schweigend gingen sie in Richtung Bad Godesberg. Theo trabte gelassen neben ihnen her. Er war an Frauen gewöhnt, an ihre unterschiedlichen Gerüche. Sie sprachen eine ganze Weile nicht. Raven mochte Frauen, die schweigen konnten. Darüber hinaus hatte er widersprüchliche Empfindungen gegenüber dieser Kirsten Bergmann. Im Gerichtssaal hatte ihn ihre Kälte eher abgestoßen. Und er wurde dieses verdammte Gefühl nicht los, daß sie etwas ganz Wesentliches verschwieg. Wenn Mayer ihn nicht so nerven würde, hätte er weitergebohrt. Nur: Sie war eine, die schweigen konnte.
Gut eine halbe Stunde später, an der »Bachschenke«, hielt er an. »Wollen wir? Es ist die schönste Kneipe hier.«
Eine schöne Kneipe, die um kurz nach sechs Uhr fast leer war. Kirsten folgte ihm an die Theke, und sie bestellten zwei Pils, während Theo, dem solche Orte nicht unbekannt waren, mit Kennerblick den günstigsten Platz für einen längeren Aufenthalt suchte. Die Nonchalance des Mannes hinter der Theke verriet den Wirt. Er hatte Raven wie einen guten Bekannten begrüßt, woraus Kirsten auf eine Stammkneipe schloß. Komisch, sie war selten bis Godesberg vorgedrungen, was wohl daran lag, daß Bernhard in Bonn wohnte und sie meistens dort ausgegangen waren.
»Es gibt sowenig schöne Kneipen in Bonn«, sagte Raven. »Weiß der Teufel, woran das liegt. Das Nächstbeste, was mir einfällt, ist...«
». . . der Tisch im ›Treppchen‹ in Endenich.«
Raven grinste. »Merkwürdig, daß wir uns dort noch nie gesehen haben.«

Wenn er grinste, sah er aus wie ein junger Mann. Viel zu jung für eine Greisin. »Ich gehe nicht oft in Bonn weg.«
Sie hatte was, das ihn anzog und gleichzeitig abstieß. Mit Menschen war er ja reichlich eingedeckt, Angeklagte, Zeugen... Und fast alle, die ihm unter die Finger kamen, waren in irgendeiner Form unehrlich, aus triftigen oder ganz banalen Gründen. Am Anfang seiner Laufbahn hatte ihn das unglaublich genervt, nach der Wahrheit bohren zu müssen, bis er sich irgendwann damit abfand und sich mit subjektiven Wahrheiten und objektiven Lügen arrangierte. Kirsten Bergmann gab einem das Gefühl, nie zu sagen, was sie dachte... Und nun gab es wieder zwei Möglichkeiten. Entweder, weil sie das Image der Geheimnisvollen bewußt aufgebaut oder weil sie guten Grund hatte, soviel Distanz herzustellen.
»Ich habe ein paar Ihrer Sendungen gehört, Frau Bergmann, und ich fand sie gut. Am besten hat mir der Reisebericht über Hawaii und das Interview mit Marcos gefallen. Gute Mischung aus Touristik, Exotik und Politik. Spätestens nach Ihrer Sendung habe ich davon Abstand genommen, meinen Urlaub in Hawaii zu verbringen.«
Er bestellte ungefragt noch zwei Pils und schielte nach den Frikadellen, die nicht mehr ganz jungfräulich aussahen.
»Marcos hat mich nach zwei Stunden rausgeschmissen. Aber das ist mir bei meinen Interviews schon öfter passiert. Wissen Sie, ich habe eigentlich in der politischen Redaktion angefangen. Aber mit meiner Art, Politiker zu interviewen, bin ich nicht weit gekommen. Hierzulande sind sie es nicht gewohnt, daß man ihnen unangenehme Fragen stellt oder bei ausweichenden Antworten nachhakt. Jedenfalls hagelte es Beschwerden beim Intendanten. Ich kann von Glück sagen, daß ich nicht rausgeworfen, sondern in eine andere Redaktion versetzt wurde. Außerdem finde ich Politik langweilig. Es ist ein so abgekartetes Spiel, und wenn die Journalisten nicht mitspielen, sind sie draußen. Es gibt zu wenig respektlose Journalisten bei uns, zumindest in den öffentlichen Anstalten.«

Sie sprach ihm fast aus der Seele. »Ehrlich gesagt, halte ich nicht viel von Journalisten. Aber aus persönlicher Erfahrung kann ich das nur über Gerichtsberichterstatter sagen. Wenn sie da wenigstens abgebrochene Jurastudenten hinschicken würden. Aber die meisten haben so wenig Ahnung vom Prozedere, daß sie hanebüchenen Unsinn schreiben. Was wiederum nur Juristen merken. Aber sicher ist es anmaßend, die Auferstehung von Egon Erwin Kisch zu wünschen.«

»Und sicher gibt es genauso viele schlechte Juristen wie Journalisten.«

Sie hatte einen vollendeten Mund. Kaum Schminke und gottlob kein Rouge auf den Wangenknochen. Er fand Frauen, die sich zu stark schminkten, abscheulich.

»Das wäre schlimm. Aber zugegeben, es gibt eine Menge unzulänglicher Kollegen – unter Richtern, Staatsanwälten und Rechtsanwälten. Menschen sind wir alle, aber das ist natürlich keine Entschuldigung.«

Seine Nachbarin lächelte zum ersten Mal mit den Augen. »Karl Kraus, wenn ich nicht irre.«

»Mein Gott, lassen Sie Ihre humanistische Bildung nicht so raushängen.«

»Mit dem Kisch haben Sie angefangen, Herr Staatsanwalt.« Verdammt, diesen Aspekt wollte sie eigentlich ausklammern. Wenn er nur ein Wort über diesen Prozeß sagte, würde sie zahlen und gehen.

Da war er wieder, dieser Graben, den sie um sich zog und ständig erneuerte. Henrik Raven war von Berufs wegen neugierig. Aber dieses Weib interessierte ihn ein bißchen mehr, als von Berufs wegen gut war. Und sobald sie das merkte, würde sie wahrscheinlich alle Brücken kappen.

»Stimmt. Sie reagieren schnell. Vielleicht würden Sie sich gut in unserem Beruf machen. Ich halte zum Beispiel ziemlich viel von Richterinnen. Natürlich gibt es auch ein paar, die ihre Menstruationsbeschwerden im Gerichtssaal austoben. Aber die meisten bringen dieses Quentchen Herz oder Intuition

oder gesunden Menschenverstand – oder wie immer Sie es nennen wollen – ein, während ihre männlichen Kollegen oft zu verbiesterten Paragraphenreitern werden.«
»Klingt ein bißchen sexistisch, oder?«
Wenn sie ihn so anlächelte, ging ihm das Herz auf. Henrik Raven, der sonst immer wußte, wann ein Flirt begann und wie er enden würde, war dieses Mal unsicher. »Na klar. Ich kann Frauen immer nur als Frauen sehen. Liegt wahrscheinlich an meiner schlechten Erziehung. Meine Mutter war eine wundervolle Frau, die nur den Fehler hatte, daß sie zu eitel war, um das Altwerden ertragen zu können. Ich glaube, sie hat nicht einen Schönheitschirurgen ihrer Zeit ausgelassen. Als sie dann sechzig war, wurde es langsam lächerlich. Mit zweiundsechzig ist sie an einem Herzschlag gestorben. Unter dem Aspekt Eitelkeit war das gar keine schlechte Lösung, finde ich.«
Warum zum Teufel erzählte er ihr das? Ihr Gesicht war wieder zu, als ob ein Vorhang gefallen wäre. Wie war das noch mit ihren Eltern gewesen? Der Vater hatte in Afrika Selbstmord begangen, und die Mutter war auch auf mysteriöse Weise umgekommen. Raven war also in ein Fettnäpfchen getreten. Bei dieser Dame mußte man gewisse Themen aussparen.
Im übrigen war es ohnehin nicht klug von ihm, sich ihr zu nähern. Doch gerade die Zufälligkeit der Begegnung fand er reizvoll. Wie viele Sonntage gab es schon in seinem Leben, an denen Unvorhergesehenes passierte? Entweder er nahm Akten mit nach Hause, oder er verbrachte einen faulen Tag mit Theo, oder eine seiner Bekannten ließ sich herbeitelefonieren. Das waren seine erotischen Sonntage, seit er Monika kurzfristig den Laufpaß gegeben hatte. Doch weil diese Telefonate oft nicht von langer Hand geplant waren, sondern auf spontanen Entschlüssen beruhten, war die Erfolgsquote höchstens 50 Prozent. Nicht weiter beunruhigend; die Frauen hatten gottlob anderes zu tun, als auf Henrik Ravens Telefonate zu harren. Zumindest taten viele so. Er war hungrig. Ob er . . .?

»Wenn Sie nichts Besseres zu tun haben, würde ich jetzt gern mit Ihnen essen gehen. Ich wollte es ohnehin tun, und ich esse nicht gern alleine.«

Wenn ihn ihre beiläufige Aufforderung überraschte, ließ er sich dies nicht anmerken. Kirsten Bergmann schien ebenfalls ein Mensch spontaner Entschlüsse zu sein. Sie kramte in ihrer Handtasche – warum hatten so viele Frauen chaotische Handtaschen? – nach dem Portemonnaie und sah ihn nicht an.

»Ja, gern. Aber lassen Sie, das war meine Einladung.« Er winkte dem Wirt und legte einen Fünfzig-Mark-Schein auf die Theke.

»Ich schlage vor, daß wir ins ›La Castagna‹ in Buschdorf fahren. Kennen Sie es?«

Kirsten schüttelte den Kopf. Sie wirkte wieder verschlossen wie eine Auster, die sich vor Feinden schützte. Sprach nicht, während sie auf das Taxi warteten und nach Buschdorf fuhren. Er beobachtete sie von der Seite, ohne irgendwelche neuen Erkenntnisse zu gewinnen. Wenn sie eine Einzelkämpferin war, warum dann der Vorschlag eines gemeinsamen Abendessens? Oder spielte sie mit ihm? Der Gedanke war nicht von der Hand zu weisen, wenn auch ziemlich unerträglich. In seinen sporadischen Beziehungen zum anderen Geschlecht pflegte er Regie zu führen. Henrik Raven fand Frauen ziemlich leicht manipulierbar. Bis auf dieses Exemplar neben ihm.

»La Castagna« war ein kleines, unprätentiöses Lokal; nichts für Leute, die Essen mit einer Schau verbanden. Kirsten fand es sehr italienisch, ein Ambiente fröhlicher Unbekümmertheit in Geschmacks- und Stilfragen. Das deutsche Wort »gemütlich« traf zu. Sie stand ein wenig verloren neben Henrik Raven, der mit dem Wirt sprach, einem kleinen rothaarigen Italiener, der Lebensfreude ausstrahlte und jeden seiner Gäste sichtlich liebte.

Die wenigen Tische waren besetzt bis auf einen, auf dem das Schild »Reserviert« stand. Als sie sich setzten, sagte er ihr, daß er ohnehin vorgehabt hätte, hier zu essen. Was er ihr verschwieg, war, daß er vorher noch seine Telefonliste »gelegentlich verfügbare Frauen« durchgegangen wäre.

»Ein hübsches Lokal, nicht wahr? Und noch nicht der Bonner Schickeria anheimgefallen – sofern es die überhaupt gibt. Dementsprechend zivil sind auch die Preise. Und lassen Sie sich nicht von der kleinen Speisekarte irritieren. Der Wirt wird gleich kommen und Ihnen mit leuchtenden Augen vorbeten, was er sonst noch in der Küche hat. Möchten Sie einen Aperitif? Ein Glas Champagner?«

»Nein danke, lieber gleich Wein.« Kirsten dachte an die ungezählten Flaschen, die sie schon in zarter Jugend getrunken hatte; das letzte Glas in Botswana war auf ihre Freiheit gewesen. Und der Champagner in der Bar in jener Nacht . . . Seither keinen mehr.

Das mit den leuchtenden Augen stimmte. Es war schwer, sich der Begeisterung des kleinen Mannes mit den bunten Kleidern zu entziehen. Kirsten bestellte, wie ihr Gegenüber auch, »Lammleber auf Salat« und anschließend »Roulade vom Petersfisch in Estragonsauce«. Raven bestellte dazu einen jungen Pinot Grigio.

Er schien die kleinen Rituale des Wirtes zu genießen. Bernhard war auch so gewesen. So viele feine Freßorgien mit ihrem Liebhaber, der der Meinung war, daß man im Leben alles mitnehmen müsse, was es an Gutem und Bezahlbarem bot. Von ihren heimlichen Ausflügen zu Pommesbuden hatte er nichts gewußt. Viel von ihr hatte er nicht gewußt, der arme Bernhard.

»Gefällt es Ihnen hier? Manchmal habe ich den Eindruck, daß Sie ganz weit weg sind. Ist das ein Charakterfehler oder Imagepflege?« Sie nahm einen kleinen Schluck von dem Wein, der herrlich frisch schmeckte.

»Ja, ich finde es schön hier. Aber Ihre Neugierde ist wohl eine Berufskrankheit. Glauben Sie mir, die meisten Leute finden es gräßlich, wenn man ihnen in die Karten schaut. Ich bin da keine Ausnahme. Ich würde lieber mit einem Mann ins Bett gehen als ihm erzählen, was ich denke und fühle.«

So etwas konnte nur eine Frau über Dreißig sagen. Raven lächelte vergnügt. »Darf ich das als Einladung auffassen?«
»Nein.«
Sie widmete sich ihrer Vorspeise, die vortrefflich schmeckte, obwohl sie keinen Hunger mehr hatte. Und sie trank zu schnell von dem Wein. Raven bestellte eine zweite Flasche.
Er mochte Frauen, die nein sagen konnten. Er mochte Frauen, die trinken konnten, die nicht dummes Zeug plapperten, das ihn nicht interessierte, die sich mit der Serviette den Mund abwischten, bevor sie tranken, und Weingläser nicht mit Lippenstift verschmierten. Er mochte einiges an ihr. Außerdem hatte sie eine gar nicht so entfernte Ähnlichkeit mit seiner Lieblingsschauspielerin.
»Prost. Ich bin wirklich ein wenig zu neugierig. Manche Leute behaupten, ich sei frech. Ich nehme an, daß dies meiner Karriere als Staatsdiener nicht förderlich sein wird.«
»Was möchten Sie denn werden? Generalbundesanwalt?«
Raven schob seinen Teller mit befriedigtem Bauchlächeln zur Seite. »O nein, dazu bin ich politisch zuwenig engagiert. Beim Oberstaatsanwalt dürfte der Zenit meiner Karriere erreicht sein. Dann verdiene ich ein paar Mark mehr und muß weniger arbeiten. Keine aufregende Zukunft, nicht wahr? Ich finde Ihren Beruf viel interessanter. Während ich an meinem Schreibtisch hocke oder im Gerichtssaal, können Sie von Berufs wegen reisen. Neues erleben, während ich immer wieder die gleichen kleinen und großen Sünder ihrer Bestrafung zuführe.«
»Resozialisierung.« Sie sah in seine Augen und sah nur sich.
»Ja, natürlich. Ein schönes Wort, nicht wahr? Es geht nichts über den humanen Sprachschatz unserer Gesellschaft. Aus dem Wärter ist ein Türschließer geworden, was den Mann, der hinter Gittern sitzt, schon rein sprachlich aufrichten muß. Er ist ja schließlich kein Tier, das seiner Freiheit beraubt wurde, sondern . . . na, lassen wir das Thema. Reisen Sie gern?«
Kirsten wartete mit der Antwort, bis der Wirt das Hauptgericht aufgetragen hatte.

»Ja, klar. Es muß wohl damit zusammenhängen, daß ich mein Leben lang nie ein richtiges Zuhause hatte. Ich war immer eine Durchreisende. Sie werden lachen, aber am ehesten fühle ich mich in Hotels zu Hause, in guten Hotels.«

Raven zerlegte seinen Fisch mit deutlichem Lustgefühl. »Gute Hotels haben nur den Haken, teuer zu sein. Was sind denn Ihre Favoriten?«

Kirsten bearbeitete ihren »Sankt Peter« und verdrängte die Erinnerung an die letzte Fischvergiftung, die sie sich in der Dominikanischen Republik geholt hatte.

»Ach, da gibt es mehrere: das ›Regent‹ in Hongkong, das ›Oriental‹ in Bangkok, das ›Highlands Inn‹ in Carmel, das ›Pierre‹ in New York, der ›Palace‹ in Zürich. Das sind Hotels, die ein bißchen mehr haben als nur Luxus und Komfort, jedenfalls für meinen Geschmack. So eine Kombination aus atmosphärischer Harmonie und absolut perfektem Service. Nicht protzig, sondern gediegen. Nicht luxuriös, sondern von selbstverständlicher Schönheit und Funktionalität. Für mich sind solche Hotels eine Welt in sich, wo alles Häßliche und Unzulängliche draußen bleibt.«

»Nur die Reichen haben Zutritt. Meist sind es doch Gruftis, die in den Hotelhallen herumsitzen, alte Männer mit müden Gesichtern und verblühte Frauen mit zuviel Schmuck und Make-up!«

Henrik Raven lächelte und hob sein Glas. »Schauen Sie nicht so böse, ich will Ihnen Ihre teuren Oasen nicht madig machen. Außerdem war ich selbst schon mal im ›Regent‹. Es ist wirklich schön. Nur, welcher normale Mensch kann es sich schon leisten, zwischen 400 und 700 Mark pro Nacht hinzublättern? Und wenn Sie in einen Palazzo nach Rom oder Venedig, Paris oder London gehen, zahlen Sie tausend Mark pro Nacht. Wissen Sie, irgendwann fängt es an, unanständig zu werden. Ich nage zwar nicht am Hungertuch, aber ich habe da meine Schmerzgrenze.«

Er war ein Mann, mit dem es bestimmt Spaß machte, zu streiten. Sie spürte eine gewisse Beschwingtheit, die sicher auf den Wein zurückzuführen war. »Ach, natürlich gibt es irgendwo eine Grenze zwischen Leistung und Preis. Ich sage ja auch nicht, daß die Redaktion mir solche Luxusbetten bezahlt, damit ich eine Reisegeschichte für die oberen Zehntausend mache. Es ist halt ein Tick von mir. Andere Leute kaufen sich teure Autos oder Möbel oder was weiß ich. Ich gebe meines für diesen erkauften Luxus auf Zeit aus. Auch mit Schmerzgrenzen: 1000 Mark pro Nacht kann ich mir auch nicht leisten. Aber wenn ich eine Reisegeschichte mache, egal wo, halte ich mich nicht an jene Schauplätze, die ohnehin in jedem Reiseführer stehen. Also nicht das Neckermann-Vertragshotel oder das Holiday-Inn vor Ort. Ich versuche, kleine Pensionen zu finden, die schön und erschwinglich sind, Restaurants, die jenseits der Touristenstraßen liegen, merkwürdige kleine Geschäfte, schöne Hinterhöfe ... Ich versuche zu entdecken, was neu ist, noch unentdeckt und deshalb schön. Ich interviewe einen Kneipenwirt oder Straßenkünstler, eine Nutte oder einen frustrierten Touristen, der in seinem Pauschalzimmer hockt, seine Pauschaltouren absolviert und mein Vorurteil bestätigt, daß die meisten Leute nur in den Urlaub fahren, um zur Erkenntnis zu gelangen, daß es zu Hause viel schöner ist. Aus alldem wird eine Reisegeschichte. Und wenn ich die beisammen habe, setze ich mich für drei, vier Tage in eine Luxusoase und schreibe die Geschichte. Was ich nicht mit Spesen abdecke, zahle ich selber drauf. Aber ich finde nichts so deprimierend, wie in einem fremden Land, einer fremden Stadt zu sein, in einem häßlichen Hotelzimmer zu hocken und von unfreundlichem Personal bedient zu werden. Glauben Sie mir, fast überall gibt es kleine Pensionen oder Privatzimmer, die tausendmal besser sind als diese Mittelklassehotels. Und billiger.«

»Glaube ich aufs Wort.« Raven nickte dem Wirt zu, der sie mit unaufdringlicher Höflichkeit bediente.

»Möchten Sie ein Dessert? Espresso, Cappuccino, Grappa?

Unser Gastgeber nennt über hundert verschiedene Grappaflaschen sein eigen. Seine Schätze verkauft er nur an sympathische Gäste. Und an schöne Frauen . . .«

». . . mit Begleitern, die sich das leisten können.« Kirsten hob ihr Glas und sah ihm in die Augen. »Ich nehme ein Tiramisu, einen Espresso und einen Grappa Ihrer Wahl. Und verzeihen Sie meinen Hotel-Monolog. Es ist eines der wenigen Themen, bei denen ich sachkundig bin.«

War sie vielleicht auch noch bescheiden? Raven gab die Bestellung auf und freute sich am zärtlichen Gesichtsausdruck des Wirts, als dieser den Namen des Grappas wiederholte.

»Stellen Sie Ihr Licht nicht unter den Scheffel, Frau Bergmann. Sie sind doch eine bekannte und anerkannte Journalistin. Und was das von Ihnen angesprochene Verhältnis zwischen Leistung und Preis angeht, kann ich Ihnen nur zustimmen. Nehmen Sie dieses Restaurant oder den ›Käfer‹ in München oder das ›Colombi‹ in Freiburg. Die sind nicht teurer als jedes gutbürgerliche Restaurant, und trotzdem sind sie fast oder schon vollkommen, was Essen, Trinken und Service anbelangt. Und irgend etwas in mir sperrt sich, in ein Ein- oder Zwei-Sterne-Restaurant zu gehen und bis zu 1000 Mark für ein Essen hinzulegen. Wer sein Geld auf anständige Weise verdient . . .«

»oder erbt . . .«

». . . oder erbt, danke für den Hinweis, geht nicht unangemessen damit um.«

Er hat so was Staatsanwalthaftes, dachte Kirsten. War er immer davon überzeugt, recht zu haben? Außerdem ärgerte es sie ein bißchen, daß er ihr Thema an sich gerissen hatte.

Sie löffelte ihr Dessert, das sie an eine Crèmespeise aus ihrer Kindheit erinnerte, und trank den Schnaps in einem Zug. »Vermutlich haben Sie recht«, sagte sie. »Er schmeckt sehr gut, obwohl ich Grappa eigentlich nicht mag.«

Ein Minuspunkt. Er fragte sich, warum sie ihn bestellt hatte. Vielleicht war sie doch eine Masochistin. Und vielleicht hatte er mit diesem Abendessen einen Fehler gemacht. Schließlich war es nicht üblich, daß Staatsanwälte mit Nebenklägerinnen während eines laufenden Prozesses ... Ach was, ein mehr oder weniger amüsanter Abend war eine sanfte Verletzung der Spielregeln schon wert. Solange er nicht ihrer Einladung zum Kaffee folgte ... Pfui Teufel, Raven. Er lächelte sie entschuldigend an und bestellte die Rechnung.

Sie protestierte nicht, als er bezahlte, was er wieder gut fand. Eine Frau mit wenig Mätzchen, doch vermutlich mit einigen gewaltigen Macken. Er unterdrückte seinen Impuls, diesen Abend noch zu verlängern. Vielleicht ein andermal, wenn der Prozeß vorbei war. Vielleicht auch nicht. Er hatte keine Ahnung, was sie von ihm hielt, und das irritierte ihn.

»Wollen wir gehen? Ich fahre Sie zu Ihrem Wagen. Obwohl Sie eigentlich nicht mehr nach Köln fahren ...«

Sie sah ihn eisig an, und er hielt den Mund.

Der Taxifahrer fuhr zu schnell, und Raven ärgerte sich darüber, verkniff sich aber einen Tadel.

Sie gab ihm die Hand, bevor sie ausstieg. »Danke für den schönen Abend, Herr Raven.«

Kein Wort zuviel und keines zuwenig. Er wartete, bis sie die Tür aufschloß. Das letzte, was er von ihr sah, waren die blonden Haare.

»Zur Ubierstraße, bitte. Und fahren Sie gefälligst langsamer, sonst lasse ich anhalten und steige aus.«

In vier Tagen würde er sie wiedersehen. Im Saal mit der Nummer 130.

XIII. Kapitel

Die Nacht, in der die südafrikanische Armee in Gaborone einmarschierte, war exakt die fünfundzwanzigste Nacht ihres Gefängnisaufenthaltes. Seit ihrer Ankündigung, ihn verlassen zu wollen, hatte Kosie sie nicht mehr aus den Augen gelassen. Fred war zu ihrer Bewachung abgestellt worden. Sie durfte sich im Haus und im Garten frei bewegen, aber das Anwesen nicht verlassen.

Er sagte, daß er sie liebe, und zeigte es ihr auf seine Art. Sie gehörte ihm, so einfach war das. Und weil er ihrer Fügsamkeit nicht traute, hatte er ihren Paß im Safe eingeschlossen. Sie kannte die Kombination nicht. Stand oft vor dem eisernen Monster in seinem Arbeitszimmer und starrte es an, als könne sie die Tür durch schiere Willenskraft öffnen.

Kosies Freunde waren abgereist, und sie war allein mit den Dienstboten, die genau wußten, was vorging. Sie wußten immer alles. Sie waren wie flüsternde Schatten. Doch was gingen sie die Spiele der Weißen an? Sie hatten andere Sorgen. Das Drama, wenn es eines war, reizte ihre Phantasie nicht.

Ohne das Getuschel der Dienstboten und ohne ihre Freiheit, die eingesperrt in einem Safe lag, wäre alles wie immer gewesen. Sie stand spät auf und frühstückte auf der Terrasse. Sie schwamm ein paar Runden und spielte mit den Hunden. Sie las Zeitungen und Bücher, die Kosie ihr aus Gaborone mitbrachte. Sprach mit seinen Freunden, die zum Abendessen oder zu Saufgelagen kamen. Legte sich fügsam unter ihn, wenn er nicht zu betrunken war. Ließ sich von ihm schlagen, wenn er betrunken war, ohne zu schreien oder sich zu wehren. Es hätte Kosie nur gereizt. So irritierte ihn ihre Passivität, weil er nicht glaubte, daß sie so leicht zu brechen war. Den Affen zu zähmen hatte länger gedauert!

Kirsten wartete. So, wie sie auf den Gutenachtkuß ihrer Mutter gewartet hatte oder darauf, daß ihr Vater sie lieben würde. Tatsächlich schmiedete sie nicht einmal Fluchtpläne. Sie wartete auf ein Wunder wie ein Kind, das nicht mehr an den Weihnachtsmann glaubt und ihn dennoch erwartet. Ihre Hoffnung war viel stärker als die Verzweiflung. Und als das Wunder schließlich geschah, bemerkte sie es zuerst gar nicht. In der Nacht kamen Spezialeinheiten der südafrikanischen Armee über die Grenze nach Botswana, um einige Führer des African National Congress zu eliminieren.

Sie lagen schon im Bett, als sie um zwei Uhr morgens Detonationen hörten. Am nächsten Tag erfuhren sie, daß die Südafrikaner mit Jeeps und Panzern über die Grenze, 25 Kilometer entfernt von Gaborone, gekommen waren. Mit Lautsprechern hatten sie die Bevölkerung aufgefordert, in ihren Häusern zu bleiben und die botswanische Polizei und Armee davor gewarnt, die Kasernen zu verlassen. Durch die dunklen Straßen von Gaborone waren Panzer und Jeeps gerollt, über die Hauptstraße entlang der »Mall« in die Wohngebiete von »White City«. Kein Laut außer der blechernen Stimme aus dem Lautsprecher, die jeden aufforderte, sich zu verkriechen.

Am nächsten Morgen zählte man zwölf Tote in Gaborone, acht Männer, zwei Frauen und zwei Kinder, zehn Schwarze und zwei Weiße. Von einigen hatte man gewußt, daß sie dem ANC, der südafrikanischen Befreiungsorganisation, angehörten, von den beiden weißen Toten nicht. Die Südafrikaner hatten Bomben in vier Häuser geworfen und drei Menschen erschossen, die fliehen wollten. Die anderen, auch die Kinder, starben in den brennenden Häusern.

Nur eine Stunde hatte es gedauert, dann waren die Jeeps und Panzer aus Gaborone verschwunden, zurück in Richtung Grenze, die sie passierten, als gäbe es sie nicht. Zwölf Tote und eine Stadt, die am nächsten Morgen erwachte wie eine Jungfrau nach der Hochzeitsnacht. Polizei und Militär sperrten Straßen ab, und so still sie in der Nacht gewesen waren, so hektisch und geschäftig gaben sie sich jetzt. In Gaborone überschlugen sich die Gerüchte, und wer nicht empört über den Überfall war, der behielt das für sich. Es wäre auch unklug gewesen in der allgemeinen Aufregung.

Die botswanische Regierung sandte eine Protestnote nach Pretoria. Internationale Grenzen waren verletzt worden und unschuldige Menschen getötet, zwei Kinder und zwei botswanische Staatsbürger.

»Es ist eben Krieg«, sagte Kosie. »Der ANC bombt ja auch in Südafrika. Guerillamethoden werden mit Guerillamethoden bekämpft. Obwohl ich das mit den Frauen und Kindern nicht so gut finde.«

»Wo gehobelt wird, da fallen eben Späne.« Kirsten lächelte ihren Mann böse an. Politik interessierte sie nicht. Aber es war typisch für die Südafrikaner, mit dem Holzhammer Mücken zu töten.

Fred brachte ihnen frühmorgens die letzten News aus der Stadt. Drei Straßensperren auf dem Weg von Gaborone zur Farm. Fred hatte eines der bombardierten Häuser gesehen, die nur noch Glut und Asche waren. Er weinte fast, als er erzählte. Eines der Opfer war die Cousine seiner Frau. Der liebe Gott war sein Zeuge: Sie hatte nie zum ANC gehört.

»Und die botswanische Armee hat tatenlos zugesehen!« Kosie köpfte sein Frühstücksei mit dem Messer. »Die haben doch gewußt, daß die Südafrikaner einmarschieren, und stillgehalten haben sie, weil es ihnen wahrscheinlich gar nicht so unangenehm ist, wenn der ANC seine Stützpunkte aus Gaborone abzieht. Außerdem hätte diese lächerliche Armee ohnehin keine Chance. Und jetzt, wo alles vorbei ist, kommt sie aus ihren Löchern gekrochen und belästigt uns mit Straßensperren. Trotzdem, zwei Frauen und zwei Kinder, das ist nicht recht.«

Sie haßte es, wie er sein Ei mit dem Messer köpfte. »Woher wußten die so genau, wo die ANC-Leute wohnten?«

Seine kleine Frau und ihre politische Naivität. Kosie trank von

dem Kaffee, der bitter schmeckte. Wahrscheinlich war die Köchin auch über zehn Ecken mit einem der Opfer verwandt. Es würde große Begräbnisse geben in Gaborone. Diese Afrikaner und ihre Begräbnisrituale. »Weil es in Gaborone einen Haufen Spione gibt, meine Kleine, deshalb. Die wissen von jedem Schritt, den ANC-Leute hier tun. Das war exakt und von langer Hand geplant, und ich bin überzeugt, daß unsere Armee die Anweisung hatte, sich nicht einzumischen. Deshalb finde ich es so eine Sauerei, daß die auch Unschuldige reingezogen haben.«
»Getötet haben, meinst du.«
Ihr Mann brummte nur. Er hatte keine Lust, mit ihr über Politik zu sprechen. Wenn er überhaupt Lust dazu hatte, dann mit Männern. Er ärgerte sich, daß sie schon zum Frühstück rauchte.
»Du rauchst zuviel, das ist nicht gut für eine Frau. Und wenn du schwanger wirst, damit du es weißt, hört das Rauchen und Trinken auf.«
Passiver Widerstand: Sie blies ihm den Rauch ins Gesicht. Und hörte als erste, daß draußen ein Auto vorfuhr. »Erwartest du Besuch?«
»Nein. Kann sein, daß es Jeff ist. Wir müssen über einen Transport nach Europa reden.«
Aber es waren zwei Schwarze, die das Mädchen hereinbrachte. Kirsten hatte sie noch nie gesehen und dachte, daß es Leute waren, die einen Job suchten. Kosie würde sie in hohem Bogen hinauswerfen, da er es haßte, beim Frühstück gestört zu werden.
»Mr. van Rouen?« Der Ältere der beiden zog einen vergammelten Ausweis aus der Tasche. »Wir sind von der Polizei. Sie müssen mitkommen!«
Erstaunlich dieser autoritäre Ton bei einem Schwarzen. Kosie setzte seine Kaffeetasse ab. Er war nicht aufgestanden. »Und warum sollte ich das tun, Mr., äh, Sulumbe?«
Der Polizeioffizier mit dem Namen Sulumbe verzog keine

Miene. Kirsten sah, daß der jüngere seine rechte Hand ganz nah an seiner Pistole hielt, die er umgeschnallt hatte. Er schien nervös zu sein. Offenbar waren die beiden keine gewöhnlichen Polizisten, denn die rannten mit Schlagstöcken durch die Stadt, vielmehr sie bewegten sich mit einer der Hitze angepaßten Trägheit.
»Ich bin nicht autorisiert, Ihnen das zu sagen, Sir. Es hängt mit den Morden in dieser Nacht zusammen. Die Regierung verdächtigt Sie, ein südafrikanischer Spion zu sein. Sie haben zusammen mit den beiden Männern, die bei Ihnen wohnten, diese Morde vorbereitet. Ihre beiden Kumpane sind geflüchtet, aber wir wissen, daß sie für BOSS arbeiten. Und Sie, Mr. van Rouen, arbeiten auch für den südafrikanischen Geheimdienst.« Sulumbe sprach ein sehr gestelztes Englisch.
Kosie starrte erst ihn und dann Kirsten an. Sein Gesicht hatte sich vor Zorn gerötet. »Der Teufel soll mich holen, wenn das kein schlechter Scherz ist. Ich bin botswanischer Staatsbürger, und ich bin Geschäftsmann und kein gottverdammter Spion.
Diese beiden aus Pretoria sind lediglich Bekannte von mir, ich kenne sie als Inhaber einer Exportfirma, und mehr weiß ich nicht. Glaubt ihr, ich wäre so verdammt blöde, zwei Spione in meinem Haus aufzunehmen? Das ist ein Komplott, da will mich einer fertigmachen.«
Seine Stimme war immer lauter geworden, aber der Polizist schien unbeeindruckt. Nur die Pistolenhand des Jüngeren zitterte.
»Ich weiß nichts, Sir. Ich habe nur den Auftrag, Sie dem Obersten Richter vorzuführen. Hier!« Er zog ein Papier aus der Tasche, das schon zerknittert, aber mit Stempel und Unterschrift versehen war.
Wütend zerknüllte der Bure das Papier und warf es in die Ecke. Der Jüngere, die Augen auf Kosie gerichtet, ging hin und hob es auf. Das war typisch für Weiße. Die hatten keinen Respekt vor den Gesetzen seines Landes!

»Der Oberste Richter Malcolm gibt mir die Ehre.« Kosie wandte sich an seine Frau, die scheinbar unbeeindruckt an ihrer Zigarette zog. Die dritte schon an diesem Morgen! »Die sind alle verrückt geworden, auch Malcolm, der alte Säufer. Schuldet mir noch 100 Pula vom letzten Pokerspiel, und jetzt läßt er mich vorführen. Wie findest du das?«

Kirsten hatte etwas ganz anderes im Sinn, aber sie lächelte beruhigend. »Ziemlich verrückt. Aber es wird dir wohl nichts anderes übrigbleiben, als mitzukommen.«

Der Bure stand auf, was den jungen Polizisten nervös zusammenzucken ließ. »Na gut, ich komme mit. Ich muß mir nur noch etwas Geld einstecken, Officer, für alle Fälle.«

Die Polizisten begleiteten Kosie in dessen Büro. Sie sahen erleichtert aus. Er kam zurück und warf Kirsten den Safeschlüssel hin.

»Hier, damit du Cash hast, wenn du etwas brauchst. Es ist genug im Haus. Und sag' dem Verwalter Bescheid, daß er den Transport der Herde vorbereitet – und den Tierarzt ruft, wenn die Kuh kalbt. Und ruf sofort den Rechtsverdreher an, am besten Goldberg. Er soll seinen fetten Arsch aus dem Bett heben und sofort zum Gericht kommen.«

Kosie tätschelte ihr die Schultern. »Wirst sehen, es wird nicht lange dauern. Mach dir keine Sorgen, Kleine. Ich verlaß' mich auf dich.«

Sie sah ihnen nach, wie sie in den Jeep stiegen. Die Polizisten waren für Tswanas relativ groß, aber Kosie überragte sie bei weitem.

Vermutlich hatte er recht, es würde nicht lange dauern, und es war besser, sich zu beeilen. Sie rief zuerst den Verwalter zu sich, der mit keiner Miene zu erkennen gab, daß an diesem Morgen etwas Ungewöhnliches passiert war. Wahrscheinlich, dachte Kirsten, haben die Buschtrommeln das schon lange vorher durchgegeben. Die Frage, ob Kosie ein Spion war oder nicht, beschäftigte sie nur kurz. Sie glaubte es nicht, für so dumme Spielchen war er zu clever. Bei den beiden Gästen, die

so schweigsam gewesen waren, hielt sie es durchaus für möglich.
Sie rief Goldberg, den Rechtsanwalt, an und erklärte ihm kurz, was vorgefallen war. Er kommentierte immer mit »My God«, und Kirsten stellte sich vor, wie er blitzschnell überlegte, welches Honorar er dem Buren abknöpfen könnte. Er versprach, sein Frühstück abzubrechen und sofort zum Gericht zu fahren. Das würde extra kosten, aber das war nicht ihr Problem.

Kirsten handelte schnell und sehr präzise. Sie ging zum Safe, öffnete ihn, entnahm den Paß und ein dickes Bündel Dollarnoten sowie Travellerschecks und ihre Kreditkarte. Bis auf den Diamantring ließ sie alle Schmuckstücke liegen.
In ihre beiden Koffer packte sie nur das Nötigste, Hosen, Pullover und ein paar Kleider. Den Pelzmantel, der in Botswana so überflüssig gewesen war, nahm sie mit.
Eine Stunde war seit Kosies seltsamem Abgang vergangen. In ihrem Reisekostüm, die Koffer schon gepackt, ging sie an seinen Schreibtisch. Für eine kurze Erklärung war noch Zeit. Der Brief, den er einen Tag später auf seinem Schreibtisch fand, war ein Abschiedsbrief ohne Schnörkel, wie ein Geschäftsbrief.
Was schreibt eine Ratte, die ein sinkendes Schiff verläßt? Sie war voll Freude über diese unerwartete Chance und voller Angst, daß ihre Flucht doch nicht gelingen würde. Diese beiden Gefühle überdeckten, was noch an Schmerz oder Liebe oder Mitleid da war. Am Ende war immer sowenig zu sagen. Die kargen Worte, die sie fand, waren ein erbarmungsloses Fazit der letzten zwei Jahre.
»Dear Kosie«, schrieb sie. »Ich habe all Deine Anordnungen befolgt und hoffe, daß alles in Ordnung geht. Denn ich gehe weg, so wie ich es Dir gesagt habe. Es ist alles meine Schuld, ich weiß. Den Schmuck habe ich im Safe gelassen, bis auf den Ring. Die 20 000 Dollar sind mein Startkapital, und ich werde sie Dir irgendwann zurückgeben. Verzeih mir, wenn Du kannst. Ich melde mich irgendwann . . .«

Er würde ihr nie verzeihen. Sie faltete den Brief in einen Umschlag und schrieb darauf mit Druckbuchstaben seinen Namen. Dem Mädchen sagte sie, daß die Hunde versorgt werden müßten, da sie für zwei Tage verreise. Kudera lächelte wie immer, doch ihr Blick sagte, daß sie um die Lüge wußte. Sie wußte immer alles, doch ihr Lächeln war verzeihend.

Die Hunde bellten, als Kirsten das Haus verließ, und Max quiekte jämmerlich, als sie ihm die Tür vor der Nase zuwarf. Ein dressierter Affe ohne Liebe . . .

Sie stieg in den Jeep, und sie drehte sich nicht um, nicht ein einziges Mal, bis sie am internationalen Flughafen von Gaborone den Wagen parkte.

Sie hatte an diesem Tag wirklich Glück. Die Maschine nach London war nicht ausgebucht, und auch im Zubringer nach Johannesburg war noch ein Platz frei. Mit der Kreditkarte erwarb Kirsten ein Ticket in der Ersten Klasse. Kosie würde die Kreditkarte umgehend sperren lassen, und 20 000 Dollar waren nicht viel für ein neues Leben. Ein letztes Mal Luxus . . . Es waren einige Leute am Flughafen, die sie kannte, aber Gott sei Dank keiner von Kosies Freunden. Und da niemand sie ansprach, waren die Neuigkeiten offenbar noch nicht herum. Niemand schenkte der Blondine mit den zwei großen Koffern besondere Beachtung, außer ein paar Männern, die alle alleinreisenden Frauen taxierten und sich jeweils fragten, ob sich die Mühe lohne. Die Blonde sah gut aus, aber auch abweisend.

Paßformalitäten, Zollformalitäten, Transitformalitäten: Drei Stunden später, drei Stunden, in denen sie gefürchtet hatte, daß irgend jemand, irgendwas sie noch aufhalten könnte, saß sie in der Maschine nach London und nippte an einem Glas Champagner. Die Freiheit schmeckte nach prickelnden Trauben und verheißungsvoll nach mehr. Die Freiheit, die sie zurückließ, war die des Geldes, vielleicht auch die Freiheit afrikanischen Lebens, aber sie war noch zu jung, um abzuwägen, mehr als eine Dimension zu sehen.

Es würde weitergehen, so wie es nach dem Verrat ihrer Mutter

und dann dem ihres Vaters weitergegangen war. Oder wie damals, als plötzlich ein Bure auf der Straße gestanden hatte. Armer Kosie, der nach Hause kommen – daran zweifelte sie nicht – und ihren Brief finden würde. Sie hielt es durchaus für möglich, daß er in seiner ersten Wut Max oder ihren Lieblingshund erschießen würde. Armer kleiner Schimpanse, der sich seine Abhängigkeit nicht freiwillig ausgesucht hatte.
Die Flasche Champagner, die sie nach dem Start verlangt hatte, war fast leer, und sie schlief noch vor dem Essen ein, zusammengerollt wie ein kleines Kind, das Schutz sucht, den es nicht mehr gibt. Sie träumte von Max, auf den der südafrikanische Geheimdienst einen Bombenanschlag verübte, und Max' Tod, den sie nicht verhindern konnte. Kirsten wachte erst auf, als sie kurz vor dem Anflug auf London waren. Das Leinenkostüm war zerknittert und ihr Augen-Make-up von Tränen verschmiert.
Es war kalt in London, einer jener nebeligen und nassen Märztage, die den Himmel zudecken. Nicht einmal eine Stunde brauchte Kirsten vom Flugzeug bis zum Taxistand von Heathrow. Ellenbogen: Kosie hatte ihr das beigebracht. Man mußte seine Ellenbogen gebrauchen, sich an den anderen vorbeidrängen, sie wegstoßen, wenn es sein mußte. Die anderen sind Schafe, du mußt der Wolf sein, hatte er immer zu ihr gesagt. Nun, sie war eine gelehrige Schülerin, hatte sich rücksichtslos nach vorne gedrängt, bei der Paßkontrolle, der Gepäckabfertigung und beim Zoll. Und nun bekam sie, obwohl sie als eine der letzten gekommen war, das erste Taxi, das einfuhr.
»Sie kommen wohl aus dem Urlaub? Scheißwetter«, sagte der Taxifahrer, bevor er sie fragte, wohin sie wollte.
Eine gute Frage. Sie war einmal mit Kosie in London gewesen und hatte im »Dorchester« gewohnt. Aber das kam jetzt nicht in Frage. Nicht mit 20 000 Dollar, die eine Weile reichen mußten.
»Fahren Sie mich in ein Hotel möglichst in der Innenstadt, aber klein und billig bitte.«

Wenn der Taxifahrer sich über dieses Ansinnen wunderte, ließ er es sich nicht anmerken. Alle Frauen waren verrückt, Ausländerinnen sowieso, und diese hier . . .
»Ich kenn 'ne kleine Pension in Chelsea, Miss. Liegt zentral, ist sauber, und die Wirtin nimmt keine Kanaken auf.«
»Was sind Kanaken?«
O Himmel. Der war zu, der Londoner Verkehr ein Graus, und dieses Weib stellte saublöde Fragen.
»Ausländer.« Er sagte kein Wort mehr, bis sie in Chelsea vor einem Backsteinhaus hielten, das nie bessere Tage gesehen hatte. Kirsten fand den Namen »Last Resort« sehr passend, doch sie schluckte, bezahlte 13 Pfund inklusive Trinkgeld und nahm ihre Koffer. »Last Resort«, warum nicht? Hier würde Kosie sie nie finden!
Sofern er ihren Weg nach London überhaupt verfolgen konnte. Sie hätte von Johannesburg ja auch nach Frankfurt, Paris oder Stockholm weiterfliegen können. London war nur zufällig der erste Weiterflug gewesen. Aber warum nicht London, das ihr so fremd war wie alles, was über Botswana hinausging? Die Stadt war groß genug, um unterzutauchen und zu vergessen.
Auf ihr Klingeln öffnete eine Frau die Tür, die so häßlich und verbittert aussah, daß Kirsten erschrak. Sie musterte die Fremde: zu hübsch, um allein zu sein, und zu gepflegt für diese Gegend.
»Was wollen Sie?«
»Ein Zimmer für ein paar Tage, vielleicht auch Wochen. Ich zahle im voraus.«
Das waren Töne, bei denen das Herz einer Wirtin aufging. Sie lächelte Kirsten an und entblößte gelbe Zähne. »Mein schönstes Zimmer ist gerade frei geworden. Sogar mit eigener Dusche und Toilette. Kostet 100 Pfund die Woche.« Das Lächeln wurde tückisch. »Aber kein Herrenbesuch, kein Lärm nach elf und Duschen nur bis neun Uhr abends. Ich habe ein schwaches Herz und vertrage keinen Lärm.«

Sie sah nicht aus, als ob sie ein schwaches, sondern eher, als ob sie ein hartes Herz hätte. Aber Kirsten nahm das Zimmer, weil es so häßlich war, daß man darüber nicht nachzudenken brauchte. Sie bezahlte für eine Woche im voraus, ordnete ihre Kleider im Schrank, der nach Mottenkugeln roch, und stellte sich als erstes unter die Dusche, die so eng war, daß nur kleine, schlanke und arme Ausländer darin Platz fanden.
Sie holte die Flasche Whisky aus dem Koffer, die sie im Flugzeug gekauft hatte, und setzte sich ans Fenster. Blick auf die U-Bahn: Jetzt war sie frei! Zu groß war die Freude, als daß ihre Umgebung sie deprimiert hätte. Jetzt fing ihr Leben an, und alles vorher kam Geburtswehen gleich. Sie war frei, konnte tun, was ihr Spaß machte, ohne Fremdbestimmung und Rücksichtnahme, ohne Angst vor der Meinung eines anderen. Sie konnte zum Frühstück 20 Zigaretten rauchen, die ganze Nacht lesen, ins Kino und Theater gehen, lange Spaziergänge machen oder träge im Kaffeehaus sitzen. Sie konnte sich die Menschen aussuchen, mit denen sie reden wollte, und in Parks tanzen und die Blicke von Männern erwidern und sich Freunde aussuchen und . . .
Nach vier Monaten in London waren diese Freiheiten bedeutungslos geworden. Sie hatte sich all ihre Wünsche erfüllt und erfahren, daß sie klein und selbstverständlich waren. Dennoch bedeuteten die ersten beiden Wochen für Kirsten die schönsten ihres bisherigen Lebens. Sie blieb lange im Bett, war nie vor elf Uhr auf der Straße, um dann in einem der schmuddeligen kleinen Cafés die Brühe zu trinken, die in London Kaffee genannt wurde. Mit der Zeitung unter dem Arm ging sie bei schönem Wetter in den Park oder, was öfter vorkam, wenn es regnete, ins Bett zurück. Und an jedem dieser ersten vierzehn Nachmittage schlenderte sie durch die Straßen Londons. Sie beobachtete Kinder, die zwischen umgekippten Mülltonnen und Autoschlangen auf der Straße spielten; junge Frauen und Männer, die so unbekümmert dahinzuleben schienen, als gäbe es keine Existenzangst, sondern nur ihr Vergnügen. Sie sah

den Männern mit den dunklen Anzügen und Aktenkoffern nach, die so zielstrebig daherschritten, wie sie selbst planlos schlenderte. Und sie registrierte die alten Frauen mit dem dumpfen Blick, den Lockenwicklern in den Haaren, Zigaretten in grell geschminkten Mündern. Die, die es nicht geschafft hatten, saßen am Straßenrand und auf Häusertreppen und streckten den anderen schmutzige Hände entgegen. Es waren so viele verschiedene Menschen auf so kleinem Raum, und das faszinierte sie.
Manchmal ging sie ins Kino, aber weil sie Filme ohne Happy-End nicht ertragen konnte, verließ sie den Saal oft vor dem Ende. Gelegentlich kaufte sie sich Obst, Käse und Wein und zog sich schon vor Einbruch der Dunkelheit in das kleine Zimmer zurück. War sie sehr hungrig, ging sie zum Chinesen um die Ecke und bestellte mit Absicht die Gerichte, die nicht ins Englische übersetzt waren. Nicht, daß sie chinesisches Essen besonders mochte. Aber die Blonde, deren Bräune langsam verblaßte, fühlte sich wohl in der Atmosphäre asiatischer Gelassenheit. Das kleine Lokal war so häßlich und funktionell wie ihr Zimmer, also fast ein Zuhause. Der Kellner bediente sie freundlich, ohne daß er zutraulich geworden wäre. Und der alte Chinese, der wie eine Buddhafigur an der Holzkasse thronte, schenkte ihr manchmal ein Lächeln ohne Bedeutung.
London war eine perfekte Stadt für Einsamkeit. Auch eine, in der man arm sein konnte. In »Marksham Road« wohnte niemand, der Geld zu verschwenden hatte. Außer dem alten Chinesen vielleicht, der nachts um eins mit zärtlichem Blick und zarten Fingern die Pfundscheine zählte.
20 000 Dollar waren kein sanftes Ruhekissen für eine Achtzehnjährige im Exil. Nach den ersten beiden Wochen nahm Kirsten in Angriff, was sie gerne weiter hinausgeschoben hätte: sie besorgte sich eine Aufenthaltserlaubnis und schrieb sich an der Universität ein. Englische Literatur, Französisch und Spanisch: Sie wählte diese Fächer nicht, weil sie ein bestimmtes Berufsziel vor Augen hatte, sondern in dem Wissen, keine

außergewöhnlichen Begabungen oder Neigungen zu haben. Dieses Studium ließ offen, was später kommen würde. Um die Zukunft machte sie sich überhaupt keine Gedanken. Sie war wieder einmal ganz offen und geheimnisvoll, und man konnte darauf losleben ohne die entsetzliche Langeweile der Gewißheit.

Über die Universität bekam sie ein kleines Zimmer, nicht weit von ihrer alten Straße. Es war billig und sauber, mit einer Kochecke und einer Dusche, und es störte sie natürlich nicht, daß einige Hausbewohner afrikanische Studenten waren. Kosie, dachte sie, hätte sich vor Grauen geschüttelt. Doch sie dachte selten an ihn. Vielleicht, weil sie sich in einer Art Selbstschutz antrainiert hatte, Unangenehmes zu verdrängen.

Sie kaufte sich ein Bett, das zu schmal war für zwei, einen Schreibtisch und Stuhl, einen kleinen Eßtisch mit nur einem Sessel, ein Regal für Bücher und ein Radio. Das war alles. Sie unternahm nicht den leisesten Versuch, das Zimmer zu verschönern, kein Bild, kein Teppich auf dem uralten Parkettboden, nichts. Es war nicht so, daß sie einen Kontrast zu vergangenem Luxus schaffen wollte. Vielmehr fand sie es überflüssig, gegen die Kargheit dieses Zuhauses anzukämpfen. Aber es schien ihr viel intimer zu sein als das große Haus in Afrika, in dem sie wie eine Fremde gelebt hatte.

Zwei Wochen, vier Monate, ein Jahr: Ihre Tage reihten sich in wohltuender Gleichmäßigkeit aneinander. Jeden Morgen mit der U-Bahn zur Universität, Vorlesungen, Bibliothek, Mittagessen in der Mensa, Vorlesungen, mit der U-Bahn nach Hause, lernen, lesen, essen aus der Büchse, schlafen.

Freitagsabends, samstags und sonntags arbeitete sie als Kellnerin in einem kleinen Restaurant in einem besseren Teil von Chelsea. Es hieß »Le Gourmet«, was nicht sehr originell war, aber den Preisen für das französische Flair keinen Abbruch tat. Es war die Zeit, in der wohlhabende Londoner die kleinen französischen Restaurants zu entdecken begannen und deren Besitzern zu Wohlstand verhalfen. Das »Le Gourmet« hatte eine kleine, feine und teure Karte und bot importierte Weine an, von denen manche Flasche mehr kostete, als Kirsten in einem Monat verdiente. Aber sie fand die Arbeit, die sie sich mit zwei anderen hübschen Studentinnen teilte, leicht und angenehm. Das Trinkgeld war gut, und die Annäherungsversuche betrunkener Gäste hielten sich in Grenzen. Viele waren schwul oder tafelten mit ihren Sekretärinnen oder Geliebten.

Leo, der Besitzer, sprach mit französischem Akzent, obwohl er aus Liverpool stammte, aber sein Freund, der Koch, war ein echter Pariser. Pierre war ein Tyrann der Küche, aber abends um zwölf, wenn die letzten Gäste das Lokal mit vollem Magen und halb leeren Brieftaschen verlassen hatten, tischte er den drei Mädchen auf, was in der Küche übrig war. Leo, der nach Mitternacht seinen Akzent ablegte, spendierte oft eine Flasche aus seinem Weinkeller. Leo liebte seine edlen Tropfen, das gute Essen und den Koch. Nur von seinen Gästen hielt er nicht viel: »Wer meine unverschämten Preise bezahlt, muß entweder ein Zuhälter, Rauschgifthändler oder Geldhai sein. Leute, die ihr Geld anständig verdienen, geben nicht soviel fürs Essen aus. Voilà.«

Es war ein angenehmes, unkompliziertes Leben. Kirsten hatte keine Probleme im Umgang mit ihren Kommilitonen, die sie nach einigen Anfangsschwierigkeiten als einen »loner« akzeptierten. Sie war freundlich und hilfsbereit, aber sie hielt auf Distanz. Ging manchmal mit zu Partys, verließ diese jedoch, bevor Marihuana ins Spiel kam.

Die Blonde, die über Jeans und weiten Pullovern den schwarzen Nerz trug, der nicht dazu paßte, hatte sich noch nicht auf den Trip der schrankenlosen Selbstverwirklichung begeben. Sie war, wie ihr Nachbar, ein irischer Kunststudent, es ausdrückte, in ihren Ansprüchen an das Leben von geradezu obszöner Bescheidenheit. Außerdem hielt er sie für eine verklemmte Lesbe. Aber immerhin galt sie als ein guter Kumpel, der nie pleite war, immer aushalf, wenn die Pennies für den Joint nicht ausreichten. Zum Dank schenkte er ihr an ihrem

neunzehnten Geburtstag eine seiner Gips-Skulpturen. Kirsten stellte den überdimensionalen Penis in ihre Toilette.
Ihren ersten Liebhaber in London holte sie sich nach über einem Jahr in das schmale Bett. Es war tatsächlich ungeeignet für jede Form von Liebe, abgesehen von der der Selbstbefriedigung. John, so hieß er, stieß sich seinen großen Schädel an dem rechten Eisenpfosten und fluchte während seines Orgasmus. Er war sehr komisch, Assistent des Professors für altenglische Literatur und irischer Abstammung, und die trug er vor sich her wie ein leidenschaftliches Bekenntnis. Von den vielen Dingen, die er gerne tat, hob er Lachen, Ficken und Saufen besonders hervor. Kirsten fand, daß er nur zwei davon wirklich gut konnte. Ihre eigene Unerfahrenheit hinderte sie nicht daran, ihn im Bett für eine Null zu halten.
Die unbedeutende Begegnung der sexuellen Art hatte sich zufällig ergeben: eine Party, ein bißchen zuviel von dem schlechten Wein und ein schwarzhaariger Riese mit blauen Augen, der sie zum Lachen gebracht hatte. John Finnegan, der sich selbst als Alkoholiker mit starkem Sexualtrieb bezeichnete, war zur rechten Zeit am rechten Ort gewesen, und sie hatte Gefallen an ihm gefunden, ohne jegliche Ambitionen, sich in ihn zu verlieben. Ihr Ruf als potentielle Lesbe schmolz an diesem Abend dahin, und nicht nur einer der Gäste fragte sich, was diese Schönheit wohl an dem versoffenen Iren fand?
Ein Hauch von Zuneigung. Sie ließ es nie zu, daß er bei ihr übernachtete. Er durfte sie besuchen, wenn sie nicht im »Le Gourmet« arbeitete, und sie zog mit ihm durch die Pubs von Chelsea, wo er angesichts der Sperrstunde um elf die Whiskys und Biere kippte, als ob es seine letzten in dieser Welt wären. Das abschließende Ritual des Geschlechtsverkehrs war manchmal komisch, manchmal traurig, jedoch nie aufregend. Es kam darauf an, in welcher Stimmung John war: entweder von explosiver Lebensfreude oder im Weltschmerz versunken. Wenn es ihm gut ging, steckte er sie mit seiner Ausgelassenheit an. Andernfalls hörte sie ihm schweigend zu, wie er T.S.

Eliot rezitierte oder O'Neills düsterste Dialoge. Er war exzentrisch genug, sich nicht dafür zu interessieren, wer sie war, was sie dachte und hoffte. Ihr war das nur recht.
Daß sie ihn nach drei Monaten verließ, lag nur daran, daß er die Affäre in Liebe und Ewigkeit umfunktionieren wollte. Als er von einer gemeinsamen kleinen Wohnung sprach, erzählte sie ihm zum ersten Mal, daß sie verheiratet sei. Und daß sie nicht im Traum daran dächte, ihr Leben zu ändern. Grund genug für ihn, einen dreifachen Whisky zu ordern.
»Heißt das, daß du mich nicht liebst?«
Kirsten war sich bewußt, daß ihnen in dem Pub mindestens zehn Leute zuhörten. »Besser könnte ich es nicht formulieren.«
»Fuck you. Wahrscheinlich liegt es daran, daß mein Schwanz nicht so groß ist wie der, der in deinem Klo steht.«
Jetzt interessierten sich alle Gäste für das Drama an der Theke. Kirsten legte fünf Pfund auf den Tresen. »Das ist nur der kleinere Grund. Vielmehr liegt es daran, daß du eine schöne Affäre komplizieren willst, und da mache ich nicht mit. Außerdem hast du diese verdammte Unart, zu laut zu sprechen. Du brauchst offenbar mehr als einen Zuhörer. Das stört mich schon lange. Adieu John . . .
Als sie rausging, hörte sie einige Leute klatschen. Ihr Ex-Liebhaber blickte ihr nach. Sie hatte eine gute kleine Szene hingelegt. Weltschmerzzeit für John. Aber er wußte, daß Frauen für Männer mit Weltschmerz sehr empfänglich waren; es würde also nicht allzu lange dauern . . .
Wenn sie ihn an der Uni traf, rückte John einen Vorwurf in sein Gesicht, aber ernst nahm sie das nicht. Kirsten lebte weiter wie vor John und vermißte ihn nicht. Sie konzentrierte sich auf ihre Prüfungen und bestand sie, wie nicht anders zu erwarten war, mit Bravour. Arbeitete weiter im »Le Gourmet«, wo die Stimmung zeitweise schlecht war, weil Leo Pierre betrog und dieser aus Rache das Essen versalzte, was bei den gesalzenen Preisen bei einigen Gästen äußersten Unmut hervorrief. Die

Geschäfte gingen schlechter, bis Leo sich auf sein Bankkonto besann und – vor die Wahl zwischen einem neuen Koch oder seinem alten Liebhaber gestellt – sich mit Pierre versöhnte. Dieser übertraf sich selbst mit dem Versöhnungsmahl, das er für die Angestellten und einige auserwählte Gäste bereitete. »Le Gourmet« war wieder in der Hand von Liebenden, und das versöhnte die Klientel, die sich eine Zeitlang beleidigt anderen Etablissements zugewandt hatte.
Für Kirsten waren das nur Ereignisse am Rande. Im Zentrum ihres Lebens war ein von ihr nicht wahrgenommenes Vakuum, das sie mit extremem Lerneifer ausfüllte. So blaß wie ihre Haut waren ihre Erinnerungen an Afrika geworden. Sie hatte einen Rechtsanwalt beauftragt, Kosie ihre Scheidungsabsichten mitzuteilen, aber noch keine Antwort erhalten. Ab und zu ließ sie sich von Kommilitonen ins Theater oder Kino oder zu einer Party begleiten, ohne daß sich das »Ereignis John« wiederholte.
Die Meinungen über Kirsten van Rouen waren geteilt. Manche fanden sie arrogant, andere überaus bescheiden. Kalt, ehrgeizig, dumm, klug, unglücklich, geheimnisvoll – wer versuchte, sie einzuordnen, scheiterte an der konsequenten Distanz, mit der sie andere von sich fernhielt.
Nichts in ihrem bisherigen Leben deutete darauf hin, daß man sich auf Liebe verlassen konnte.
Gleichmäßige Tage und Nächte, die zu lang waren fürs Alleinsein. An London, eine Stadt, die wie ein Müllschlucker Menschen aufsog, hatte sie sich ebenso schnell gewöhnt wie früher an das Leben im Busch. Sie kannte viele der kleinen Straßen und Parks und Pubs, vor allem jene Stadtviertel, in denen die Ausgeflippten sich zur Schau stellten und die sich verkrochen, denen das Leben nichts als das Altern schenkte. Das andere London, das der Prachthäuser und Reichen, kannte sie allenfalls durch die Klientel des »Gourmet«.
Daß sie nach drei Jahren, in denen sie sich furchtlos durch Londons Straßen bewegt hatte, überfallen wurde, war eben

Zufall. Die Gäste im »Gourmet« waren an diesem Samstagabend lange geblieben, und es war fast halb drei, als Leo abschloß. Weil es eine schöne Sommernacht war, lehnte sie sein Angebot ab, sie nach Hause zu bringen.
Statt dessen ging sie zu Fuß durch die menschenleeren Straßen. London schlief, bis auf ein paar Betrunkene, einige Junkies und ein Liebespaar, das auf einer Haustreppe saß oder schon fast lag. Sie ging schnell, und vielleicht lag es am Klappern ihrer Schuhe, daß sie nicht hörte, wie ihr jemand folgte. Kirsten bemerkte die Männer erst, als einer dicht hinter ihr sagte: »Bleib stehen, Puppe.«
Sie drehte sich um und sah im Schein der Laterne zwei junge Männer in Lederanzügen, schwarz. Sie sahen nicht mal erschreckend aus, noch sehr jung. Aber einer von ihnen hatte ein Messer in der Hand. Der andere schnappte nach ihrem Handgelenk. Wenn sie eine Chance gehabt hätte wegzulaufen, dann war es jetzt zu spät. Außerdem war sie vor Angst wie gelähmt. Es war eine viel gräßlichere Angst als die vor Schlangen oder Spinnen oder die vor Kosie, als es zum Ende zuging.
»Was wollen Sie von mir?« Niemand war in diesem Teil der Straße, außer dem Penner, an dem sie kurz vorher vorbeigegangen war. Aber von dem war gewiß keine Hilfe zu erwarten.
Der Größere der beiden hatte so etwas Ähnliches wie ein Grinsen im Gesicht. »Na, was wohl. Gib erst mal die Handtasche her.«
Sie hatte kaum Geld mit, höchstens sechs Pfund, und das war gar nicht gut. Sie schaute zu, wie der mit dem Messer ihre Tasche durchwühlte. Sie war so gottverdammt allein in diesem Moment, krank vor Wut und Hilflosigkeit.
»Trägst nicht viel mit dir rum, was?« Der Größere hatte das Gesicht eines Babys, nur seine Augen waren alt. Er hielt ihren Schlüssel hoch. »Und jetzt gehen wir mal ein Stück mit zu dir nach Haus und sehen, ob dich da jemand erwartet. Falls nicht, kommen wir mit rein. Das wär doch nett, oder?«
Da war nichts als die Angst. Sie brachte nicht mal heraus, daß

sie von ihrem Mann erwartet würde oder sonst wem, sondern ließ sich von den beiden in die Mitte nehmen. John fiel ihr ein, der oft gesagt hatte, daß man mutig oder böse sein müßte, um mit Gewalt fertig zu werden. Wenig hilfreich, wenn sie sich wie ein Lamm zur Schlachtbank führen ließ. Sie waren nur noch wenige Schritte von ihrer Haustür entfernt, als ihr die Idee kam, einfach weiterzugehen, so lange zu gehen, bis sie irgend jemanden in dieser verdammten Stadt trafen, der ihr half. Einfach weitergehen . . .

Der Größere fragte sie nach der Straße, und sie sagte ihm Finley Road. Das war noch mindestens sechs Straßen entfernt. Während sie weitergingen, spürte sie, wie der Jüngere seinen Arm gegen ihre Brüste preßte. Zwei kleine Jungen, denen Spielzeug fehlte . . . Alles mögliche fiel ihr ein, nur nicht, wie sie sich aus dieser Situation retten konnte. Wenn sie in die Finley Road kamen und die merkten, daß sie sie belogen hatte, würden die sie in die nächste Ecke zerren und . . .

Sie sah das Auto zuerst, das langsam an ihnen vorbeifuhr. Es war ein alter Rolls. Sie konnte nicht winken, und sie traute sich nicht zu schreien, aber mit ihrem Mund formte sie ein lautloses »Hilfe«, das der Mann im Auto bestimmt nicht sehen konnte. Sie sackte ein Stück zusammen, als der Rolls vorbeifuhr. Aber dann war er plötzlich wieder auf ihrer Höhe, und im Fond hatte jemand das Fenster heruntergelassen.

Sie konnte das Gesicht nicht sehen, aber sie hörte eine laute und energische Stimme, die fragte, was los sei, ob er helfen könne. Der Rolls war jetzt so dicht neben ihnen, daß sie den Chauffeur sehen konnte, der starr geradeaus blickte und das Gesicht eines Mannes auf dem Rücksitz.

»Verpiß dich«, zischte der Junge mit dem Messer. Als dieser fremde Mann jedoch Anstalten machte, die Autotür zu öffnen, ließen die beiden sie abrupt los und rannten weg. Nur Sekunden dauerte es, bis sie in der Dunkelheit verschwunden waren.

»Sind Sie okay?« Der Fremde war ausgestiegen und stand vor

ihr. Wie ein Engel sah er nicht aus, aber das Kindergebet hatte wohl doch geholfen. Kirsten rieb sich das Handgelenk.
»Ja, alles in Ordnung. Die haben bloß mein Geld genommen, und das war nicht viel. Kann ich mich eine Minute in Ihr Auto setzen?«
»Ja, natürlich.« Das Mädchen war jung und schön und offenbar vollkommen verrückt. Er setzte sich neben sie und öffnete die Bar, schenkte zwei Gläser Whisky ein. »Hier, stärken Sie sich erst einmal. Und wenn Sie jetzt so freundlich wären, mir zu erklären, wieso Sie um drei Uhr nachts durch diese Gegend laufen ...?«
Der Whisky brannte wundervoll. Sie zündete sich eine Zigarette an, bevor sie antwortete. »Ganz einfach. Ich bin nach der Arbeit zu Fuß nach Hause gegangen, und da haben mich die beiden angehalten und mit dem Messer bedroht. Weil ich nur sechs Pfund in der Tasche hatten, wollten sie mit zu mir nach Hause. Ich habe ihnen die falsche Adresse gegeben, weil ich hoffte, daß uns unterwegs jemand begegnet, der mir hilft. Habe ich mich schon bedankt bei Ihnen?«
»Gerade eben. Ich habe nur angehalten, weil ich Ihr Gesicht eine Sekunde lang ganz deutlich sah, und es war starr vor Angst. Im übrigen sind Sie verrückt, um diese Zeit allein durch die Straßen zu laufen. Es gibt Hunderte solcher Jungs in der Stadt und verdammt wenig Leute, die anhalten und sich in fremder Leute Angelegenheit mischen. Im übrigen habe ich mich noch nicht vorgestellt: Ich heiße Siegfried Thomson. Mein Chauffeur, der dagegen war anzuhalten, heißt Max.«
So hatte jeder seinen dressierten Affen. Kirsten kicherte und hielt inne, als sie seinen erstaunten Blick sah. Seine Augen waren ein wenig geschlitzt, ganz leicht, und er war schon ziemlich alt, bestimmt vierzig. Schwarze, kurze Haare und das Gesicht ein bißchen gelb, aber das konnte auch das Licht der Laterne sein.
»Entschuldigung. Ich bin Kirsten van Rouen. Und glauben Sie mir, es freut mich, Ihre Bekanntschaft zu machen.«

Der Mann, der Siegfried hieß, machte die Andeutung einer Verbeugung. »Mich auch. Es kommt nicht alle Nächte vor, daß ich schöne Mädchen aus den Klauen von Unholden befreie. Arbeiten Sie als Barmädchen?«
Eine Frage wie ein Pistolenschuß. Sie schüttelte den Kopf. »Nein.«
Nein und was? Sehr gesprächig war sie nicht, die Blonde. Und sie sah nicht aus wie eine Nutte: kaum Make-up, schwarzer enger Rock und weiße Bluse. Wenn ihn das Licht nicht trog, waren ihre Augen dunkelblau. Ein ausgeflipptes Fotomodell?
»Ich schlage vor, daß wir Sie jetzt nach Hause bringen, Miss van Rouen.«
»Danke.« Sie nannte ihm ihre Adresse, und er gab sie an den Chauffeur weiter, der den Wagen wendete.
Sie legten den kurzen Weg schweigend zurück, doch bevor sie ausstieg, stellte er ihr eine Frage, die rein rhetorisch war: »Ich schlage vor, daß Sie mich als Dankeschön morgen abend zum Essen einladen. Ich hole Sie um acht Uhr hier ab.«
»Einverstanden«, sagte sie, ohne es zu wollen. Sie drehte sich nicht mehr um, doch sie hörte den Wagen erst starten, nachdem sie die Haustür von innen versperrt hatte.
Am Montagabend, um punkt acht Uhr, stand er mit einem unbändigen Strauß gelber Rosen vor ihrer Tür. Es war idiotisch, sie hatte nicht einmal eine Vase, und so packte sie den Strauß in einen Eimer, den sie sonst zum Putzen benutzte. Sie hatte ihn hochgebeten, in das kleine Zimmer im zweiten Stock, und er fragte sich, warum ihr dieses Zimmer nicht peinlich war. Er hatte nie zuvor einen so kargen Raum gesehen. Wären die vielen Bücher nicht gewesen, es hätte eine Gefängniszelle sein können. Eine Frau ohne Blumenvase: bemerkenswert. Außerdem störte ihn, daß sie Jeans und ein T-Shirt trug und daß es nach Essen roch. Sein dunkelblauer Anzug schien deplaziert.
Er paßte sowenig in dieses Zimmer wie seine Blumen. Kirsten bot ihm einen ihrer zwei Stühle an. »Ich habe für uns Irish Stew gekocht«, sagte sie. »Meine Kochplatte erlaubt leider

keine kulinarischen Exzesse. Und zwei Flaschen Rotwein habe ich gekauft, aber Sie können auch Bier haben.«

»In der Tat, der Geruch ist unverkennbar.« Thomson setzte sich und nahm eine Rotweinflasche in die Hand. »Ich nehme lieber Bier, aber eiskalt, wenn's geht.« Dieses Mädchen war verrückt, aber er war es natürlich auch, sich in eine solche Situation zu begeben.

Sie brachte ihm Bier, das nicht eiskalt war, und bat ihn, die Weinflasche zu öffnen. Als sie das Essen – eine undefinierbare Pampe mit Fleischstücken darin – servierte, registrierte er den Diamantring. Immerhin gab es Stoffservietten, eine Andeutung von Stil.

»Prost.« Sie hob ihr Glas und lächelte ihn an. »Ich hoffe, Sie sind nicht allzu enttäuscht von dieser Einladung. Ich bin nämlich eine schlechte Köchin.«

Nach zwei vorsichtigen Bissen, mit warmem Bier weggespült, legte er die Gabel zur Seite. Ganz ernst sagte er: »Sie haben vollkommen recht. Der Fraß ist ungenießbar. Doch nachdem Sie mit Ihrer Einladung Ihre guten Absichten kundgetan haben, schlage ich vor, daß Sie sich jetzt umziehen und ich Sie zu einem ordentlichen Dinner einlade. Einverstanden?«

Es war wieder so eine Frage, die schon beantwortet war. Sie fand dieses Lächeln sehr anziehend. Wenn er lächelte, sah er aus wie ein Engländer; wenn er ernst war, wie ein halber Chinese. Die leicht geschlitzten Augen waren grünlich, und insgesamt war es ein merkwürdiges Gesicht, weil die Falten nicht zur Augenform paßten und die zu große Nase nicht zu dem schmalgeschnittenen Mund. Seine Hände sahen nicht so aus, als ob sie jemals hart gearbeitet hätten.

Sie stand auf und nahm die Teller weg. »Na schön. Aber da ich keinen Umkleideraum besitze, darf ich Sie bitten, schon mal vorzugehen. Ich nehme an, daß Sie Ihre Karre unten haben.«

Ein reichlich frecher Ausdruck. Siegfried Thomson sah ihr zu, wie sie den Tisch abräumte und das, was sie Irish Stew zu nennen beliebte, in den Abfalleimer warf. Er trank das Bier aus. »Ich warte unten. Ich nehme an, daß Sie in zehn Minuten fertig sind. Ich habe nämlich Hunger.«

Er führte sie in das Restaurant des »Dorchester«. Kirsten trug ein blaues Seidenkleid, das in Afrika modern gewesen war. Aber er fand sie schön wie noch keine Frau zuvor. Schön und auf irritierende Weise gleichgültig gegenüber ihrer Umgebung. Er beobachtete, wie sie der Arroganz der Ober mit ebensolcher begegnete. Sie zierte sich nicht bei der Bestellung und trank Champagner und anschließend Rotwein, als ob Baron Rothschild bei ihr ein und aus ginge. Und während alle anderen Frauen, die er kannte, nur zu gern von sich erzählten, war diese hier geradezu abweisend, wenn er sie fragte. Immerhin wußte er schon, daß sie Studentin im siebenten Semester war und drei Tage pro Woche im »Le Gourmet« kellnerte. Sie besaß einen deutschen Paß und hatte, bevor sie nach London kam, in Botswana gelebt. Der Frage, wie zum Teufel sie in dieses Land gekommen war, war sie ausgewichen. Ebenso jener, warum sie ausgerechnet in London studierte.

Ihre Tischmanieren waren nicht zu beanstanden. Sie bewegte sich in diesem Nobelschuppen genauso sicher wie in diesem gräßlichen Zimmer. Der Ring sah echt aus, aber das Kleid hatte bessere Tage gesehen.

»Wie kommen Sie zu diesem merkwürdigen Vornamen?« Er war der erste Mann, den sie traf, der nicht von sich sprach oder von Politik, Formen der Selbstverwirklichung oder Sex. Die Männer, die sie bisher kannte, waren allesamt wenig neugierig auf sie gewesen. »Mein Vater war Wagner-Fan und Halbchinese, was man an meinem Äußeren ja unschwer nachvollziehen kann.«

Thomson grüßte ein Paar, das an ihrem Tisch vorbeiging.

»Ein Wunder, daß die Frau sich noch aufrechthalten kann bei dem vielen Schmuck, den sie trägt.« Kirsten blickte der glitzernden Gestalt boshaft nach. Es war ihr völlig klar, daß sie zu hastig trank. So ähnlich, wenn auch weniger vornehm, hatte die Geschichte mit John auch angefangen.

»Seien Sie nicht mißgünstig. Wenn Frauen älter werden, nei-

gen sie dazu, ihre Falten mit Schmuck abzudecken. Noch etwas Wein?«
Sie nickte, und er winkte dem Ober, der einmal mehr die reichen alten Männer beneidete.
Sie fand ihn aufregend, weil er anders war als die Männer, die sie kannte, und weil er arrogant war, was wohl damit zusammenhing, daß er offenbar reich war. Und weil er sie nicht behandelte wie einen Kumpel oder ein Sexualobjekt. Nicht eine Spur von Flirt, das war schon irritierend. Schließlich wollten die meisten Männer mit ihr ins Bett gehen, unterschiedlich war nur die Mühe, die sie darauf verwendeten.
Beim Dessert erzählte er ihr, daß er Banker war, ein Haus in St. Johns Wood besaß und gerne reiste. Und daß er Wagner nicht ausstehen konnte. Mehr nicht. Kirsten löffelte Crème Caramel, war satt, ziemlich betrunken und außerordentlich glücklich. Wenn sie dieses Gefühl später nachvollzog, war es wie das Erwachen aus einem Dornröschenschlaf. Ohne Kuß.
Nach dem Kaffee, nach dem Cognac und nachdem er die Rechnung beglichen hatte, führte er sie sanft zum Wagen, weil sie unmerklich schwankte.
»Sie sollten nicht soviel trinken, wenn Sie Alkohol nicht vertragen«, sagte er im Auto.
Oberlehrer! Der Schluckauf war ihr unendlich peinlich. Sie hielt so lange die Luft an, bis sie meinte zu platzen. Gott sei Dank sah er aus dem Fenster. »Siegfried«, sagte sie, »ist wirklich ein komischer Name für einen Viertelchinesen. Wie nennen die Leute Sie?«
»Mr. Thomson, wie sonst?« Für eine angetrunkene Frau sah sie bemerkenswert gut aus. Diesem Gesicht konnte offenbar nichts etwas anhaben. Da war von allem etwas drin: Kind, Dame und Hure.
Fest stand nur, daß das Mädchen irgendeinen Knacks hatte, der sich in ihrem extrem widersprüchlichen Verhalten bemerkbar machte. Mal war sie warm und herzlich und dann wieder eisig. Mal kindhaft verletzlich, dann arrogant. Enga-

giert, gleichgültig, boshaft, liebenswert ... Im Grunde für sein Alter zu anstrengend. Diese gelegentlichen Bedürfnisse ließen sich auch mit handlicheren Frauen verwirklichen.
»So, wir sind vor Ihrem gemütlichen Zuhause angelangt, Miss van Rouen. Darf ich mich für den schönen Abend bedanken und Ihnen eine gute Nacht wünschen?«
War das alles? Verfluchte Ironie, daß, wenn sie mal wollte, der Typ nicht wollte. Aber vielleicht war es auch nur der viele Wein, der die Angst vor dem leeren Zimmer hervorrief. Sich jetzt nur keine Blöße geben!
»Ich habe zu danken. Das Essen war wirklich ausgezeichnet. Gute Nacht.«
Sie öffnete die Tür des Wagens, noch bevor er etwas erwidern konnte.
Wieder wartete er, bis sie die Tür aufgeschlossen und von innen abgesperrt hatte. Er war eben ein höflicher Mensch.
Sie wankte grimmig die Treppe hoch. Nun war sie zweiundzwanzig und hatte immer noch nicht gelernt, Niederlagen wegzustecken. In ihrem Zimmer, das so kahl und einsam war, leuchteten diese verdammten Blumen, die überhaupt nicht da reinpaßten und dem Plastikeimer Gewalt antaten.
Ihre letzte Handlung, bevor sie zu Bett ging, war, die Blumen in den Abfall zu stopfen.
Nichts erinnerte mehr an ihn.
Kirsten lebte weiter wie immer, bereitete sich auf Prüfungen vor, bediente im »Le Gourmet«, aber sie wartete. Jeder Atemzug war Warten. Weil sie so perfekt weiterfunktionierte, war es ihr nicht einmal selbst bewußt. Das einzige, was sich verändert hatte, war, daß sie nachts nicht mehr zu Fuß ging und Leo regelmäßig bat, sie zu fahren.
Weil sie wartete, verbrachte sie die meiste freie Zeit zu Hause, las Tschechow und viktorianische Liebesromane. Weil sie wartete, war ihr Konsum von Alkohol und Zigaretten erheblich gestiegen. Sie schob es auf die Prüfungen, obwohl es keinerlei Grund gab, diese zu fürchten.

Einen Tag, nachdem sie die letzten Prüfungen vor dem Examen – schlechter als sonst – abgelegt hatte, war das Warten zu Ende. Er klingelte kurz nach zehn Uhr abends an der Haustür.
Siegfried Thomson trug keinen Anzug, sondern Jeans und ein weißes Hemd. In der Hand hielt er eine Flasche »Dom Perignon«. Der Rolls-Royce sah in dieser Straße sehr merkwürdig aus. »Kapitalistenschwein«, zischte eine junge Frau, die vorbeiging. Siegfried Thomson überhörte es, weil er Kirsten aus seinen seltsamen Schlitzaugen anstarrte und für den Rest der Welt verloren war.
»Schicken Sie Max weg«, sagte sie. »Sie werden ihn heute abend nicht mehr brauchen.«
Was anschließend in ihrem unmöglichen Bett folgte, war von fast verzweifelter Intensität. Das Warten hatte ihre Gier aufeinander bis zu einem Punkt gesteigert, an dem eine quietschende Matratze wie Himmelsmusik klang. Er war nicht zärtlich, dieser für ihre Bedürfnisse vollkommene Siegfried. Aber er brachte sie dazu, zum ersten Mal in ihrem Leben nur Körper zu sein, nichts als das, nur Lust, nur Vergessen. Ein vollkommenes Instrument, auf dem er alles spielen konnte. Oder sie auf ihm? Es war ihr egal, wie alles andere in diesen ewigen Minuten.
»Als erstes ziehst du aus diesem Loch aus und kaufst dir ein anständiges Bett«, sagte Siegfried, als sie wieder Zeit für Worte fanden.
Kirsten stieg über ihn, um den Champagner aufzumachen. Natürlich hatte sie keine passenden Gläser. War noch etwas wichtig außer diesem Mann, der in dem Bett lag?
»Und du, Thomson, gewöhnst dir als erstes ab, mir Befehle zu erteilen. Habe ich dir schon gesagt, daß ich dich liebe? Ich kann mich nicht erinnern, was ich alles in der letzten halben Stunde gesagt habe.«
Thomson nahm das Wasserglas. »Viel zu unanständig, das zu wiederholen. Komm her! Vielleicht liebe ich dich auch, wer weiß.«

In den folgenden zwei Jahren lebte Kirsten in einem anderen London. Der Zustand, den sie Liebe nannte, veränderte das Grau der Straßen und die Gesichter der Verlierer, er malte ihr Leben in sanften Pastellfarben und füllte die weißen Flecke, die sie vorher nur vage als Leere empfunden hatte.

Thomson versuchte manchmal, sie zu warnen, wie ein Rauschgifthändler, der einen Abhängigen über die Gefahren der Sucht aufklärt.

Er brauchte sie, ihre bedingungslose Zuneigung und Leidenschaft, und im Grunde wollte er ihr auch gar nicht klarmachen, daß Liebe keine Fahrkarte für die Ewigkeit war. Gerade ihre Lebensgier faszinierte ihn und ihre Fähigkeit, Momenten des Glücks keine Zweifel entgegenzustellen. Außerdem war sie jung und schön, und sie schmeichelte ihm, weil sie die Zeichen seines Alters nicht sah oder nicht sehen wollte.

Siegfried Thomson zeigte ihr das London der Reichen. Er führte sie in Luxusrestaurants und Bars, in Galerien und Theaterpremieren und stellte ihr Leute vor, die vollkommen blasiert, aber auch geistreich, gewandt und perfekt im Zelebrieren von Äußerlichkeiten waren. Der Unterschied zwischen jenen, die Geld hatten, und denen, die es machten, war augenfällig: erstere sprachen nie darüber.

Siegfried Thomson war eine Mischung zwischen beiden, trotzdem trug er seinen Respekt vor Geld und dem, was es ermöglichte, nicht auf der Stirn geschrieben. Was sie an ihm liebte, war, daß er auf all ihre Fragen eine Antwort wußte. Und daß er in allen Situationen genau das tat, was sie als richtig empfand. Er forderte nichts, was sie ihm nicht geben konnte, und lehrte sie, ihre Stärken und Schwächen einzuschätzen, und vor allem, richtig einzusetzen. Er war der perfekte Liebhaber und der Übervater, den Kirsten immer gesucht hatte. Der Lebensstil, an dem er sie teilhaben ließ, war für sie nicht mehr als eine angenehme Begleiterscheinung. Er wiederum sah, daß sie davon nicht sehr beeindruckt war, und das machte ihm Spaß. Er kaufte ihr Kleider, das eine oder andere

Schmuckstück. Die meiste Zeit verbrachten sie in seinem Haus in St. Johns Wood.
Kirsten weigerte sich beharrlich, das Zimmer in Chelsea aufzugeben. Es war ihre einzige Rückversicherung auf ein Leben ohne ihn. Nie sprachen sie darüber, den Zustand, den sie Liebe nannte, zu verändern. Kirsten erzählte ihm alles aus ihrer Vergangenheit, auch das Häßliche und Traurige, ohne Angst zu haben, in seinen Augen kleiner zu werden.
Er hingegen sprach kaum über sich, und sie fragte nicht. Was sie von dem Viertelchinesen namens Siegfried wußte, waren Bruchstücke. Er verdiente mit Bank- und Börsengeschäften sein Geld und hatte Geschäftsbeziehungen nach Hongkong. Wenn er verreiste, sagte er ihr nicht wohin, sondern rief sie alle drei Stunden an, schickte Briefe oder Blumen, und immer kam er zurück und umarmte sie, wenn sie am Flughafen stand – das war Antwort genug. Vielleicht war sie nicht neugierig oder instinktiv klug genug, seine Spielregeln zu akzeptieren. Siegfried nahm sie nie mit auf eine seiner Geschäftsreisen, und nur einmal, als sie ihre Examen mit »ausgezeichnet« bestand, flogen sie gemeinsam nach Paris, wo er sie nicht mit Sehenswürdigkeiten zuschüttete, sondern mit Geschenken und langen Nächten in obskuren Lokalen, in denen Köche sich wie Künstler gerierten oder Frauen nackt auf Tischen tanzten. Siegfried Thomson sagte ihr immer wieder, daß das Leben alles sein dürfe, nur nicht langweilig. Und um dieser Maxime zu folgen, müsse man ein Genie, ein junger Narr oder ein reicher alter Mann sein.
Der reiche alte Mann, den sie beharrlich »Thomson« nannte, weil sie bei »Siegfried« immer lachen mußte, besorgte ihr einen Job in der Fleet Street. Sie wußte nach dem Examen immer noch nicht, welcher Beruf außer dem der Dolmetscherin zu einem abgeschlossenen Sprachenstudium paßte. »Du wirst«, sagte er, »eine berühmte Journalistin. Der Beruf ist das einzige, was dir bleibt, wenn du nicht mehr geliebt wirst.«
Für eine Vierundzwanzigjährige war das kein bedenkenswer-

ter Satz, aber sie folgte ihm und begann das Volontariat in der Nachrichtenredaktion einer großen Londoner Tageszeitung. Das Übersetzen und Formulieren von internationalen Meldungen, die aus dem Ticker kamen, fand sie sehr langweilig. Aber es half ihr, die Zeit zu überbrücken, wenn Thomson auf Reisen war.

Gelegentlich ging sie mit den Kollegen in einen der Pubs in der Straße der Journalisten oder, wenn diese um elf Uhr schlossen, in einen der Clubs, die den Trinkern die ganze Nacht offenstanden. Kirsten hatte, seit sie aus Botswana weg war, nie Menschen getroffen, die so hingebungsvolle Trinker waren wie Journalisten. Zehnjährige Berufszugehörigkeit war an geplatzten Äderchen und Schnapsnasen ersichtlich. Schied einer aus der Zunft dahin, hieß es im internen Nachruf, daß wieder eine Leber versagt habe: Let's drink to that.

Sie trank mit. Sie lachte mit, und sie erledigte ihre Arbeit gewissenhaft und ohne Fehler, und sie war sich vollkommen darüber im klaren, daß, wenn Thomson nicht da war, sie nur von der Freude auf das Wiedersehen lebte. Als sie ihm das einmal sagte, wurde er zum ersten Mal böse und erklärte ihr, daß nicht einmal Jugend eine solche Dummheit entschuldige.

Dennoch förderte er ihre Abhängigkeit. Er nahm ihr alles ab, von dem er glaubte, daß es ihr unangenehm war. Die Scheidung von Kosie zum Beispiel, die seine Anwälte regelten. Kirsten brauchte nichts weiter zu tun, als einige Papiere zu unterschreiben. Der Mann, den sie mit sechzehn geheiratet hatte, war zum Phantom geworden. Thomson erzählte ihr, daß van Rouen jetzt in Südafrika lebe und mitgeteilt habe, daß sie die gestohlenen Dollars behalten könne. Von einer Verräterin brauche er kein Geld.

»Glaubst du auch, Thomson, daß ich eine Verräterin bin?«

»Das Geschäft, das du Liebe nennst, läßt sich in keiner anderen Form abschließen. Ich meine, du hast die richtige Entscheidung getroffen, alles andere zählt da nicht.«

Sie glaubte, daß ihr Liebster stets richtige Entscheidungen traf:

für sich, für sie und für sie beide. Deshalb war das, was er sagte, als sie in einem ihrer Lieblingslokale ihre Ernennung zur Redakteurin feierten, ganz und gar unglaubhaft.

Sie saßen bei »Tino« an ihrem Tisch, der für Mr. Thomson immer reserviert war, und nach einem ausgedehnten Gelage wurde die Espressotasse zu einer großen schwarzen Spinne, wie sie sie zuletzt in Botswana gesehen hatte.

»Du machst Witze, Schlitzauge; du kannst mich nicht verlassen.«

Er lehnte sich in seinem Stuhl zurück und sah sie an. In der rechten Hand hielt er die Havanna, die er nach jedem Essen rauchte, und in der linken ein Glas alten Cognacs. Wie schön sie war in diesem schwarzen, hochgeschlossenen Kleid, als einziger Schmuck die Diamantohrringe, die er ihr aus Hongkong mitgebracht hatte.

»Natürlich meine ich es ernst, meine Liebe. Ich werde London in einer Woche verlassen und nach Peking ziehen. Halt, ich weiß, was du sagen willst . . . Nein, ich kann dich nicht mitnehmen. Ich werde von Peking aus Geschäfte mit meinem Sohn machen, der die Filiale in Hongkong leitet. Es ist die Zukunft, diese Schere Peking–Hongkong, und nichts, was ich in London noch tun könnte, läßt sich damit vergleichen.«

Was interessierte sie sein Gerede über Geschäfte oder diesen Sohn, von dem er ihr nie erzählt hatte.

»Mein Sohn braucht mich jetzt, und ich werde auch seine Mutter mitnehmen. Komm, fang jetzt nicht an, Fragen zu stellen, auf die ich keine Antwort weiß, die dich befriedigt. Ich kann meine Frau, die in Hongkong lebt, nicht verlassen, und ich kann keine Geliebte mit nach Peking nehmen. Das ist in der Stellung, die ich dort einnehmen werde, völlig ausgeschlossen. Ich könnte dir das erklären, aber ich glaube nicht, das es nötig ist. Außerdem weißt du, daß ich jede Möglichkeit ausgelotst habe, dich nicht zu verlassen.«

Dieser häßliche, alte Chinese, der ihr den Boden unter den Füßen wegzog und dabei gütig lächelte . . .

»Ich weiß nur, daß dir deine Geschäfte wichtiger sind als unsere Liebe. Und daß ich gleich anfangen werde, zu schreien oder mit dem Messer nach dir zu werfen . . .«
Der Kellner, der das Liebespaar seit zwei Jahren kannte, stand hinter ihnen und stellte sich taub. Siegfried Thomson winkte ihm.
»Eine Flasche Dom Perignon.«
»So hatte es angefangen, erinnerst du dich? Die Messer sind übrigens schon abgeräumt, und ich verabscheue hysterische Frauen. Nützt es dir, wenn ich sage, daß es unglaublich weh tut? Ich bin über fünfzig Jahre alt und habe nicht mehr die Energie oder den Glauben, meinen Lebenskurs zu ändern. Auch nicht deinetwegen, Kirsten. Ich muß das tun, was für meinen Sohn und dann seinen Sohn richtig ist. Im Vergleich dazu ist das, was du Liebe nennst, nur eine kleine Größe. Irgendwann wirst du das verstehen.«
Nichts, was die Erwachsenen taten, würde sie je verstehen. »Habe ich nie eine Chance gehabt, auch nicht, wenn ich früher Fragen gestellt hätte?«
Er schüttelte den Kopf. Im Kerzenlicht sah er aus wie ein alter, gebrochener Buddha, nicht wie ein Held der Nibelungensage. Nur, solange er physisch da war, hatte sie noch Hoffnung.
»Und wie geht es jetzt weiter?«
Siegfried Thomson hob sein Glas. »Wir werden uns jetzt betrinken, meine Liebe, und zwar so lange, bis wir jedes Gefühl ertränkt haben. Wenn du morgen mit einem Kater aufwachst, werde ich weg sein.«

XVI. Kapitel

»Heute ist definitiv nicht mein Tag. Erst habe ich zwei Stunden lang Richter Bennet ertragen müssen, und in 20 Minuten beginnt die Schlacht mit Porno-Mayer.«

»Der Vergewaltigungsfall?«

»Ja. Wir haben zwei Angeklagte und eine Nebenklägerin, und jeder von ihnen sagt etwas anderes aus. Einzig und allein Richter Mayer scheint im Besitz der Wahrheit zu sein, während wir anderen im trüben fischen.«

Oliver Timm starrte mißmutig auf seine Kaffeetasse. Er saß mit einem Kollegen, der es als Strafverteidiger noch nicht sehr weit gebracht hatte, in der Gerichtskantine und wartete auf seinen zweiten Prozeß an diesem Tag. Seine Stimmung war nicht die beste.

»Und wie hat Richter Bennet in seiner Weisheit entschieden?« Der jüngere Kollege, der immerhin schon einige Richter in Köln kannte, grinste mitleidsvoll.

»Achtzehn Monate mit Bewährung. Fahrlässige Tötung in Tateinheit mit Trunkenheit im Straßenverkehr. Ich habe auf Freispruch plädiert, der Staatsanwalt hat ein Jahr mit Bewährung beantragt.«

»Das ist Pech. Aber bei Bennet kann man froh sein, wenn ein Angeklagter mit Bewährung davonkommt. Der ist doch einer der schärfsten Richter hier. Was war es denn?«

Oliver Timm begrüßte Staatsanwalt Raven, der mit einem Tablett vorbeiging. »Eine Dummheit mit tödlichem Ausgang. Ein Beamter, der sich noch nie etwas hat zuschulden kommen lassen, trank an einem Abend zuviel, fuhr mit dem Auto nach Hause, und ein kleines Mädchen ist ihm vor das Auto gelaufen. Sie ist tot. Er hatte 1,1 Promille, und als die Polizei kam, stand er weinend am Auto und sagte, daß alles seine Schuld

sei ... Alles fein säuberlich protokolliert und vor Gericht vorgetragen.«
»Dann kann er ja froh sein, daß er nicht ins Gefängnis muß.«
Oliver Timm starrte sein Gegenüber grimmig an: »Ich sehe das ein wenig anders, Herr Kollege. Der Mann hätte nicht betrunken Auto fahren dürfen, das ist klar. Er hat vielleicht, ich sage, vielleicht, um Bruchteile von Sekunden zu spät gebremst. Aber das Kind ist eindeutig zwischen parkenden Autos herausgelaufen, und keiner der beiden Sachverständigen hat sich eindeutig darauf festlegen können, ob dieser Unfall vermeidbar gewesen wäre. Er hat ja gebremst. Aber er hat besoffen gebremst, und für Richter Bennet ist, wie wir alle wissen, ein betrunkener Autofahrer per se ein Verbrecher. Aber in diesem Fall geht es ja nicht darum, sondern um die Vermeidbarkeit dieses Unfalls, und das ist im Prozeß eben nicht eindeutig geklärt worden.«
»Im Zweifel für den Angeklagten.«
»Genau. Im Zweifel eine Geldstrafe und Führerscheinentzug, aber Freispruch von der Anklage der fahrlässigen Tötung. Wenn der arme Kerl, der ohnehin sein Leben lang daran trägt, nicht Glück gehabt hätte, Bennet hätte ihn glatt einsperren lassen. Aber er weiß, daß ich mit dem Fall in die Berufung gehe und da wahrscheinlich auf Richterin Möllemann stoße. Die wird meinen Mandanten freisprechen.«
Timm war dafür bekannt, sein Licht nicht unter den Scheffel zu stellen. Sein Gegenüber, erst im zweiten Berufsjahr, war sich darüber im klaren, daß diese Timm anders anfaßten als seine Wenigkeit.
»Und der Vergewaltigungsprozeß? Was glauben Sie denn, was Richter Mayer geben wird?«
Timm zuckte die Achseln. »Bin ich der liebe Gott? Es gibt viele Ungereimtheiten in diesem Prozeß, aber ich bin mir fast sicher, daß Mayer verurteilen wird. Er hat sich vermutlich schon nach dem Aktenstudium festgelegt, und wenn mir nicht noch etwas Besonderes einfällt, wird er bei seiner Meinung bleiben. Wis-

sen Sie, Herr Kollege, bei so strittigen Verhandlungen taucht bei mir immer diese Frage nach der Unbefangenheit des Gerichts auf. Dieselbe Kammer, die ein Hauptverfahren eröffnet und damit die Anklage zuläßt, verhandelt den Fall und spricht das Urteil. Wenn also der Vorsitzende Richter sich entschlossen hat, die Sache zu eröffnen, hat er sich gewissermaßen schon ein Urteil gebildet – sonst würde er die Anklage nicht zulassen.«

Der junge Kollege sah ihn zweifelnd an. »Na ja, es gibt ein paar Unzulänglichkeiten, aber im großen und ganzen ist unser Rechtssystem doch das beste auf der Welt. Das einzige, was mir wirklich stinkt, ist, daß die Richter bei der Besetzung der Pflichtverteidiger einen so großen Einfluß haben. Das heißt doch, wenn ich mal frech werde, kriege ich von diesem Richter nie mehr ein Mandat angetragen. So müssen wir Kleinen, wenn wir unser Geld verdienen wollen, immer schön brav sein und das Gericht nicht verärgern. Ich übertreibe jetzt, aber im Prinzip stimmt es.«

Timm schaute auf die Uhr, es war Zeit. Er griff nach seinem Aktenkoffer. »Natürlich stimmt es. Aber ich gebe Ihnen den Rat, trotzdem alle Karten auszuspielen, die Sie in der Hand haben. Man muß es natürlich können, sonst läuft man ins offene Messer. Aber dem Gericht in den Hintern zu kriechen nutzt in den meisten Fällen weder Ihrem Mandanten noch Ihnen. Jetzt muß ich aber los. Viel Glück bei Ihrem Ladendiebstahlprozeß, Herr Kollege. Sie werden es brauchen. Ich habe Richter Bennet die Stimmung schon gründlich verdorben.«

Der junge Anwalt schaute ihm nach, und sein zustimmendes Lächeln erlosch, als Timm ihm den Rücken gekehrt hatte.

Wer 30 000 Mark oder mehr im Monat verdient, dachte er, kann leicht gute Ratschläge geben. Der muß nicht zusehen, wie er sein Büro bezahlt, eine Halbtagskraft und was man sonst noch zum Leben braucht. Es gab in Deutschland einfach zu viele Rechtsanwälte und zuwenig Rechtsbrecher, er hätte eben doch die Beamtenlaufbahn einschlagen sollen. Staatsan-

wälte und Richter verdienten zwar nicht viel, aber das auf Dauer. Alles, was er sicher wußte war, daß er jetzt ganz nett zu Richter Bennet sein mußte, um für seinen Mandanten einen Freispruch rauszuschinden – und bei der nächsten Pflichtverteidigung wieder bestellt zu werden.
»Sie sehen schlecht aus. Sind Sie krank?«
Oliver Timm sah seinen Mandanten besorgt an. Dr. Grimme, der gewiß nie in seinem Leben dick gewesen war, magerte von Verhandlung zu Verhandlung ab, man konnte beinahe zusehen. Der Mann sah ja schon fast wie ein Asket aus.
Bernhard Grimme grinste ihn von der Seite an, und da war nichts Asketisches mehr. »Nein, mir fehlt nichts, und ich müßte das schließlich wissen. Nein, ich habe bloß etwas abgenommen, weil es mir an Appetit fehlt. Verständlich in meiner Lage, nicht wahr?«
»Zu einem Hungerstreik besteht aber noch kein Anlaß«, brummte Timm. Er ärgerte sich, weil wieder mal alle pünktlich waren außer dem hohen Gericht. Noch keine Zuschauer im Saal, aber die Nebenklägerin war da mit ihrem Rechtsanwalt, Krug und Laubenthal ebenfalls. Draußen vor dem Saal warteten die Zeugen, die für diesen Prozeßtag geladen waren: der Polizist, der die Anzeige entgegengenommen hatte, die Freundin der Bergmann, Irmela Höggen, und Elsa Minetti – was für ein Name – von der ominösen Bar. Mehr Zeugen gab es leider nicht. Es war ja auch alles unstrittig bis auf die wesentliche Szene, für die es eben keine Zeugen gab.
Er versuchte, Blickkontakt mit dem Staatsanwalt aufzunehmen, aber Henrik Raven schien in seine Akten vertieft.
Endlich – die drei Richter erschienen und im Gefolge die beiden Schöffen, die im Namen des Volkes auftraten und so stumm waren, wie das Volk zu sein pflegt.
Der Vorsitzende eröffnete die Verhandlung mit dem für ihn typischen Prozedere: neben den Formalien die ein oder andere auflockernde Bemerkung. Johannes Mayer, der im Richterzimmer noch mit der Schöffin geplaudert hatte, war in guter

Stimmung. Während viele Richter es lästig fanden, mit Schöffen umgehen zu müssen, störten ihn die Laien wenig. Besonders, wenn es Frauen waren: Zum einen wegen des erfreulichen Anblicks und zum anderen, weil sie leichter zu manipulieren waren. Diese Schöffin bewunderte ihn als Mann und Richter, und das war auf eine unbedeutende Weise schmeichelhaft.

Die Vernehmung der Zeugen würde seiner Meinung nach nicht viel bringen, aber natürlich ließ es sich nicht vermeiden. Er rief als erstes die Zeugin Elsa Minetti auf, Besitzerin jener Bar, in der Kirsten Bergmann und die beiden Angeklagten Champagner getrunken hatten.

Ihr Äußeres verhehlte die Profession nicht. Elsa Minetti, sechsundvierzig Jahre alt, Besitzerin einer gleichnamigen Bar in Köln, trug ihr Kleid eine Spur zu eng für die üppigen Formen. Zuviel Schmuck, selbst wenn er echt wäre. Bei weniger Licht besehen, dachte Timm, würde sie immer noch als »sexy« durchgehen. Im Saal 130 wirkte sie fremd, und man sah ihr an, daß sie sich dessen auch bewußt war.

»Minetti, das klingt wie ein Künstlername«, sagte Richter Mayer nach den Fragen zu den Personalien.

Ich wünschte, er würde seine lahmen Witze nicht immer auf Kosten von Leuten machen, die sich nicht wehren können, dachte der Staatsanwalt. Er lächelte so wenig wie die Zeugin, die nicht auszusprechen wagte, was ihr auf der Zunge lag: daß an einer Nutte wenig Künstlerisches war. Sie hatte beim Hereinkommen Kirsten Bergmann wiedererkannt, auch Henner Krug. Nicht Dr. Grimme – zu viele Männer in ihrem Leben für ein Personengedächtnis.

Der Vorsitzende fragte sie nach der Nacht, in der die drei bei ihr Champagner getrunken hatten. Mein Gott, wie lange das her war. Und in ihrem Club war ja nichts passiert, was sollte sie schon sagen? Ja, die hatten drei Flaschen geleert und sich nicht danebenbenommen, in keiner Weise. Alles ganz unnormal.

Gelächter im Saal.
»Kennen Sie einen der beiden Angeklagten, Herrn Krug, schon länger, Frau Minetti?«
»Ja. Er war vier- oder fünfmal vorher in der Bar. Was man so kennen nennt, hohes Gericht. Sie meinen, ob er . . . Ja, ich glaube, zweimal ist er in die Badewanne gegangen. Die ersten beiden Male war er nur zum Gucken da.«
Richter Mayer beugte sich leicht lächelnd vor. »Und was dürfen wir darunter verstehen – in die Badewanne gehen? Zum Zwecke der Waschung oder . . .«
Gott, sie haßte es, über Kunden zu sprechen, übers Geschäft überhaupt. Lief schlecht genug, wie es war.
»Nun lassen Sie sich nicht jedes Wort aus der Nase ziehen, Frau Minetti. Wir wollen hier nicht einschlafen. Oder haben Sie meine Frage nicht gehört? Hören Sie schlecht?«
Warum sprach der in so einem Ton mit ihr? Durfte er das? Die anderen glotzten nur blasiert. War wohl normal, der Ton in diesem Saal.
»Na ja, er ist mit einem Mädchen in die Wanne. Was die da nun wirklich machen, interessiert mich nicht, solange eine Flasche Schampus für 400 Mark auf der Rechnung steht. Vielleicht baden sie auch . . .«
»Bei diesem Preis wohl kaum.« Mayer wechselte das Thema abrupt: »Fanden Sie es normal, Frau Minetti, daß eine Frau mit zwei Männern in Ihr äh . . . Etablissement kam?«
Wenn du wüßtest. Oder vielleicht doch. Richter waren auch nur Männer. Sie starrte frech zurück: »Ja doch, das kommt schon mal vor. Oft nur Neugierde. Frau Bergmann, mit der habe ich ein paar Sätze geredet, wie das Geschäft geht und so. Sie war interessiert, wie der Laden läuft, fragte erst auch die Mädchen ein bißchen aus . . .«
»Sie haben ihr also erzählt, daß die Geschäfte schlecht gehen, wenn ich mich nicht irre. Ich nehme an, AIDS macht auch vor Badewannen nicht halt.«
Die Schöffin kicherte, und Mayer brachte sie mit einem stra-

fenden Blick zum Schweigen. Kirsten Bergmann hatte Mitleid mit der Frau, die unter anderen Umständen gewiß wußte, wie man sich wehrt.

Elsa Minetti wünschte sich, den Mann da oben einmal in einer anderen Position zu sehen. »Meine Mädchen sind okay«, sagte sie laut. »Aber es ist wahr, es gehen immer weniger Leute in den Puff.«

»Kamen Ihnen die drei Personen betrunken vor, als sie bezahlten? Oder ist Ihnen sonst etwas Ungewöhnliches aufgefallen?«

Die Rothaarige schüttelte den Kopf. »Ne, bestimmt nicht. Sie waren angeheitert, aber nicht wirklich besoffen. Außerdem kamen sie mir so gepflegt und gebildet vor, also ich kann mir gar nicht vorstellen, daß . . .«

Mayer unterbrach sie mit einer ungeduldigen Handbewegung: »Verschonen Sie uns mit Ihrer Phantasie, so exotisch sie immer sein mag, Frau Minetti. Ich habe keine Fragen mehr an die Zeugin. Sonst jemand? Nein? Gut. Wird allseits auf die Vereidigung der Zeugin verzichtet? Ja? Gut. Dann sind Sie hiermit entlassen, Frau Minetti. Ihr Zeugengeld können Sie sich an der Kasse abholen.«

Froh war sie darüber. Gott, in ihrem Beruf erlebte man die Männer nie von der besten Seite. Aber der da oben, dem würde sie nicht gerne nachts begegnen, so wie der schon tagsüber mit einem umsprang. Sie verließ hocherhobenen Hauptes den Gerichtssaal, blickte im Vorübergehen der Blonden ins Gesicht. Du tust mir leid, sagte ihr Blick, denn es gibt viele Arten der Vergewaltigung.

Als nächste Zeugin wurde Irmela Höggen aufgerufen. Sie wäre fast zu spät gekommen und war noch außer Atem, als der Vorsitzende sie über ihre Rechte und Pflichten als Zeugin belehrte. Irmela fand den Vorsitzenden freundlich, jedenfalls nicht unsympathisch als Mann. Aber ganz wohl war ihr nicht in ihrer Haut. Schließlich war sie das erste Mal vor Gericht.

Sie hatte sich immer vorgestellt, daß es in einem Gerichtssaal von ewig Kostümierten nur so wimmeln würde. Aber es wa-

ren nur zwei Polizisten im Saal, offenbar zuständig für die Angeklagten. Ganz schön genervt schienen sie zu sein. Bernhard hatte abgenommen, sah fast alt aus. Aber er hatte sie kurz angelächelt, als sie hereingekommen war, und ganz automatisch hatte sie ihm zugenickt. Ob das illoyal war?
Der Typ mit den grauen Schläfen und der modischen Brille fragte und fragte. Irmela Höggen erinnerte sich an den Tip eines Bekannten: Nur kurze und präzise Antworten geben, wenn möglich ja und nein, sich immer, wenn es brenzlig wurde, auf Erinnerungslücken zurückziehen.
»Frau Höggen, wir kommen jetzt zum Morgen des 3. August. Um welche Zeit kam Frau Bergmann zu Ihnen, in welchem Zustand war sie – versuchen Sie, möglichst genau zu erzählen, was sie Ihnen gesagt hat.«
Sie war diesen Auftritt mindestens zehnmal durchgegangen, nachdem sie die Zeugenladung bekommen hatte. Mit jedem Mal war sie ihr unwirklicher vorgekommen, bis zu dem Punkt, an dem Realität und Interpretation nicht mehr zu unterscheiden waren. Aber gut, sie bemühte sich. Schon, um nicht das wohlwollende Lächeln dieses Typs zu verlieren. Ob man es übertrieben fand, daß sie ganz in Schwarz gekommen war, wie zu einem Begräbnis? Kirsten hatte etwas komisch dreingeschaut.
»Es war ziemlich genau sechs Uhr, Euer Ehren. Ich habe auf die Uhr gesehen, als es klingelte, weil ich mir dachte, daß es eine Unverschämtheit ist, jemanden so früh zu wecken.«
»Euer Ehren brauchen Sie nicht zu sagen, Frau Höggen.« Johannes Mayer schmunzelte.
»Jawohl.« Sie warf Kirsten einen Blick zu, bevor sie fortfuhr. »Ich habe erst die Gegensprechanlage betätigt und dann, als sie sich meldete, habe ich ihr aufgemacht. Also, sie war ein bißchen blaß und sah übernächtigt aus und ungeschminkt, aber zunächst habe ich mir nichts dabei gedacht. Sie entschuldigte sich bei mir, sie weiß, daß ich gern lange schlafe, und ich sagte, ich würde erst einmal Kaffee aufsetzen. Dann haben wir

uns ins Wohnzimmer gesetzt, und sie sagte zu mir: ›Ich konnte nicht mehr in der Wohnung bleiben. Es ist wirklich lächerlich, aber ich bin heute nacht vergewaltigt worden.‹«
»Sagte sie lächerlich?«
»Ja, Euer . . . ja, das weiß ich noch genau. Ich habe erst einmal geschluckt und sie gefragt, ob sie verletzt sei, und sie antwortete: ›Äußerlich nicht.‹ Dann bin ich in die Küche und habe den Kaffee geholt. Mir fiel nichts Intelligentes ein, also habe ich erst einmal gewartet, bis sie weitersprach. Sie hat ganz ruhig geredet, aber so ein bißchen unter Schock, glaube ich. Sie fragte mich, ob ich Henner Krug kenne, und ich sagte ›flüchtig‹ , er ist ja ein Kollege. Dann hat sie gesagt, daß sie Bernhard nie verzeihen würde. Und dann: ›Die beiden haben mich vergewaltigt.‹«
»Hat Frau Bergmann das wörtlich gesagt: ›Die beiden haben mich vergewaltigt‹?« Mayer sah sie jetzt streng an.
Himmel noch mal, wie sollte man sich Wort für Wort an ein Gespräch erinnern, das Monate her war? Irmela Höggen schluckte. Eine Falschaussage und . . . es war einfach nicht fair. »Also, ich glaube schon, daß sie es so gesagt hat. Ich habe es jedenfalls so in Erinnerung.«
Timm wettete mit sich selbst, daß Mayer diesen Punkt nicht weiter penetrieren würde. Und gewann.
»Ja und weiter, Frau Höggen. Was hat Frau Bergmann sonst noch gesagt?«
»Na, sie hat mir keine Einzelheiten erzählt, das ist nicht Kirstens Art. Sie hat nur gesagt, daß sie Bernhard zufällig auf dieser Party getroffen habe, daß sie zu dritt weitergetrunken haben und anschließend, in ihrer Wohnung, sei es dann passiert. Und daß sie, als sie wieder klar denken konnte, ein Bad genommen habe und anschließend zu mir gefahren sei. Und daß sie nicht wüßte, was sie jetzt tun soll.«
Der Staatsanwalt sah nicht die Zeugin, sondern Kirsten Bergmann an. Ganz ruhig saß sie da, die Hände verschränkt, scheinbar völlig emotionslos. Ihr Blick war auf Irmela Höggen

gerichtet. Wieder ein Zeuge, der nur ein schwaches Licht auf das Dunkel dieser Nacht warf.
Der Vorsitzende Richter dachte ähnlich. »Sie meinen«, fragte er ungläubig, »daß Sie Frau Bergmann nicht nach Einzelheiten, nach dem Ablauf gefragt haben? Frauen sind doch neugierig, oder liegt es vielleicht daran, daß es Ihnen peinlich ist, hier über Details zu sprechen?«
Männer, dachte Irmela Höggen, sind auch neugierig. »Na klar, Euer . . ., wäre mir das peinlich, aber ehrlich, mehr hat sie nicht dazu gesagt. Und ich kenne Kirsten schon länger, ich wußte, daß es keinen Sinn hat, sie auszufragen. Was ihren Intimbereich angeht, war sie immer schon verschwiegen wie eine Auster. Ich bin da ganz anders, aber . . .«
»Bitte dazu jetzt keine Details, Frau Höggen.«
Das Gericht lachte dem Vorsitzenden zu, und der Journalist auf der Pressebank schrieb mit. Irmela Höggen dachte selbstkritisch, daß ihr Mundwerk wieder mit ihr durchgegangen war. Sie warf einen Blick auf Kirsten, konnte aber keine Kritik in ihrem Gesicht sehen.
»Das wollte ich auch gar nicht. Es ging dann so weiter, daß ich sagte, alle Männer sind eben Schweine, was nicht besonders hilfreich war. Und dann fragte ich sie, was sie jetzt machen wolle, und sie zuckte die Achseln und meinte, man könne Gewalt doch nicht einfach so hinnehmen. Und ich sagte ihr, daß nur eine von zwanzig Vergewaltigungen angezeigt wird. Schließlich, habe ich gesagt, was passiert ist, ist passiert. Und sie soll daran denken, wie peinlich das sei, so was anzuzeigen. Wo doch die Männer immer zusammenhalten.«
»Und wie hat Frau Bergmann reagiert?« Johannes Mayer putzte mit methodischen, abgezirkelten Bewegungen seine Brille. Unfaßbar, was Frauen alles so redeten . . .
»Nicht viel. Sie sagte nur, daß sie nie im Leben den Mut gehabt hätte, das zu tun, was sie wirklich wollte. Und daß es vielleicht besser sei, die Sache erst zu überdenken. Sie sagte: ›Ich bin immer nur weggelaufen, das ist das Problem.‹ Ich habe ihr

dann vorgeschlagen, in das Haus nach Kampen zu fahren. Es ist zwar nicht meins, das könnte ich mir nicht leisten, aber ich habe den Schlüssel von einem Bekannten und wußte, daß es leerstand.«

»Diesen Vorschlag hat Frau Bergmann angenommen?«

»Ja, ich bot ihr an, sie hinzubringen, aber sie lehnte das ab, sagte, sie könne selber fahren. Schließlich sei sie kein kleines Kind mehr, und das Leben gehe weiter, so ähnlich. ›Ich muß darüber nachdenken‹, das waren ihre Worte und daß sie sich aus Kampen melden wolle. Ich hatte ja ein bißchen Angst, daß sie sich was antun würde, aber . . .«

»Hat Frau Bergmann Sie dann aus Kampen angerufen, und was hat sie gesagt?« Johannes Mayer hatte nicht den Eindruck, daß das Opfer jemals suizidgefährdet war.

»Ja, zweimal. Einmal nach ihrer Ankunft, da sagte sie nur, daß alles okay sei mit dem Haus, und ein zweites Mal, als sie abfuhr. Da hat sie mir mitgeteilt, daß sie sich entschlossen habe, zur Polizei zu gehen.«

»Ohne Begründung?«

Irmela Höggen schüttelte den Kopf, nachdem sie einen kurzen Blick auf Kirsten geworfen hatte. »Ohne Begründung. Ich habe noch mal versucht, es ihr auszureden, aber es hatte keinen Sinn.«

Timm und Raven hatten den Blick bemerkt.

»Warum haben Sie eigentlich versucht, ihr die Anzeige auszureden, Frau Höggen?« Der Vorsitzende sah sie wieder so streng an.

So etwas, dachte sie, kann nur ein Mann fragen. »Na deshalb. Es muß doch ganz schrecklich sein, vor fremden Leuten sein Innerstes nach außen zu kehren. Und wozu diese Tortur – aus Rache, aus Gerechtigkeit? Nee, dazu bin ich zu pragmatisch.«

»Wenn viele Leute denken würden wie Sie, Frau Höggen, würden die Gerichte arbeitslos werden. Straftaten müssen nun einmal geahndet werden, auch wenn es – wie in diesem Fall – schmerzlich für das Opfer ist.«

. . . und für die Angeklagten, dachte Bernhard Grimme. Wenn er bloß nicht zu dieser Party gegangen wäre, wenn . . .
Der Vorsitzende hatte keine Fragen mehr, und der Staatsanwalt winkte ab. Aber Rechtsanwalt Timm wollte noch etwas von ihr wissen: »Können Sie uns sagen, Frau Höggen, aus welchem Grund Frau Bergmann und Herr Dr. Grimme ihre Beziehung beendet haben?«
Wieder ein Blick zur Bank der Nebenklägerin, dann ein Kopfschütteln. »Nein, ich weiß nichts darüber, sie hat es mir nie gesagt.«
»Auch Dr. Grimme nicht? Sie müssen ihn doch auch ganz gut gekannt haben?«
»Nein, auch Bernhard hat nichts gesagt. Und so gut habe ich ihn nicht gekannt. Wir haben uns ab und zu gesehen. Ich fand ihn eigentlich ganz nett, ein bißchen zu ruhig für meinen Geschmack. Sehr bestimmt, wenn Sie wissen, was ich meine. Er machte auf mich den Eindruck, als ob er immer genau wußte, was er wollte, dies aber nicht raushängen ließ.«
Oliver Timm sah sie beinah hypnotisierend an. »Und halten Sie es für möglich, daß Dr. Grimme . . .«
»Die Frage lasse ich nicht zu.« Mayers Stimme war scharf. Die von Timm sanft: »Wenn Sie mich ausreden ließen, Herr Vorsitzender: Halten Sie es für möglich, Frau Höggen, daß Dr. Grimme sich nach der Trennung von Frau Bergmann so verändert hat, daß aus dem ruhigen und besonnenen Mann ein rachsüchtiger, ja gefährlicher und aggressiver Mensch geworden ist?«
Die Zeugin legte ihren Finger an die Nasenspitze. »Tja, ich weiß nicht. Eigentlich nicht, aber so genau kennt man ja niemand . . .«
»Und halten Sie Ihre Freundin, Frau Bergmann, für rachsüchtig?«
»Diese Frage lasse ich nicht zu.« Der Vorsitzende schaute dabei auf den Staatsanwalt, dessen Schweigen ihn irritierte. Der Verteidiger nickte kurz. »Keine Fragen mehr an die Zeugin.«

Keine Fragen mehr, niemand wünschte eine Vereidigung der Zeugin. Mayer ordnete eine kurze Unterbrechung an, bevor der letzte Zeuge, der Polizist, der Kirsten Bergmanns Anzeige aufgenommen hatte, gehört wurde.
15 Minuten Pause. Timm stand mit seinem Mandanten im Gerichtsflur und rauchte. Er überhörte nicht, was Irmela Höggen zu ihrer Freundin sagte: »Habe ich das gut gemacht?« Und fragte sich, welche Bedeutung diese Bemerkung hatte.
»Ist doch nicht schlecht gelaufen bisher, nicht wahr?« Bernhard Grimme sah aus, als ob er Seelentrost brauchte.
»Nein, nicht so schlecht, Dr. Grimme, aber einen nennenswerten Durchbruch haben wir noch nicht erzielt. Das Schlimme ist, daß Mayer sich schon so festgelegt hat und diese Meinung nur durch ein mittleres bis starkes Erdbeben zu erschüttern wäre.«
Der Mann, von dem sein Schicksal ganz wesentlich abhing. In seinem normalen Leben hätte er einen Johannes Mayer nicht beachtet. »Ich wünschte mir manchmal, Sie würden etwas mehr Zweckoptimismus verbreiten, Dr. Timm. Wenn das Gericht ohnehin schon festgelegt ist, könnten wir uns das ganze Theater doch sparen. Würden Sie mir eigentlich raten, das Weite zu suchen, bevor das Urteil gesprochen ist?«
Timm sah sich um, es war niemand in ihrer unmittelbaren Nähe. Kirsten Bergmann stand wieder an ihrem Stammplatz am Fenster. »Dazu darf ich Ihnen nicht raten, Dr. Grimme, und wenn ich es dürfte, würde ich es auch nicht tun. Ich kann Ihnen nur dringend raten, mir zu erzählen, was Sie mir bisher verschwiegen haben. Ihre Geschichte hat einfach zu viele Haken, auch für mich. Es kann sich einfach niemand vorstellen, daß Sie geschlafen haben, während Frau Bergmann von diesem Krug vergewaltigt wurde. Und was den Zweckoptimismus anbelangt: Was haben Sie davon, wenn ich Sie optimistisch durch den Prozeß peitsche und Ihnen nach der Urteilsverkündung sage: ›Ja, tut mir sehr leid, ein häßliches Urteil, Pech für Sie.‹ Davon haben Sie überhaupt nichts.«

Ja, aber ein bißchen Seelenbalsam in Form von Hoffnung wäre schön. Bernhard Grimme dachte an die letzte Nacht, an die Angst und Verzweiflung, die nur eine Schlaftablette hatte lösen können. Er dachte an seine Praxis: Ganz egal, wie der Prozeß ausgehen würde, als Arzt war er ohnehin erledigt. Selbst wenn die Zeitungen seinen Namen nicht ausschrieben, blieb ein öffentlicher Prozeß kein Geheimnis. Er müßte eigentlich verzweifelter sein.

Er sah hin zu Henner Krug, der neben seinem Verteidiger stand. Krug, der versuchte, seine eigene Haut zu retten. War von diesem Mann etwas anderes zu erwarten?

Henner Krug war beunruhigt. »Und wenn sich das Gericht nicht daran hält, Dr. Laubenthal, was dann? Ich meine, die haben nichts unterschrieben, ich habe keine Garantie, und wenn die mich übers Ohr hauen, dann muß ich schließlich einsitzen und nicht Sie . . .«

Friedger Laubenthal zog seinen Mandanten in die äußerste Ecke des Gerichtsflurs. »Nicht so laut, mein lieber Krug, nun beruhigen Sie sich doch. Sie müssen mir da schon vertrauen, und schließlich haben Sie kein Auto gekauft, mit Stempel und Unterschrift und Garantie. Das gibt es bei Gericht nicht.«

»Aber jede Menge dummes Gequatsche. Sie tun und sagen überhaupt nichts, und dieser Timm macht eine Ein-Mann-Show. Was soll das, will er die Sache künstlich verlängern oder was? Ist doch alles sonnenklar!«

Sein Anwalt dachte daran, daß es ihm relativ egal war, wie lange der Prozeß dauerte. Schließlich wurde er pro Tag bezahlt. Zeit war keine Frage.

»Sie brauchen sich keine Sorgen zu machen, mein lieber Krug. Das Gericht muß nun einmal allem nachgehen, und zwar in freier richterlicher Beweiswürdigung, wie das so schön heißt. Wie es diese Beweise dann wertet, ist eine andere Frage, verstehen Sie?«

Nein, Henner Krug verstand es nicht, aber er nickte. Was blieb ihm schon anderes übrig, als seinem Anwalt zu trauen, nachdem er sich ganz und gar in dessen Hand begeben hatte? Er sah hinüber zu Kirsten Bergmann, die mal wieder am Fenster stand und hinausstarrte. Sie war verdammt cool in Anbetracht der Tatsache, daß sie zwei ausgewachsene Männer vor Gericht gezerrt hatte. Rachsüchtig und ohne Gnade, wie alle Frauen. Wenn irgend etwas in diesem Prozeß schiefging, würde er schon dafür sorgen, daß ihr einiges leid tat. Sehr leid tat.

Der Polizist Hannes Kuhlmann, dritter und vorerst letzter Zeuge, erschien in Uniform und mit Dienstpistole. Das Gericht betrachtete ihn wohlwollend. Johannes Mayer teilte die Meinung vieler seiner Richterkollegen: Polizisten waren glaubhafte Zeugen.

Hannes Kuhlmann war siebenundzwanzig Jahre, und er machte einen sehr selbstsicheren Eindruck. Die ersten Fragen des Vorsitzenden beantwortete er ohne Zögern, knapp und präzise.

Er hat, dachte Timm, die Akte gelesen. Seiner Meinung nach war es ungerecht, daß Polizisten vor der Vernehmung nachlesen konnten, was sie protokolliert hatten, während alle anderen Zeugen sich auf ihr Gedächtnis verlassen mußten, auf Vorfälle mitunter, die ein Jahr oder mehr zurücklagen. Polizisten waren die einzigen Zeugen, denen das Gericht meist vorbehaltlos glaubte, und dazu gab es seiner Erfahrung nach keinen plausiblen Grund. Vielleicht nicht in diesem Fall, aber in tausend anderen hatte die Polizei sehr wohl Motive, von der Wahrheit abzuweichen, Tatsachen zu verschleiern, zu verschönern. Er dachte an seinen letzten Fall, in dem er einen Polizisten vereidigen ließ und dann de facto nachweisen konnte, daß dieser falsch ausgesagt hatte. Natürlich gab es keine Anklage wegen Meineids. Natürlich nicht.

Kirsten Bergmann hatte laut Polizeiprotokoll ausgesagt, daß sie zweimal vergewaltigt worden war: von Krug und Grimme. Der Polizist Kuhlmann spulte seine Aussage ab wie ein Tonband. Routine. Schließlich befaßte er sich jeden Tag mit den häßlichen Seiten des Lebens, das härtete ab, man wurde selber hart. Wie vielen seiner Kollegen war ihm die Ehrfurcht vor den Gerichten abhanden gekommen. Man rackerte sich ab, Verbrecher dingfest zu machen – aber plötzlich hatte ein Staatsanwalt Bedenken, wollte keine Anklage erheben. Oder da saß so ein Richter und wiegte mit dem Kopf; irgendein Anwalt kam mit juristischen Spitzfindigkeiten, und ehe man sich versah, war der Angeklagte freigesprochen. Es war doch so: Die Polizisten machten die Drecksarbeit, und die in den schwarzen Roben ließen zu viele wieder laufen. Manchmal war es ganz schön frustrierend.

Nur bei einer, der letzten Frage des Vorsitzenden, mußte Hannes Kuhlmann nachdenken. Welchen Eindruck Frau Bergmann während ihrer Aussage bei ihm gemacht habe?

»Sehr ruhig, würde ich sagen. Gefaßt. Ich meine, normalerweise sind die Leute aufgeregter, wenn sie zu uns kommen. Besonders Frauen.«

Keine Fragen mehr. Der Vorsitzende blickte prüfend in die Runde, aber wie zu erwarten, war nur Dr. Timm noch unbefriedigt. Er hatte das Polizeiprotokoll aufgeschlagen.

»Herr Kuhlmann: Beim Durchlesen des Protokolls fällt mir auf, daß Frau Bergmann am Anfang sehr flüssig erzählt hat, fast druckreif, möchte ich sagen. Aber dann, es beginnt auf Seite drei, nämlich beim kritischen Punkt des Geschehens, wird sie plötzlich sehr stockend. Gibt geradezu ausweichende Antworten, und Ihre Fragen, Herr Kuhlmann, häufen sich. Zum Beispiel, ich lese vor: ›Dann wurde ich von Herrn Krug auf den Teppich gezerrt und vergewaltigt.‹ «

»Stimmt.« Der Zeuge Kuhlmann nickte.

»Und dann, Herr Kuhlmann, haben Sie laut Protokoll gefragt: ›Wurden Sie mehr als einmal vergewaltigt?‹ Haben Sie Frau Bergmann unterbrochen, weil sie plötzlich gezögert hat, oder wie war das?«

Etwas Aggression in der Stimme – Polizisten und Verteidiger waren natürlich Feinde: »Wenn es da so steht, wird es wohl so sein. War doch eine ganz normale Frage oder etwa nicht?«

Dem Vorsitzenden schwante, worauf Timm hinauswollte. Henrik Raven war nicht überrascht.
»Ja, natürlich, Herr Kuhlmann, eine ganz normale Frage. Aber warum war Frau Bergmann plötzlich so zögerlich, das möchte ich von Ihnen wissen?«
Kuhlmann blickte hilfesuchend zum Vorsitzenden. »Tja, es wird wohl so gewesen sein, daß sie nervös und ängstlich war, was ganz normal ist in so einem Fall.«
Erhobene Stimme: »Aber gerade vorher, Herr Kuhlmann, haben Sie uns gesagt, daß Frau Bergmann – ich zitiere – sehr ruhig und gefaßt war. Was stimmt denn nun: das eine oder das andere?«
»Halten Sie diesen Punkt für erheblich, Herr Verteidiger?« Der Vorsitzende hatte den hilfesuchenden Blick des Zeugen wohl gesehen.
»Ja. In Anbetracht der Aussage der Nebenklägerin in dieser Hauptverhandlung halte ich ihn für relevant. Herr Kuhlmann, wenn Sie nicht mehr wissen, in welcher Verfassung Frau Bergmann war, will ich weiterzitieren: ›Frau Bergmann hat laut Protokoll gesagt: „Ja, ich wurde zweimal vergewaltigt."‹ Danach gab es offenbar wieder eine Pause, denn Sie fragten nun: ›Sie wurden also erst von Herrn Krug und dann von Herrn Grimme vergewaltigt.‹ Das steht im Protokoll als Feststellung, nicht als Frage. Kann es sein, Herr Kuhlmann, und ich frage Sie das, weil Frau Bergmann sich vor Gericht zur Frage der zweiten Vergewaltigung sehr vage geäußert hat, kann es sein, daß Sie Frau Bergmann quasi in diese Richtung geführt haben? Vielleicht aus dem einfachen Grund, weil sie plötzlich verstummte und Sie ihr weiterhelfen wollten in der Ihnen einzig plausiblen Interpretation des Geschehens? Es ist sehr wichtig, Herr Kuhlmann, bitte überlegen Sie genau!«
Richter Mayer mischte sich ein: »Was der Herr Verteidiger hier mit blumigen Worten vorträgt, Herr Kuhlmann, ist die Frage, ob Sie Frau Bergmann unter Druck gesetzt haben. Denn sie hat Ihre Frage mit ›Ja‹ beantwortet.«

Hannes Kuhlmann wurde zornig und versuchte, sich zu beherrschen. Diese verdammten Rechtsverdreher, die einem anständigen Menschen das Wort im Munde herumdrehten, bis man nicht mehr wußte, wo vorn und hinten war. »Es stimmt nicht, Herr Vorsitzender, ich habe sie nicht unter Druck gesetzt, warum sollte ich? Sie ist ja freiwillig gekommen, um die Anzeige aufzugeben. Und die Sachlage war ja völlig klar: zwei Männer, eine Frau, zwei Vergewaltigungen.«

»Eben«, sagte Timm. »Für Sie war das völlig klar. Mir ist aber nicht klar, warum Frau Bergmann just von diesem Punkt an nur noch einsilbige, ja widerstrebende Antworten gab. Sie hat nicht gesagt, ›von beiden‹ oder etwa ›von Herrn Krug und Herrn Grimme‹. In der Tat hat sie den Namen meines Mandanten im Zusammenhang mit der Vergewaltigung nie explizit ausgesprochen. Fanden Sie das nicht ungewöhnlich, Herr Kuhlmann?«

Blödes Herumgequatsche. Der Zeuge mochte seinen Ärger nicht mehr verhehlen. »Sie hat *Ja* gesagt, reicht das etwa nicht? Und sie hat auch die zweite Vergewaltigung geschildert. So ein Protokoll ist schließlich kein Roman, oder?«

»Nein, dazu wären die Polizeiprotokolle auch stilistisch zu fehlerhaft. Ich frage Sie jetzt, ob Frau Bergmann, auch wenn es nicht in Ihrem Protokoll steht, zu irgendeinem Zeitpunkt gesagt hat: ›Dr. Grimme hat mich vergewaltigt‹?«

Kuhlmann: »Sie hat doch Ja gesagt. Im übrigen halte ich es nicht für ausgeschlossen, daß sie es mündlich auch so formuliert hat wie Sie eben.«

Timms Stimme war jetzt schneidend: »Darf ich Sie darauf aufmerksam machen, daß ich auf Ihre Vereidigung nicht verzichten werde. Und als Polizist müssen Sie wissen, daß unter Eid auch eine fahrlässige Aussage strafbar ist. Hat sie es gesagt, oder hat sie es nicht gesagt?«

»Keine Einschüchterung von Zeugen, Herr Verteidiger.« Der Vorsitzende hatte langsam genug von diesem Zeugen und von Timm ganz besonders.

»Nur eine Belehrung, Herr Vorsitzender, nur eine Belehrung des Zeugen. Nun, Herr Kuhlmann?«
Der hatte auch mehr als genug. »Ob sie es so gesagt hat, kann ich heute nicht mehr mit Bestimmtheit sagen. Bei den vielen Protokollen, die ich täglich aufnehme . . .«
»Ja natürlich.« Timm überlegte kurz, ob es nicht besser war, aufzuhören, statt die Sache weiter zu zerreden. Die nächste Frage stellte er eigentlich nur, um Zeit zu gewinnen. »Sagen Sie, Herr Kuhlmann, waren Sie eigentlich allein mit Frau Bergmann, als Sie das Protokoll aufnahmen? Oder war noch einer Ihrer Kollegen im Zimmer?«
Hannes Kuhlmann mußte überlegen. Henrik Raven dachte, daß er genau diese Frage auch gestellt hätte, wenn Timm ihm nicht zuvorgekommen wäre.
»Tja, ich weiß es nicht mehr so genau . . .«
»Ich könnte auch die Nebenklägerin zu diesem Punkt befragen, Herr Kuhlmann.« Timm warf ihr einen Blick zu.
»Also ich meine, da war noch ein Kollege im Zimmer, aber der hatte damit überhaupt nichts zu tun, der schrieb an irgend etwas, und der ging auch zwischendurch mal raus.«
»Ihr Dienstzimmer, ist das ein großes Zimmer? Ich meine, war Ihr Kollege räumlich weit von Ihnen entfernt?«
Eine einfache Antwort auf eine einfache Frage: »Nee, wir haben sehr kleine Zimmer. Das ist so ein Doppelschreibtisch, und mein Kollege sitzt mir quasi gegenüber.«
»Er konnte also theoretisch jedes Wort mitbekommen, das Sie mit Frau Bergmann sprachen?«
»Theoretisch schon. Aber wie gesagt, er schrieb was, hörte gar nicht zu und ging auch mal raus . . .«
Vielleicht ein Geistesblitz, vielleicht aber auch nur Zeitgewinn. Timm merkte, daß Raven ihm von der Seite unmerklich zunickte. Im übrigen war auch dem Gericht klar, was jetzt kommen mußte.
»Und können Sie uns den Namen Ihres Kollegen verraten, Herr Kuhlmann?«

Was sollte das alles? Hannes Kuhlmann war nicht mehr wütend, sondern verunsichert. »Ja, sicher kann ich das: Es ist mein Vorgesetzter, Kriminalhauptwachtmeister Kranz, Hermann Kranz. Aber der ist zur Zeit in Urlaub.«
Das macht gar nichts, dachte Timm. »Keine weiteren Fragen mehr an den Zeugen. Ich verzichte auch auf die Vereidigung, bitte aber um eine kurze Unterbrechung der Hauptverhandlung, wenn der Zeuge entlassen ist.«
»Ich wollte eigentlich nach Abschluß der Beweisaufnahme die Verhandlung schließen.« Der Vorsitzende blickte anklagend auf seine Uhr. »Wenn keine Fragen mehr sind – Vereidigung? – nein, auch Sie nicht, Herr Dr. Timm? – Herr Kuhlmann, Sie können gehen.«
»Nur fünf Minuten, Herr Vorsitzender.« Timm insistierte.
»Na gut, dann habe ich anschließend noch ein paar Fragen an Ihren Mandanten, Herrn Dr. Grimme. Ich schätze, daß wir gegen 15 Uhr fertig sind.«
Der Staatsanwalt grinste Timm an, als er an ihm vorbeiging. »Die Verteidigung«, sagte er, »öffnet jetzt wohl ihren Giftschrank.« Timm nickte. Er war schon dabei, den Beweisantrag zu formulieren.
Henrik Raven eilte in sein Zimmer, setzte sich auf seinen rückenschonenden Stuhl und legte die Beine auf den Tisch. Starrte an die Decke, als ob dort ein Zeichen an der Wand erscheinen würde. Nur strahlendes Weiß . . .
Mayer, dachte er, hat einen Fehler gemacht, wenn es diesen Deal mit Laubenthal tatsächlich gibt. Und vieles sprach dafür: das Geständnis von Krug, das augenfällige Schweigen seines Rechtsanwalts, eine gewisse Tendenz des Gerichts. Er selbst war lang nicht mehr so sicher wie zu Prozeßbeginn und hatte dies Mayer gegenüber nicht verhehlt. Wenn die Aussage der Nebenklägerin so stehenblieb, war das Fragezeichen nicht zu übersehen. Entweder sie sagte klipp und klar, daß Grimme der zweite Mann war oder . . .
. . . oder das Gericht mußte in seiner Urteilsbegründung diese

Klippe mit viel Geschick überwinden. Es ging natürlich, wenn man im Zweifel gegen den Angeklagten . . .
Sein Unbehagen war mit jedem Hauptverhandlungstag gestiegen. Nicht weil Mayer und Timm sich bekriegten und die Atmosphäre im Gericht eisig war. Dies war bei einem eitlen Richter und einem aggressiven Verteidiger vorauszusehen gewesen. Das Unbehagen resultierte vielmehr aus dem Zweifel, ob man sich der Wahrheit überhaupt genähert hatte.
Drei verschiedene Versionen des Tatherganges. Die von Krug klang noch am glaubwürdigsten – und instinktiv glaubte er diese Geschichte am wenigsten. Dann dieses angreifbare Polizeiprotokoll. Auch sein Fehler: Als er mit Kirsten Bergmann gesprochen hatte, damals, da war ihm nicht aufgefallen, daß sie sehr zögerlich geworden war, als es um die zweite Vergewaltigung ging. Und wenn es ihm aufgefallen war, hatte er es auf weibliches Schamgefühl geschoben oder darauf, daß sie mit Grimme früher liiert war. Er hatte nicht nachgehakt, weil ihm die Aktenlage eindeutig erschienen war.
Und dann dieser Polizist, den Timm in die Ecke getrieben hatte. Polizisten hatten in der Regel wenig Ahnung von Recht und Gesetz. Schon möglich, daß Kuhlmann sie sozusagen geführt hatte, vielleicht, weil es kurz vor Dienstschluß war oder . . .
Aber zum Teufel, sie war klug und bestimmt nicht leicht einzuschüchtern oder zu manipulieren. Warum sollte sie »Ja« sagen, wenn es nicht stimmte? Und wenn es nicht stimmte, was war ihr Motiv? Erst hatte sie Grimme reingeritten, und jetzt, während der Hauptverhandlung, machte sie einen halben Rückzieher. Einen halben, wohlgemerkt. Blieb im Zweifel für den Angeklagten Grimme die Frage, wie er eine beziehungsweise zwei Vergewaltigungen verschlafen konnte?
Henrik Raven holte sich Milch aus seinem Privatkühlschrank. Verfluchte seinen Beruf, der ihn dazu zwang, menschliche Verhaltensweisen nach Paragraphen zu messen. Ihn zwang, Menschen auszuziehen, sie ihrer Schutzhüllen zu berauben, bis im Namen der Gerechtigkeit und des Volkes ein Urteil ge-

sprochen wurde, mit dem das Gericht leben konnte. Manchmal, wie heute, war er es verdammt leid, in Tragödien herumzuwühlen, in diesen lächerlichen und schrecklichen menschlichen Fehlern. Er würde Kirsten Bergmann anrufen, irgendwann, wenn der Prozeß vorbei war.
In diesem Prozeß war er weitgehend stumm geblieben. Er hatte Mayer und Timm die Show überlassen, und diese Show würde in einer Minute einen weiteren Höhepunkt erfahren. Er mußte wieder rüber, um sich Timms Beweisantrag anzuhören. Ein Beweisantrag, den das Gericht schwerlich ablehnen konnte.
Dr. Oliver Timm las vor: »In der Strafsache gegen Dr. Grimme und andere wird folgender Beweisantrag gestellt: Es wird beantragt, den Zeugen Hermann Kranz darüber zu vernehmen, ob die Nebenklägerin bei der Vernehmung vom 8. August von sich aus nicht geäußert hat, daß auch der Angeklagte Dr. Grimme mit ihr den gewaltsamen Geschlechtsverkehr vollzogen habe und daß die in eine solche Richtung weisende Passage in der Vernehmungsniederschrift darauf zurückgeht, daß die Nebenklägerin durch energische Vorhaltungen des Polizisten Hannes Kuhlmann offensichtlich in diese Richtung gedrängt worden ist.«
Der Vorsitzende und Richter Boll wechselten einen bedeutungsvollen Blick. So und nicht anders hatte man es erwartet.
»Möchte jemand eine Erklärung zu diesem Beweisantrag abgeben?«
»Völlig überflüssig«, murmelte Friedger Laubenthal, aber nein, keine Erklärungen.
»Das Gericht wird darüber beraten und zu Beginn des nächsten Hauptverhandlungstages eine Entscheidung verkünden. Gleichwohl sollten der Staatsanwalt und die Herren Verteidiger auf Plädoyers eingerichtet sein.«
Johannes Mayer ließ seinen Unmut am Angeklagten Grimme aus. Seine Fragen waren scharf und ungeduldig, und er formulierte sie haarscharf an jener Grenze, deren Überschreitung Grimmes Verteidiger beanstandet hätte. Aber wie er auch frag-

te und bohrte, der Angeklagte wich in keinem Satz von seiner ersten Einlassung ab. Auf den Vorhalt, daß Krug ein Teilgeständnis abgelegt und ihn, Dr. Grimme, erheblich belastet habe, erklärte der Angeklagte nur, daß *er* die Wahrheit sage und die Äußerungen des Henner Krug nicht erklären könne.

»Wollen Sie uns wirklich erzählen, Herr Dr. Grimme, daß Sie geschlafen haben, während Herr Krug Ihre ehemalige Geliebte vergewaltigt hat? Es erscheint mir einfach unglaubhaft, ich kann es mir nicht vorstellen, Herr Grimme.«

»Darf wahr nur sein, was ein Richter sich vorstellen kann?« Es war nur ein Murmeln, mehr nicht, aber der Vorsitzende hatte es gehört, und sein Zornpegel stieg und prallte ab an einem Angeklagten, der sich nicht in Widersprüche verwickelte, der weder mit lauter noch mit leiser Stimme zu bewegen war, von seiner Version dieser Nacht abzugehen. Johannes Mayer gab nach 40 Minuten entnervt auf.

Der Alkoholsachverständige hatte als letzter das Wort, und seinen Ausführungen zufolge hatten die beiden Angeklagten zwar unter erheblichem Alkoholeinfluß gestanden, waren nach seiner Einschätzung jedoch noch absolut zurechnungsfähig.

Der Vorsitzende schloß die Verhandlung für diesen Tag und beraumte die nächste für Freitag, den 13. Februar an. Offen blieb, ob am 13. das Urteil gesprochen würde.

XV. Kapitel

Es war, als müßte sie von neuem lernen zu leben. Der Chinese, der so plötzlich in ihrem Leben aufgetaucht und wieder verschwunden war, hatte eine Leere hinterlassen, die sie einfach nicht füllen konnte. Wie eine Heroinsüchtige, die die Nadel braucht . . .

Die Entzugserscheinungen äußerten sich in fast schlaflosen Nächten und traumwandlerischen Tagen. Kirsten van Rouen funktionierte: Das heißt, sie stand morgens auf, kochte Tee und holte die Zeitung. Reihte sich in die U-Bahn-Schlangen und fuhr zur Fleet Street. Tat ihre Arbeit so unauffällig und fehlerlos, daß man sie für tüchtig hielt. Ging mittags mit Kollegen in den Pub um die Ecke, kaufte abends, auf dem Nachhauseweg ein, ohne darüber nachzudenken, was sie essen wollte. Sie war einsam, und sie war unglücklich, aber das waren Tausende anderer Menschen auch, und natürlich fiel sie in dem Heer der Farblosen und Schweigsamen in Londons Straßen und U-Bahn-Stationen nicht auf.

Abends verschwand sie in ihrem Loch, das sie Wohnung nannte, und starrte auf das Telefon, das sich nicht hypnotisieren ließ. Es klingelte selten. Keine Post von Siegfried. Die irrwitzige Hoffnung wurde mit jedem Tag kleiner, bis sie nur noch ein Schatten war, der sie begleitete. Sie sagte sich, daß es idiotisch war, ein Leben nur auf einen Menschen, einen Fremden, auszurichten. Er hätte ja auch einen Unfall haben können, einen Herzinfarkt. Aber der Gedanke, daß Siegfried weiterlebte, ohne sie, war unerträglich.

Nach fünf Monaten wünschte sie ihm einen qualvollen Tod. Und schwor, sich nie wieder auf das Gefühl einzulassen, daß man Liebe nannte. Das Ende dieses Gefühls war immer Schmerz – den man anderen zufügte oder selbst erlitt. Das häßlichste war, daß sie sich gleichgültig geworden war. Sie merkte es daran, daß sie wahllos fraß, sich von Fast-Food und Brot und Kuchen ernährte, zu faul, etwas zu kochen. Zuviel Whisky, zuviel Wein. Sie wurde dicker, und es machte ihr nichts aus.

»Herzchen, du bist ganz schön fett geworden, seit dein Galan die Kurve gekratzt hat.«
Ihr Nachbar, der Bildhauer, der nach wie vor männliche Genitalien zu Kunstwerken formte, die niemand haben wollte, musterte sie abschätzend. »Wenn ich etwas für Frauen übrig hätte, würde ich dir bald vorschlagen, mir als Rubensstatue Modell zu sitzen. Soviel Kummerspeck wegen eines Typen. Mach es wie ich, und nimm sie, wie sie kommen. Es gibt doch so viele Männer. Wir wollen doch alle nur ein bißchen Zuneigung, ein bißchen Wärme, ein bißchen Lust. Mein Letzter war übrigens ein Goldstück, er hat mir den Auftrag gegeben, den Seinen in Gold zu verewigen. Komisch, nicht? Den stellt er sich in die Vitrine, und wenn er mal selbst nicht kann . . . Ich habe ihn übrigens eine Winzigkeit größer gemacht. Die Kunst ist größer als die Wirklichkeit . . .«
Kirstens Wirtin, die im Dachgeschoß des Backsteinhauses residierte und von den Mieteinnahmen lebte, welche für Renovierungen leider nichts übrigließen, bekundete zum ersten Mal persönliches Interesse. Kathleen, deren Wohnung mit Postern geschmückt war, die zum Geschlechterkampf aufriefen, gab Kirsten den Tip, die Seiten zu wechseln.
»Mädchen, du kannst nicht einfach so ziellos dahinleben, bis du an den Punkt kommst, an dem du den Gashahn aufdrehst. Schau mich an: Mein Mann hat mich gegen 'ne Jüngere eingetauscht, als ich vierzig wurde. Zu alt, zu fett, zu langweilig. Da hab' ich mich auf meinen Hintern gesetzt und erst einmal geheult, dann hab' ich beschlossen, 'ne Lesbe zu werden. Es war eine ganz rationale Entscheidung. Ich habe mir gesagt, daß ich nicht bis ans Ende meiner Tage allein sein wollte. Einen neuen

Mann zu finden, das hätte geheißen, mich aufzumotzen, äußerlich immer bereit sein und darauf warten, daß du in einem Pub oder sonstwo angequatscht wirst. Diese passive Lauerstellung, verstehst du? Mit Frauen ist das viel einfacher. Es gibt ein paar Dutzend Clubs und Lokale in London, du gehst einfach hin und guckst dir jemand aus, und schon bist du nicht mehr allein in dieser Nacht. Und wenn du Glück hast, auch in der nächsten nicht. Natürlich muß man, wenn man Lesbe ist, auch die feministische Philosophie draufhaben. Aber das ist nicht schwer, Schätzchen, wenn das Basiswissen da ist, daß die Welt von Männern regiert wird und die Welt ein beschissener Misthaufen ist. Prost, Schätzchen, auf das, was uns glücklich macht! Viel ist es ja nicht. Meine letzte Schnecke hat mich verlassen, weil sie meinen Busen zu groß, zu sexistisch fand, die blöde Ziege.«

Kirsten verstand den Wink mit dem Zaunpfahl, aber sie war noch nicht bereit, aus praktischen Gründen die Seiten zu wechseln. Gleichwohl empfand sie die plötzliche Zutraulichkeit ihrer Hausgemeinschaft als angenehm. Da war nicht nur der Bildhauer oder Kathleen, sondern auch Elsa, das junge Mädchen aus dem ersten Stock, das sein Musikstudium durch gelegentliche Besuche von Männern finanzierte, oder der Junge aus Jamaika, von dem niemand wußte, wo er das Geld für seine Partys hernahm. Kathleen meinte, daß er entweder ein »Pimp« – ein Zuhälter – war oder dealte. »Aber solange er es nicht in meinem Haus macht, soll es mir egal sein. Ich kann alle Männer ertragen, nur nicht die anständigen, die ihre Frauen verprügeln.«

Ein Haus voll verkrachter Existenzen, dachte Kirsten, und fühlte sich in gewisser Weise zugehörig. Aber es waren nicht die guten Ratschläge, die ihr halfen.

Die Zeit heilte ihre Wunde Siegfried, aber eine häßliche Narbe blieb zurück.

Sie hatte 20 Pfund zugenommen und änderte ihre Eßgewohnheiten trotzdem nur insofern, als sie keinen Kuchen mehr mit nach Hause nahm, und das auch nur, weil das Gehalt für die ständige Erneuerung ihrer Garderobe nicht ausreichte.

Im Herbst, als ihr Leben sich so weit normalisiert hatte, daß das Klingeln des Telefons sie nicht mehr aufregte und die Schlaflosigkeit sich gelegt hatte, wurde sie in das Ressort »Innenpolitik« befördert und dem Kollegen Matthews zugeordnet, der seine große, rote Nase seit drei Jahrzehnten in die Politik steckte und, wie man sagte, dabei immer versoffener, genialer und zynischer geworden war.

Matthews schleppte sie in die Bars und Pubs in und um das Unter- und Oberhaus und predigte ihr, daß es keine besseren Plätze für journalistische Spionage gäbe.

»Die Pressekonferenzen kannst du vergessen. Wichtig sind persönliche Kontakte und am besten die mit den kleineren Lichtern, weil diese Abgeordneten frustriert und blöd genug sind, Journalisten gegenüber das Maul aufzumachen. Immer gut mittrinken, gut zuhören und nur wenige Fragen stellen. Dann kombinierst du ein paar Fakten mit ein paar Aussagen und peng, hast du deine Story.«

Matthews fand seine neue Kollegin unsympathisch. Erstens war sie für seinen Geschmack zu fett – das war er selbst und mochte es deshalb nicht bei Frauen. Zweitens war sie von einer Gleichgültigkeit, die ihn irritierte. Nicht, daß sie nicht zuhörte oder nicht tat, was man von ihr verlangte. Sie recherchierte und schrieb ordentlich. Ein Bonus war auch, daß sie eine gute Trinkerin abgab. Antialkoholiker hatten in diesem Fach wenig Chancen. Sie war arbeitswillig und bereit, auch die blödesten Termine für ihn wahrzunehmen. Man konnte meinen, daß sie ehrgeizig war und ihren Beruf liebte. Aber Matthews war zu alt und ausgebufft, um sich täuschen zu lassen.

Ihre Angepaßtheit war hinterhältig und falsch. Kirsten van Rouen nervte ihn mit ihrem Mangel an Aggression, an menschlicher Wärme und Fehlerhaftigkeit. Manchmal hatte er den Verdacht, daß sie verrückt war. Nicht einmal eine Katze besaß

sie. Als guter Engländer fand er Menschen ohne Haustiere unheimlich.
Nichtsdestotrotz waren Matthews und van Rouen ein erfolgreiches Gespann. Wohl deshalb, weil Kirsten sich auch mit jenen Abgeordneten und deren Zuträgern gemein machte, die Matthews auf den Tod nicht ausstehen konnte und bei denen er Probleme hatte, ihnen sein freundlich geneigtes Ohr zu leihen. Sie war eine exzellente Zuhörerin. Ließ sich nicht irritieren, wenn einer der alten Männer versuchte, sie zu tätscheln, sie zu einem »dirty weekend« zu überreden. Viele waren ohnehin schwul, andere nur mit der Macht in Lust verbunden. Wo Matthews auf Schweigen stieß, weil der alte Fuchs zu bekannt und gefürchtet war, pickte sie noch Brosamen auf, die er mit seinen Recherchen verknüpfte und mit jenem Hauch Spekulation niederschrieb, die das Salz seiner Schreibe war.
Kirsten lernte schnell. Sie lernte, daß es Politikern vor allem darum ging, die richtigen Allianzen einzugehen, die richtigen Leute zu stützen oder zu stürzen, die richtigen Intrigen zu weben, um selbst ein Stück weiterzukommen.
In diesem Spiel wurden die Journalisten von den Politikern benutzt, aber Matthews hatte genug Geschick und Erfahrung, um dieses Spiel zu durchschauen. Beliebt machte ihn das nicht, aber gefürchtet. »Ich brauche sie, wie sie mich brauchen«, sagte er immer. »Wenn sie nicht auch Angst vor mir hätten, wäre ich ein schlechter Journalist. Die meisten Leute machen den Fehler, daß sie geliebt werden wollen. Poppycock! Gefürchtet muß man sein, sonst bleibt man ein Würstchen, und wird von anderen millimeterweise verspeist.«
Daß sie die Zehenspitzen in Matthews' Fußstapfen gesetzt hatte, merkte Kirsten daran, daß einige Abgeordnete vorsichtiger mit ihr umgingen, nicht mehr so gönnerhaft und von oben herab. Tatsächlich fand sie die meisten ihrer Gesprächspartner ziemlich aufgeblasen und durch gravierende menschliche Verschleißerscheinungen entstellt. Das politische Geschäft war hart. Ein falscher Schritt oder ein zu langsamer, der Verlust an

Einfluß nach unten oder der Entzug der Gunst von oben konnte schon das Aus bedeuten.
Fast alle, mit denen Kirsten sprach, schienen gehetzt: gehetzt von der Gier nach Macht und Einfluß. Kirsten war der Meinung, daß sie nicht nur alle – fast alle – ähnlich dachten, sondern auch ähnlich aussahen: gedeckter Anzug, gestreifte Hemden, Krawatten, die immer die Zugehörigkeit zur Klasse und Partei widerspiegelten. Aktenkoffer. Wohltemperierte Stimmen. Blicke, die nur diejenigen voll trafen, die nützlich sein konnten.
Der Unterschied zwischen den beiden Parteien reduzierte sich für Kirsten darauf, daß die Konservativen arroganter waren, aber bessere Umgangsformen hatten. Von denen wurde sie in erster Linie als Frau und nicht als Journalistin behandelt. Obwohl Matthews immer behauptete, daß gerade unter den Konservativen die meisten »Perversen« waren. Tatsache war, daß in Londons Kellern nur wenige Leichen lagen, von denen Matthews noch nicht gehört hatte.
»Mindestens ein Drittel von dem, was ich weiß, werde ich nie schreiben können«, sagte er, und das Glitzern in seinen wasserblauen Augen deutete an, daß auch er seine Macht genoß: die Macht des Wissens.
Kirsten wußte noch zuwenig, um das, was sie tat, wirklich interessant zu finden. Was ihr fehlte, war politisches Engagement schlechthin. Es trieb Matthews auf die Palme, wenn sie zugab, keine politische Meinung zu haben, wenn sie sich in keiner Frage ereiferte oder festlegte und Politik nur als Fortsetzung des Lebens mit anderen Mitteln betrachtete.
Falls er ihr grollend Respekt bezeugte, dann dafür, daß sie offenbar nicht verführbar war. Einladungen privater Natur schlug sie grundsätzlich aus, auch wenn es sich um eine Person mit Rolls-Royce und Landsitz handelte. Matthews war der Meinung, daß gute Journalistinnen häßlich sein sollten, und das war sie nicht, obwohl sie ein paar Pfunde zuviel drauf hatte und nichts aus sich machte. Ein bemerkenswerter Mangel

an Eitelkeit: die langen Haare waren immer zu einem Knoten geschlungen, das Gesicht fast ungeschminkt und die Klamotten immer praktisch. Trotzdem, das Gesicht war schön zu nennen, wenn da nicht diese sonderbare Kälte wäre.
Matthews war neugierig, natürlich, und er hatte sich bei den Kollegen nach ihrem Privatleben erkundigt. Erstaunlich wenig war bekannt. Da habe es mal einen Mann gegeben, hieß es, auch, daß sie früher eher dünn gewesen sei. Sie wohne in einer obskuren Straße, ungewöhnlich für London, in dem eine »gute Adresse« so wichtig war. Einige äußerten die Vermutung, daß sie eine Lesbe war, andere hielten sie schlicht für asexuell. Als Pluspunkt galt, daß sie mittrinken konnte, wenig bis gar nicht klatschte und vor allem, daß sie nicht am Stuhl von anderen sägte. Matthews, mit sechzig Jahren schon jenseits dieser Sorgen, hielt das eher für eine schlechte Eigenschaft, zumindest für einen Mangel an Ehrgeiz und Ellenbogen. Sein Leitspruch: »Leute, gegen die ich nicht kämpfen muß, sind langweilig.«
Kirsten fand in Matthews einen grantigen Großvater, der sie behandelte wie eine ungeliebte Enkelin: brutal, aber fair. Er war, ob sie das wollte oder nicht, in diesen Monaten zu ihrer wichtigsten Bezugsperson geworden. Wenn er am späten Vormittag in die Redaktion kam, konnte sie schon an seinem Gesicht ablesen, welche Art von Kater er hatte, ob er brummeln würde, zynisch sein oder – was seltener vorkam – seinen Charme den Kollegen angedeihen ließ. Bemerkenswert war, daß selbst der Chefredakteur auf Distanz ging, wenn Matthews einen seiner schlimmen Hangover hatte.
An einem jener trüben Londoner Herbstnachmittage war Matthews strahlender Laune. Er saß mit Kirsten in seinem Lieblingspub in der Nähe der Downing Street und prostete ihr zu.
»Mädchen, das ist eine der besten Geschichten, die ich je gehört habe. Und das allerbeste ist, daß wir sie beweisen können, also schreiben. Das Vergnügen habe ich nicht oft gehabt. So, und jetzt erzähl mir die Story noch einmal von Anfang an. Jedes Detail bitte.«

Kirsten stützte beide Arme auf die Theke und sprach gerade laut genug, damit er sie hören konnte. »Also, das war so. Gestern abend rief mich ein Abteilungsleiter im Außenministerium an. Ich kenne ihn flüchtig, ein John McPhearson, so ein blasser Jüngling mit dicker Hornbrille und dem Habitus eines Intellektuellen. McPhearson fragte mich, ob ich ihn in ›Annie's Pub‹ in Bayswater treffen könne, er habe eine tolle Story für mich. Er tat furchtbar geheimnisvoll, wollte am Telefon nichts sagen. Jedenfalls habe ich mir ein Taxi geschnappt und war noch vor ihm da. McPhearson kam pünktlich um acht Uhr, und erst mußte ich lachen, weil er sich verkleidet hatte, mit Schlapphut und aufgestelltem Mantelkragen. Mir kam das vor wie in einem schlechten Krimi.«

»War aber ein guter . . .« Matthews grinste tückisch.

»Er zog gleich ein Bündel Papiere aus der Tasche, die er mir verstohlen reichte. ›Hier sind alle Unterlagen‹, sagte er, ›ich habe sie für Sie fotokopiert.‹

›Was für Unterlagen?‹, fragte ich, und er zischte mir zu, ich solle nicht so laut sprechen. Die Kellnerin kam, und wir bestellten zwei Bier. Danach sagte er zu mir: ›Diese Unterlagen beweisen, daß die Regierung 40 U-Boote an die Republik Südafrika verkauft hat, illegal. Sie sollen über Frankreich und Israel in die Republik gebracht werden!‹«

»Hast du ihn gefragt, warum er damit ausgerechnet zu dir gekommen ist?«

»Habe ich, Matthews. Er sagte, er wolle dir die Story geben, aber unter keinen Umständen mit dir gesehen werden. Deshalb der Anruf bei mir. Ich habe ihn auch gefragt, warum er diese Story an die Presse gibt, und weißt du, was seine Antwort war? Der Kerl ist bei der Anti-Apartheid-Bewegung, und dieses Geschäft kann er mit seinen Moralvorstellungen nicht vereinbaren.«

»Dann hätte er nie in die Politik gehen dürfen.« Matthews grunzte und bestellte zwei neue Gläser mit der bernsteinfarbenen Flüssigkeit, die ihm lieber war als jede Frau. »Moral ist die allerletzte Eigenschaft, die ein Politiker braucht. Wir werden ihn natürlich nicht als Quelle nennen, aber aller Wahrscheinlichkeit nach brauchen sie im Ministerium nicht lange zu recherieren, wenn die Story rauskommt. Aber das ist ja schließlich sein Bier und nicht unseres.«

»Du meinst, das beendet seine Karriere, so oder so?«

Matthews' Augen zeigten keinen Funken Mitgefühl. »Ich bin fast überzeugt davon. Viel mehr werden sie ihm aber wohl nicht tun, denn McPhearson ist schon seit vier Jahren dabei, der weiß zuviel. Aller Wahrscheinlichkeit nach werden sie ihn klammheimlich an einen Außenposten am Arsch der Welt setzen, Papua-Neuguinea oder so. Im Außenministerium gibt es viele Möglichkeiten, Leute zum Schweigen zu bringen. Weißt du, das tollste ist, daß ich von diesem U-Boot-Geschäft schon gehört habe. Beim ersten Mal dachte ich, das Gerücht sei vielleicht von der Opposition in die Welt gesetzt worden, aber siehe da, es stimmt. Die Papiere, die er dir gegeben hat, habe ich genau unter die Lupe genommen. Stempel, Siegel, Unterschrift, stimmt alles. Auch die Transportfirma, die zwischengeschaltet ist, existiert. Alles in bester Ordnung, bis auf die Tatsache, daß gegen unsere werten Gesetze verstoßen wird.«

»Warum machen die das?«

Matthews zuckte die Achseln und starrte in sein Glas, das sich nie wundersam füllte. »Was weiß ich, Geld vielleicht, oder weil sie die Dinger ohnehin loswerden wollen oder der südafrikanischen Regierung einen Gefallen schulden, oder alles zusammen. Wir wollen nicht zu moralisch an die Sache herangehen. Wenn die Briten nicht verkaufen, dann tun es die Franzosen, die Deutschen oder wer auch immer. So wird wenigstens unsere Rüstungsindustrie gestärkt... Nein, darum geht es nicht, sondern lediglich um den Fakt, daß die Regierung gegen ein Gesetz verstößt und wir das beweisen können. Der Artikel erscheint übrigens genau in drei Tagen, wenn die Dinger aus Dover ausgeschifft sind, nicht eine Minute vorher. Und weißt du, was für eine Headline wir nehmen?«

Kirsten schüttelte den Kopf. Nein, sie wollte keinen Whisky mehr.

»›Stoppt die U-Boote‹, nennen wir den Artikel. Wir zwei werden ihn gemeinsam schreiben, schließlich hast du die Story an Land gezogen – auch wenn er mich gemeint hat. Wird schließlich Zeit, daß du richtig ins Geschäft kommst.«

»Die Anti-Apartheid-Gruppen werden Sturm laufen.«

Matthews beobachtete aus den Augenwinkeln, wie ein Mann, den er gut kannte, den Pub betrat.

»Na klar, meine Liebe, aber nicht nur die. Über diese Geschichte stürzt mit einigem Glück der Außenminister. Der Premier wird sich herausreden, aber wer weiß . . . U-Boote sind gefährliche Waffen, wenn sie in den richtigen Gewässern schwimmen. Mal sehen, wen wir alles treffen können.«

»Und der Chefredakteur, wird der die Story drucken?« Wenn ich damit ankäme, dachte sie, ganz bestimmt nicht.

»Wenn ich mein Soll an Bernstein habe, gehe ich zu ihm. Er wird mit Wenn und Aber kommen und dann doch zustimmen, dem Pilatus gleich. Glaub mir, ich habe noch nie eine Falschstory verkauft. Ich bin ein alter Hase, habe sogar Stempel und Unterschrift von einem Vertrauensmann checken lassen. Ne, Mädchen, nicht mit mir. Wir zwei, wir kommen zwar nicht an Watergate ran, aber für den Anfang reicht es. So was ist für mich wie Adrenalin, verstehst du, die Wahrheit. Nur ein paar Tropfen aus dem Meer der Vertuschung ans Licht zu bringen. Ich weiß, daß sie den alten Matthews einen Zyniker nennen. Aber Zynismus ist der geglückte Versuch, die Welt so zu sehen, wie sie wirklich ist. Ist von Jean Genet. Barkeeper, noch einen letzten . . .«

Wenn er zitierte, war dies das sicherste Zeichen für einen gehobenen Alkoholpegel. Kirsten holte ihr Portemonnaie aus der Tasche und bezahlte ihre Getränke. Matthews gab auch in Ausnahmesituationen keinen aus.

»Ich fahre jetzt zurück in die Redaktion. Kommst du runter,

wenn du beim Chefredakteur warst? Wir könnten die Story dann gleich schreiben . . .«

Whisky verwandelte ihn in einen besseren Menschen. Er betrachtete das junge Ding beinahe liebevoll. »Nein, heute nicht mehr, morgen tun wir das, ich möchte noch eine Nacht darüber schlafen, die Worte auskosten, die zu Papier gebracht werden. Und weißt du, was die Pointe an der Geschichte ist? Eine Sekunde, bevor wir in Druck gehen, werde ich versuchen, den Außenminister zu erreichen oder, wenn das nicht geht, den Staatssekretär. Stelle eine ganz einfache Frage, bekomme eine ganz einfache Lüge zur Antwort. Dann werden sie rotieren, aber dann ist es schon zu spät. Und am nächsten Morgen werden wir die Schlagzeile schlürfen: Stoppt die U-Boote. Unterzeile: Unterschrift des Außenministers gefälscht?«

Drei Tage später, drei Tage voller Hektik, in der die Redaktion der U-Boot-Story alles andere unterordnete und Matthews seinen Triumph wie ein bösartiger Clown auszukosten schien – drei Tage später war nur noch die Unterzeile wahr, das und die beiden Namen, die unter dem Aufmacher standen.

Es war Nachmittag, der Nieselregen hatte London in graue Schleier gehüllt, und sie saßen im Büro des Chefredakteurs. Kirsten war leichenblaß, sie hatte kaum geschlafen in den letzten Nächten. Matthews' kleine Schweinsaugen waren rotgeädert. Der Chefredakteur trank Cognac. Nur seine zweifellos exzellente Erziehung ließ ihn Contenance bewahren.

»Die Mittagszeitungen haben die Story aufgegriffen, und sie ist auch schon über BBC und die Fernsehstationen gekommen. Für heute abend haben Anti-Apartheid-Gruppen Demonstrationen vor dem Außenministerium angekündigt. Es ist, als ob wir eine kleine, nette Bombe gelegt hätten.«

Kirsten starrte auf ihre Schuhe.

»Nur leider, liebe Kollegen, werden Sie für diese Geschichte keinen Pulitzer-Preis bekommen. Ich war eben im Büro des Premierministers: Sie sind einer Ente aufgesessen. In einer guten Stunde wird der Außenminister eine Pressekonferenz ge-

ben und alles dementieren. Die Papiere, die wir veröffentlicht haben, sind eine Fälschung.«
Kirsten verspürte den Drang zu kichern, was angesichts des Ernstes der Lage unpassend gewesen wäre. Sie blickte zu Matthews, der nur noch aussah wie ein besiegter Clown.
»Sind Sie ganz sicher, ich meine . . .«
Der Chefredakteur sah beinahe gelangweilt aus dem Fenster. »Natürlich bin ich ganz sicher. Ich habe die zwei Unterlagen, auf die es ankommt, vorlegen müssen, und sie sind bei Scotland Yard überprüft worden. Papier und Stempel sind echt, aber die Unterschrift ist gefälscht, und die Texte sind pure Erfindung eines kranken Hirns. Ich habe unseren Informanten nicht preisgegeben, versteht sich, aber zweifelsohne wird man ihn finden. Entweder er hat sich diese Geschichte ausgedacht oder er ist selbst betrogen worden. Eines allerdings ist gewiß: Wir sind auf jeden Fall die Angeschmierten. Es gibt keine U-Boote, die gegen Südafrika fahren. Also müssen wir entweder morgen dementieren oder mit einer Verleumdungsklage rechnen, deren Dimensionen ich mir nicht ausrechnen möchte.«
»Es stinkt«, sagte Matthews auf einmal. »Die ganze Geschichte stinkt zum Himmel. Dreißig Jahre lang habe ich keine Ente produziert, alle Fakten zweimal, dreimal gecheckt. Ich habe diese Papiere einer zuverlässigen Person im Außenministerium vorgelegt, und ihre Echtheit wurde mir bestätigt. Entweder steckt etwas dahinter, was ich noch nicht überblicken kann, oder die Sache ist so, daß man mich bis auf die Knochen blamieren, aus der Szene radieren wollte.«
Der Chefredakteur blickte kühl auf den Weißhaarigen: »Meinen Sie nicht, daß Sie sich selbst zu wichtig nehmen? Es wäre immerhin möglich, daß jemand unser Blatt aufs Korn nehmen wollte. Schließlich haben wir immer, dank Ihrer Hilfe, kräftig gegen die Regierung geschossen. Wie dem auch sei, Matthews, diesmal war es ein Eigentor. Und es wird uns gar nichts anderes übrigbleiben, als in der Ausgabe morgen das Statement des Außenministers abzudrucken und zuzugeben, daß

wir uns geirrt haben. Bitter für Sie beide und für die Zeitung, ich weiß. Aber die Story müssen Sie noch schreiben.«
Kirsten war die Betonung des einen Wortes nicht entgangen. Wie komisch, dachte sie, daß meine Fleet-Street-Karriere schon zu Ende ist, bevor sie richtig angefangen hat. Selbstmitlied war angebracht, aber Matthews bedauerte sie noch mehr. Sie war es schließlich gewohnt, daß sie nie bekam, was sie wirklich wollte. Der Alte aber war in seiner Berufsehre getroffen, zutiefst gedemütigt.
»Soll ich alleine zur Pressekonferenz gehen?«
Matthews blinzelte sie an. »Nein, ich gehe hin, und ich werde herausfinden, von wo der Gestank kommt, und wenn es das letzte ist, das ich noch recherchiere.«
Er wandte sich an den Chefredakteur, den er immer für einen aufgeblasenen Eton-Wicht gehalten hatte: »Sie können dem Verlag sagen, daß ich einer frühzeitigen Pensionierung zustimme. Ich werde mich in mein Haus in Wales zurückziehen und angeln.«
»Immer noch besser, als im Londoner Sumpf im trüben zu fischen.« Der Chefredakteur erlaubte sich ein schmales Lächeln, denn die Lösung war nach seinem Geschmack. Matthews war ein altes, versoffenes Ekel, aber er war fair und würde ihn aus der Geschichte raushalten. Ein Turmopfer. Blieb nur noch die Frage, welch eleganten Abgang man für die van Rouen finden würde. In der Innenpolitik war sie auf keinen Fall zu halten.
»Für eine Pensionierung«, sagte Kirsten, »bin ich noch etwas zu jung.«
Ein gnadenloses Lächeln: »Gewiß. Erst einmal müssen wir sehen, wie wir aus dieser leidigen Angelegenheit einigermaßen ungeschoren davonkommen.«
Sie waren entlassen. Matthews klopfte ihr beruhigend auf die Schultern, als sie im Lift in die Redaktionsräume fuhren. »Verdammtes Pech«, brummte er. »Jetzt gehen wir erst einmal in mein Büro und genehmigen uns einen, nachdem dieser Fisch seinen Cognac allein getrunken hat. Dann mache ich mich auf

den Weg zur Pressekonferenz, und bei Gott, wenn ich die ganze Nacht auf den Beinen bin, ich kriege heraus, wer uns so reingelegt hat und vor allem warum!«

»Meinst du, Matthews, daß es McPhearson war?«

Der Alte zog in seinem Büro eine Flasche Whisky aus dem Schreibtisch und schenkte zwei Wassergläser halbvoll. »Cheers, meine Liebe, auf bessere Zeiten.«

Das Brennen in der Kehle war ein angemessener Trost. »Nein, ich glaube nicht, daß es McPhearson war, dazu hat der nicht das Format. Nein, die Geschichte muß komplizierter sein. Du kannst dich darauf verlassen, daß ich heute noch all meine Quellen anzapfen werde, um es herauszubekommen. Es gibt noch ein paar Leute, die mir einen Gefallen schulden.«

Kirsten zündete sich eine Zigarette an und suchte in dem Chaos seines Büros nach einem Aschenbecher. Das einzige, was immer auf seinem Platz war, war die Flasche. »Und meinst du, daß uns das noch hilft?«

Matthews schüttelte so heftig den Kopf, daß seine weißen Haare in alle Richtungen standen. »Nein. Wir müssen morgen den Kanossagang antreten. Aber ich kann nur damit leben, wenn ich die Wahrheit kenne, verstehst du, Mädchen? Ich habe mein verdammtes Scheiß-Berufsleben damit zugebracht, nach der Wahrheit zu suchen. Und wenn ich am Ende meiner Tage gelinkt wurde, muß ich wissen, warum. Das ist das Wenigste . . .«

Sie verstand. Obwohl ihr diese Wahrheit im Angesicht der Niederlage nicht mehr so wichtig vorkam. »Soll ich mit zur Pressekonferenz?«

Matthews war schon auf dem Weg zur Tür. »Nein. Du gehst in dein Büro und bereitest den Artikel für morgen vor. Ich komme zurück, so schnell ich kann, dann werden wir die endgültige Version zu Papier bringen.«

Es wurde dunkel, und sie saß vor ihrer alten Schreibmaschine und starrte ins Leere. Es waren nur noch wenige Kollegen in der Redaktion, und das war gut so. Ihre Kommentare waren hämisch gewesen, nach dem Motto: Keine U-Boote – rette sich, wer kann.

Verwunderlich war das nicht. Sie war nicht sonderlich beliebt, und selbst wenn es anders gewesen wäre, hätte man ihr den »Scoop« nicht gegönnt. Und Matthews, dem Ekel, gönnte man die Blamage aus vollem Herzen. Im übrigen dachten einige darüber nach, wie die freiwerdenden Stellen besetzt werden könnten.

Kirsten hatte die spöttischen Bemerkungen kommentarlos weggesteckt. Jemand brachte ihr ein Telex mit dem Bericht über die Pressekonferenz des Außenministers. Was er sagte, klang empört, wie der Aufschrei des Selbstgerechten. Natürlich zog er über die unverantwortlich arbeitende Presse her und stellte es so dar, als ob diese hinter den Fälschungen stekke. Eine Verleumdungskampagne, um die Regierung zu diskreditieren . . .

»Ihr habt eine halbe Seite, und sie muß bis elf Uhr in Druck. Wo ist Matthews?« Der Chefredakteur, der sich selten in die unteren Gefilde begab, stand an der Tür.

»Der sucht sicher noch nach seinen U-Booten.« Ein Kollege, der sich Chancen auf Matthews' Stuhl ausrechnete, erntete Gelächter bei den noch Anwesenden.

»Sehr komisch. Aber wo bleibt er denn, es ist schon 20 Uhr, und die Konferenz ist lange zu Ende?«

Kirsten drehte sich auf ihrem Stuhl. »Ich weiß es nicht. Aber er wollte auf jeden Fall rechtzeitig zurück sein, um mit mir die Story festzuklopfen.«

»Na gut, wenn er nicht auftaucht, schreiben Sie sie alleine. Die News über die Pressekonferenz ist ja über die Agenturen gelaufen. Ich bin in meinem Büro, bringen Sie sie mir hoch, bevor sie in Satz geht.«

Mein Gott, dachte Kirsten, jetzt versäumt er auch noch einen Abend in seinem Club. Das wird er uns nie verzeihen. Sie nickte.

Es war neun, als die letzten Kollegen den Redaktionsraum verließen. Keine Spur von Matthews. Kirsten starrte auf die schwarzen Schreibmaschinen, die verwaist auf unordentlichen Schreibtischen standen. Kleine Monster, die auf Nahrung warteten, sie gierig klappernd verschlangen und dann endlich schlafen konnten. So viele Worte und soviel geistige Unterernährung.
Es war still in dem großen Raum, und es war ungewöhnlich, daß die Kollegen schon alle weg waren. Aus Pietät wohl kaum, eher weil kein Unbeteiligter an diesem speziellen Begräbnis teilnehmen wollte.
Ihre Geschichte war fertig. Sie war schlecht, wie es nur eine Story sein konnte, die sich wie eine Schlange um häßliche Tatsachen wand. Egal, denn damit waren ohnehin keine Lorbeeren mehr zu verdienen.
Sie schaute in die Fensterscheibe, die ihre einsame Gestalt reflektierte.
Sie sah eine Frau von neunundzwanzig Jahren, groß, ein paar Kilo zuviel. Eine Frau mit ungeschminktem Gesicht und einem strengen Knoten, in einem Tweedkostüm, das eher praktisch denn schön war. Sie sah eine Frau, die ihr auf der Straße nicht weiter aufgefallen wäre. Eine Karrierefrau ohne Karriere.
Kirsten legte die Arme über die Schreibmaschine und stützte ihr Gesicht auf die Hände. Es war schon fast komisch, wie sie es immer schaffte, hochzufliegen und dann eine Bruchlandung zu machen.
Die Landung nach der verkorksten Ehe war eher weich gewesen. Dann die erste große Liebe und – platsch – der häßliche Aufsetzer auf dem Boden der Realität. Das Lecken ihrer Wunden, die Fixierung auf den Beruf, das Abheben – und zack, das Aus, ehe sie ein Stück vom Himmel gesehen hatte. Gerade als sie anfing, diesen Job zu lieben . . .
Ihr kam es vor, als ginge sie wie eine Fremde durch ihr eigenes Leben. Jede Enttäuschung war unerträglich leicht. Man brauchte ja nur weiterzumarschieren, wie ein Soldat in einer

verlorenen Armee. Am Ende stand der Tod, aber das wußte man ja, und es war einfacher, einen Fuß vor den anderen zu setzen und weiterzumarschieren, als umzudrehen und wegzulaufen.

Wohin sollte sie laufen?

»He, Mädchen, schlaf nicht ein an so einem Unglückstag.«

Matthews stand an der Tür. Sein Gesicht war gerötet, die wuchtige Nase glänzte vor Aufregung.

»Los, gib den Artikel her, ich werde schnell drübergehen und ihn wie einen befreienden Rülpser von mir geben. Danach werden wir meine beste Flasche Whisky leeren, und ich erzähle dir die Wahrheit, meine Liebe, die ganze Wahrheit.«

Kirsten starrte ihn an und reichte ihm schweigend ihren Artikel. Er nahm ihn mit spitzen Fingern. »Gib mir 20 Minuten, dann kannst du rüberkommen. Es wird der letzte Artikel sein, den ich für dieses Blättchen schreibe, und zumindest soll er brillant formuliert sein. Schwanengesang . . .«

Er war draußen, bevor sie ein Wort sagen konnte. Kirsten sah ihm nach, verwundert, daß er so fröhlich war. Und wartete exakt 20 Minuten, bis sie über den Flur ging und an seine Zimmertür klopfte.

Der Alte saß zurückgelehnt hinter seinem Schreibtisch und hatte die Beine auf der Schreibmaschine. Das obligatorische Glas in der Hand. Sie registrierte ein Loch in der rechten Sohle, doch nach einem Camel-Siegertypen sah er nun wirklich nicht aus.

»Setz dich, hier, nimm ein Glas. Mach es dir bequem. Ich habe an dem Artikel noch ein wenig herumgedoktert, aber nur um ein paar kleiner Triumphe und Bosheiten willen. An der Sache hat sich nichts geändert.«

»Also stimmt es doch!«

»Natürlich stimmt es. Wir sind geleimt worden. Man hat den alten Matthews und deine Wenigkeit benutzt, eine Intrige erster Klasse zu inszenieren. Ich muß sagen: Hut ab. Den Politikern habe ich schon immer alles zugetraut, aber dieser

Streich ist schon fast von einer Genialität, deren ich sie nicht für fähig hielt. Prost Kollegin.«

Es mußte das Wort sein, das Matthews am häufigsten aussprach. Kirsten hatte nichts dagegen, sich zu betrinken. Alle Tragödien ließen sich in Flüssigkeit am besten umrühren.

Matthews sah geradezu triumphierend aus. »Also paß auf: Es gibt keine U-Boote, das stimmt. Aber Flugzeuge und Panzer. Ein gewisser Abteilungsleiter im Außenministerium war strikt dagegen, sie zu liefern. Aus moralischen oder sonst irgendwie obszönen Gründen. Aber das Geschäft mit Südafrika ist wichtig für unsere Wirtschaft, und es muß um jeden Preis verheimlicht werden. Dabei störte dieser unangenehme Abteilungsleiter. Na, fällt der Groschen?«

Kirsten nickte. »... man hat zwei Fliegen mit einer Klappe geschlagen.«

»Stimmt genau. Ein schlauer Plan, nicht wahr. McPhearson wurden die gefälschten Papiere über das angebliche U-Boot-Geschäft zugespielt, weil man ganz richtig annahm, daß er die ›heißen Papiere‹ weitergeben würde, an die Presse oder an eine dieser Anti-Apartheid-Gruppen. Tja – und McPhearson suchte sich Miss van Rouen, beziehungsweise den alten Matthews aus.«

»Aber du hast sie doch von einer Vertrauensperson im Außenministerium checken lassen ...«

Matthews hatte die Augen geschlossen. »Na klar, ich bin ja kein Anfänger. Nur war es natürlich idiotisch von mir, zu glauben, daß es so etwas wie eine Vertrauensperson im Leben gibt. Ich glaube, meine Mutter, Gott hab' sie selig, war die einzige, von der ich das heute noch mit Fug und Recht behaupten könnte. Kurzum, mein Vertrauensmann war in dieses Komplott offenbar eingeweiht. Vielleicht wird er jetzt befördert, der Gute, denn die Stelle des Abteilungsleiters ist ja jetzt frei.«

»Die haben die ganze Geschichte inszeniert, um McPhearson zu beseitigen?« Kirsten sah ihn ungläubig an.

Matthews dachte, daß sie doch noch sehr jung und eben eine

Frau war. »O nein, das war nur das erfreuliche Nebenprodukt. Nachdem wir die Story geschrieben haben und McPhearson als Übeltäter entlarvt war, mußte er seinen Hut nehmen. Vorzeitige Pensionierung, nur daß seine Pension üppiger ausfallen wird als meine. Na gut. McPhearson weg, der alte Matthews in die Wüste geschickt und eine junge Reporterin das Gespött von Fleet Street.«
So brutal hatte es bisher niemand ausgedrückt. Aber der Whisky verbreitete eine wohlige Wärme. »Ich verstehe immer noch nicht ganz, fürchte ich.«
Matthews öffnete seine Augen wieder. »Ist doch einfach. Die U-Boot-Story erscheint, und die britische Presse stürzt sich darauf. Das Außenministerium dementiert, es gibt einen Riesenskandal, und am Ende steht die Regierung mit blütenweißem Hemd da. Die böse Presse hat die Aufrechten verleumdet. Und was tun sie in der Zwischenzeit? Sie wickeln das Geschäft mit den Panzern und Flugzeugen ab, klammheimlich und im Windschatten des U-Boot-Skandals. Und da ist kein lästiger Abteilungsleiter mehr, der querschießt.
Also ich muß sagen, es ist einfach genial. Vielleicht sollte ich es mir zur Ehre anrechnen, in diesem Stück eine Hauptrolle gespielt zu haben.«
»Die Leiche.« Kirsten grinste, und Matthews verzog seinen Mund zu etwas Ähnlichem.
»Aber nicht die einzige. Das Dumme ist nur, daß es eines jener unmoralischen neumodischen Stücke ist, in denen das Böse über das Gute triumphiert. Und die Zuschauer lassen sich, wie immer, verarschen.«
»Heißt das, daß du die Wahrheit nicht schreiben kannst?«
Der Alte reckte seine dünnen Arme gegen die Decke. »Gewonnen! Der Kandidat hat 50 Punkte. Kein Wort davon. Der Mensch, der mir das Stück erzählt hat, schuldete mir einen Gefallen, ich habe ihm die Pistole auf die Brust gesetzt. Aber er hat mir die Wahrheit auch nur deshalb erzählt, weil er weiß, daß ich ihn nicht zitieren und im übrigen nichts beweisen

kann. Also wird es beim Kannossagang der Zeitung bleiben und bei meinem Abgang nach Wales.
Je länger ich darüber nachdenke, desto weniger schlimm finde ich es. Ich bin alt und müde, und meine Leber braucht gewiß auch Erholung. Fischen ist eine gesunde Sportart, und Wales ist weit weg von den Klamotten, die in dieser Stadt gespielt werden.«
Er ist ein grenzenloser Egoist, dachte Kirsten. Alles, was passiert, bezieht er nur auf seine Person. Aber eines wollte sie noch von ihm wissen: »Wer hat denn das Stück nun geschrieben, wer steckt dahinter?«
Die Frage hatte er erwartet. »Es ist das einzige, was ich nicht weiß, liebe Kollegin. Ich kann verschiedene Spekulationen anstellen, ohne daß diese von irgendeiner Bedeutung wären. Begnügen wir uns mit der Feststellung, daß es ein hochkarätiges Autorenteam war. Immerhin beruhigend zu konstatieren, daß es noch ein paar brillante Köpfe im Regierungslager gibt. Wichtiger erscheint mir allerdings die Antwort auf die Frage, was wir mit Ihnen anfangen. Wie Sie treffend bemerkt haben, ist es für Ihre Pensionierung noch zu früh. ... und für eine Karriere in Fleet Street zu spät. Prost!« Matthews war, wie passend, zur distanzierten Anrede übergegangen.
»Genau.« Der Alte schlürfte genüßlich, während er sie mit seinen Augen anstarrte. »Sie sollten mehr auf Ihr Äußeres achten, Kollegin. Ich weiß nicht, warum Sie in Sack und Asche rumlaufen, und genaugenommen interessiert es mich auch nicht, aber Sie sind zu jung und zu hübsch, sich aller Äußerlichkeiten zu enthalten. Was halten Sie davon, nach Deutschland zu gehen? Sie sind doch Deutsche von Geburt, oder?«
Ihre Äußerlichkeit ging den alten Gnom überhaupt nichts an. Kirsten schluckte ihren Ärger hinunter. »Ja, ich habe einen deutschen Paß, aber ich bin, seit ich ein Kind war, nie wieder da gewesen.«
»Aus prinzipiellen Gründen? Ich meine, sind Sie Jüdin oder so was?«

Während sie langsam, aber sicher betrunken wurde, war dem Alten überhaupt nichts anzumerken. Kirsten verneinte. »Es war eher ein Zufall, daß ich in London gelandet bin. Deutschland hat mir nichts getan. Ich möchte bloß nicht wieder nach Hamburg. Zu viele Kindheitserinnerungen . . .«
Matthews sah auf seine Uhr: fast Mitternacht, Zeit, in den Club zu gehen und diesen ereignisreichen Tag würdig zu beenden. »Passen Sie auf, ich habe einen Job für Sie. Nicht, daß es mich etwas angeht, aber irgendwie fühle ich mich verantwortlich, auch für das, was mit Ihnen geschehen ist. Ein alter Kumpel, der mir einen Gefallen schuldet und beim Westdeutschen Rundfunk in Köln sitzt. Ich habe heute mittag mit ihm telefoniert. Es ist ein Job in der Politik frei. Sie sind viel herumgekommen, sprechen drei Sprachen, und eine angenehme Stimme haben Sie auch. Die Bezahlung ist besser als hier. Also?«
Weitermarschieren, Augen zu und weiter. Kirsten sagte sich, daß es eine andere Alternative kaum gab. Die Zeitung würde sie bestenfalls im Moderessort weiterbeschäftigen. Eine andere Zeitung würde sie nach diesem Flop nicht nehmen. Warum also nicht Klimawechsel? Es war nett von Matthews, sich um sie zu kümmern, und er tat genau das Richtige, indem er ihr eine Pistole auf die Brust setzte. Die besten Entscheidungen waren immer jene, die man schnell treffen mußte.
»Wann könnte ich da anfangen?«
Matthews sah, daß sie sich schon entschieden hatte, sehr verwunderlich für eine Frau, diese Entschlußkraft. »Richard Joost, seines Zeichens Intendant, meint, daß Sie in zwei Monaten anfangen können. Natürlich will er Sie vorher kennenlernen, aber das ist nur eine Formalität.«
»Und Sie meinen, ich kann hier so schnell weg . . .«
Er nickte grimmig. »O ja, die sind froh, Sie so schnell wie möglich loszuwerden. Je früher die Protagonisten von der Bühne verschwinden, desto besser. Also soll ich ihm sagen, daß Sie kommen?«
Sie nickte.

Matthews blickte bekümmert auf die leere Whiskyflasche. »Gut, dann erkläre ich die Sitzung für beendet. Ich will noch in meinen Club, da sind Frauen Gott sei Dank nicht erlaubt.«
Er schüttelte ihr die Hand. »Ich schreibe Ihnen morgen alles Nötige auf und lege es auf Ihren Schreibtisch. Viel Glück, Kollegin. Besser gesagt, mehr Glück. Und nehmen Sie den Ratschlag eines alten Mannes an, und laufen Sie nicht rum wie eine Vogelscheuche. Auch Deutschland braucht schöne Frauen!«

XVI. Kapitel

Toi, toi, toi – hatten ihm seine Kollegen gewünscht, und nun, da er wieder auf der Anklagebank saß, kamen ihm diese Glückwünsche reichlich lächerlich vor. Schließlich nahm er nicht an einem Wettkampf teil, sondern saß wie ein Tier in der Falle, darauf hoffend, daß eine barmherzige Seele ihn wieder rausließ.

Henner Krug war nicht der Ansicht, daß der Vorsitzende Mayer eine barmherzige Seele war. Der Mann war mitleidlos wie die meisten Menschen. Aber fair, wie Laubenthal ihm gesagt hatte. Es war ihm verdammt schwergefallen, seinem Anwalt zu trauen. Henner Krug hatte keinen Grund, irgendeinem Menschen zu trauen. Die wenigen Male in seinem Leben, in denen er es versucht hatte, war er auf die Nase gefallen. Er hatte jeden Grund, sich selbst leid zu tun. Jeden Grund, die Bergmann zu hassen, Grimme und dessen Anwalt, das Gericht, so selbstgefällig und unfehlbar.

Ich hätte, dachte er, Schauspieler werden sollen statt Journalist. Denn im Prinzip hatte er schon in der Schule damit begonnen, den anderen etwas vorzuspielen. Was man für Klugheit hielt, war nichts weiter als verbissener Fleiß gewesen.

In der Uni hatte er jeden blöden Posten angenommen, so daß man ihn für engagiert, für hilfsbereit hielt. Nie war es ihm in den Schoß gefallen, beliebt zu sein – nichts als harte Arbeit war es –, bis heute.

Henner Krug wußte, daß man ihn beim Sender für tüchtig und clever hielt, für einen netten Kollegen, der es nie abschlug, anderen einen Gefallen zu erweisen. Komischerweise war es ihm nur bei einer Spezies nie gelungen, mit seinem Image zu beeindrucken: bei Frauen. An ihm konnte es nun wirklich nicht liegen: Er sah leidlich gut aus, pflegte sich, hatte angenehme

Manieren und einen prestigeträchtigen Beruf. Dennoch waren Frauen in seinem Leben immer ein Problem gewesen. Als seine Mutter noch lebte, hatte sie es damit begründet, daß er sich immer die falschen ausgesucht hatte. Nicht gut genug für ihn, wie sie sagte. Marlies zum Beispiel, seine Verlobte, die ihm nach einem Jahr den Laufpaß gegeben hatte, ohne Vorwarnung und ziemlich brutal. Behauptete, er sei kalt und berechnend und liebe sie überhaupt nicht richtig, was eine ziemliche Unverschämtheit war in Anbetracht der Tatsache, daß er ihren Wünschen nach einem »stimulierenden Vorspiel«, wie sie es nannte, bereitwillig nachgekommen war. Na gut, sie hatte ihn ohnehin gelangweilt mit ihrem blöden Vorspiel, bei dem er einige Male eingeschlafen war, bevor es überhaupt zum Nachspiel kommen konnte.
Nach Marlies hatte es eine Reihe von Affären gegeben, denen gemeinsam war, daß sie alle ziemlich kurz waren. Und daß diese Frauen immer mehr von ihm gewollt hatten, als er ihnen geben konnte. Jawohl, konnte. Frauen verlangten das Unmögliche: Liebe, Zärtlichkeit, Männlichkeit, Stärke, Geborgenheit, Aufregung, Ehrlichkeit und Lüge, Treue, Leidenschaft, Kontinuität . . . Und was gaben sie dafür? Herzlich wenig, dachte er. Sie gaben ihren Körper und meinten, das sei die Anstrengungen des Mannes wert. Und gänzlich unbegreiflich wurden sie für ihn, wenn es um Sex ging. Frauen kapierten einfach nicht, daß Männer da anders empfanden. Daß sie erotische Phantasien hatten, die über ihre lächerliche Hingabe weit hinausgingen. Im übrigen war er sich immer unsicher darüber gewesen, ob und wann eine Frau ihren Höhepunkt hatte. Erst spielten sie einem was vor – er war überzeugt davon, daß Frauen in diesem Punkt ganz gräßlich logen –, und dann, wenn es zum Streit oder zum Ende kam, warfen sie einem vor, daß man sie nie wirklich befriedigt hatte. Frauen konnten unglaublich häßlich und verletzend sein. Die meisten. Und weil er längst nicht so kaltschnäuzig war, wie er es die anderen glauben machte, war er oft genug verletzt worden.

In den letzten Jahren war er ab und zu in Puffs gegangen. Das war irgendwie ehrlicher, obwohl ihm viele Nutten zu professionell waren. Nur, die gaben wenigstens nicht vor, daß der Akt irgend etwas mit Liebe zu tun hatte, diesem schleimigen Gefühl, das sich entzog, wenn man sich daran festhalten wollte, und angekrochen kam, wenn man es nicht wollte.

In jeder Frau steckte eine Hure. Sie gaben ihren Körper nur her, wenn sie etwas dafür bekamen, so war es doch: Geld, Liebe, Ehe, ein Abendessen . . . Und die Bergmann war da keine Ausnahme, auch wenn sie sich zierte wie eine verhinderte Jungfrau. Gott, wie er sie haßte, und diesen Haß nährte er mit jedem Prozeßtag, den er mit ihr in diesem Saal sitzen mußte. Gut, daß es bald zu Ende war. Er fand die aufgeblasenen Rituale gräßlich langweilig. Schließlich hatte ihm sein Anwalt schon zu Beginn gesagt, wie es ausgehen würde. Und wenn es so ausging, damit konnte er leben, wenngleich er immer noch als schreiendes Unrecht empfand, daß die Bergmann ihn angezeigt hatte. Krug bemerkte, daß der Vorsitzende heute nervöser aussah als sonst, und Henner fragte sich, ob das ein für ihn schlechtes Zeichen war.

Johannes Mayer fühlte sich in der Tat nicht so souverän wie sonst. Es lag an diesem verdammten Beweisantrag. Er hegte den starken Verdacht, daß Timm diese Bombe mit dem Wissen gelegt hatte, daß dadurch der Prozeß platzen konnte. Der Zeuge Hermann Kranz war nicht nur im Urlaub, er war praktisch unerreichbar. Eine Frechheit, daß ein Kriminalhauptwachtmeister sechs Wochen durch Australien reiste, mit Leihwagen, ohne feste Adresse. Irgendwie unpassend. Aber weder die Vorgesetzten noch Frau Kranz hatten ihm weiterhelfen können: Hermann Kranz erfüllte sich einen Jugendtraum und war irgendwo im Busch unterwegs. Und hatte ausgerechnet in diesem Zimmer sitzen müssen, in dem die Bergmann ihre Aussage gemacht hatte! Ein völlig unwichtiger Zeuge, den Timm nur benutzte, um ihn in Zeitnot zu bringen. Es half nichts, er mußte versuchen, gut Wetter zu machen.

»Herr Verteidiger: Wir haben ein kleines Problem mit Ihrem Zeugen. Polizeiwachtmeister Kranz befindet sich, wie wir gehört haben, in Urlaub. Aber nicht nur das, er ist für die nächsten fünf Wochen praktisch unerreichbar, so daß wir ihn nicht laden können. Wir alle wissen, was das für den Prozeß bedeuten kann. Ich stelle nun anheim: Wollen Sie nicht auf diesen Zeugen verzichten, so daß wir den Prozeß wie geplant zu Ende führen und morgen das Urteil sprechen können? Es ist ja auch im Sinne der beiden Angeklagten, der für sie gewiß quälenden Ungewißheit ein Ende zu bereiten. Und wie der Zeuge Kuhlmann ausgeführt hat: Hermann Kranz hat an dem Gespräch nicht teilgenommen, ja war streckenweise gar nicht im Zimmer. Das Gericht ist somit der Auffassung, daß Hermann Kranz für die Beweiserhebung ohne Bedeutung ist.«
Das Gericht saß vor allem deshalb in der Bredouille, weil jede Unterbrechung von mehr als zehn Tagen hieß, daß der Prozeß geplatzt war und alles wieder von vorne beginnen mußte. Welcher Vorsitzende sah das schon gerne? Hatte Timm da nicht einen flehenden Unterton in Mayers Stimme wahrgenommen? Er blickte kurz auf den Staatsanwalt und wunderte sich über dessen Gesichtsausdruck: Henrik Raven sah zufrieden aus. Er hatte doch gewiß auch versucht, den Zeugen Kranz aufzutreiben.
»Ich schließe mich in diesem Punkt der Meinung des Gerichts an.« Mayer nahm zur Kenntnis, was er von Friedger Laubenthal auch nicht anders erwartet hatte.
»Ich hingegen kann den Ausführungen des Vorsitzenden nicht folgen und muß auf meinem Beweisantrag bestehen. Denn für meinen Mandanten kann die Aussage des Zeugen Kranz von erheblicher Bedeutung sein. Schließlich reicht die Aussage des Zeugen Kuhlmann, daß sein Kollege nichts von dem Gespräch mitbekommen habe, keineswegs aus.«
Das weiß ich, lieber Timm. Mayer putzte seine Brille und bedauerte, Timm nicht angerufen und eine gütliche Regelung unter vier Augen versucht zu haben. Henrik Ravens Stimme

hallte wie ein Donnerschlag durch den Saal 130: »Ich schließe mich dem Beweisantrag des Verteidigers an.«
Ein Affront des Staatsanwalts, eine unglaubliche Frechheit. Der Vorsitzende sah die entsetzten Blicke seiner Beisitzer, während die anderen, abgesehen von den Verteidigern, gar nicht wußten, was überhaupt vorging. Johannes Mayer sprang auf: »Wir unterbrechen für eine halbe Stunde. Das Gericht zieht sich zur Beratung zurück.« Er wehte gleichsam aus dem Saal. Richter und Schöffen folgten ihm.
Timm und Raven wechselten ein Lächeln, das gegenseitige Anerkennung ausdrückte.
»Und was passiert jetzt?« Bernhard Grimme sah seinen Verteidiger fragend an.
Der sah zufrieden aus: »Das Gericht berät jetzt, ob es den Beweisantrag ablehnt oder nicht. Und wenn ich Mayer richtig einschätze, wird er ablehnen. Das heißt, wir haben einen geradezu klassischen Revisionsgrund.«
»Warum?«
»Weil der Bundesgerichtshof das Urteil aufheben kann, wenn ein für die Verteidigung so wichtiger Zeuge nicht gehört wurde.«
»Sie meinen, daß dann alles noch mal von vorne anfängt?« Bernhard Grimme sah nicht gerade glücklich aus.
»Wenn die Revision durchgeht, ja. Nun überlegen Sie doch, Dr. Grimme. Mayer ist auf Verurteilungskurs. Wenn es wirklich einen Deal zwischen Laubenthal und ihm gibt, braucht er einen Bösewicht, und das sind Sie. Bei einem neuen Prozeß, bei anderen Richtern können wir nur bessere Karten haben. Verstehen Sie?«
Ja, er verstand. Und dennoch war die Aussicht einer Wiederholung dieser Tortur kein Grund zum Jubeln.
Im Sitzungszimmer erklärte Mayer den Schöffen geduldig, worum es ging, obwohl er davon überzeugt war, daß sie es doch nicht kapierten. Er kochte vor Zorn. Besonders über den Staatsanwalt.

»Das bekommt er wieder! Sich mit der Verteidigung gegen den Vorsitzenden zu solidarisieren! Das ist ein persönlicher Affront gegen meine Person.«

»Vielleicht ist er tatsächlich der Meinung, daß der Zeuge gehört werden muß.« Martin Boll hatte den Vorsitzenden selten so aus der Fassung erlebt.

»Ach, hören Sie mir doch auf mit diesem Zeugen. Was soll der schon groß gehört haben. Aber bitte, ich hätte ja überhaupt nichts dagegen, ihn zu hören. Drei Stunden habe ich gestern in dieser Angelegenheit telefoniert. Aber er ist weg, nicht greifbar. Ich möchte wetten, daß Timm das schon vorher gewußt hat. Dem geht es doch nur darum, den Prozeß zu verschleppen, unseren Terminplan durcheinanderzubringen.«

»Wenn wir ablehnen, hat er einen trefflichen Revisionsgrund.«

Er funkelte seine Beisitzerin böse an. Gisela Kampen zog innerlich den Kopf ein. »Ich meine nur. Vielleicht könnten wir den Prozeß fünf Wochen dehnen: noch einen Sachverständigen hören, neue Zeugen laden, Urkunden verlesen. So lange eben, bis der Zeuge Kranz verfügbar ist.«

»Ich bin auch der Meinung, daß wir den Beweisantrag nicht ablehnen sollten.« Martin Boll kam seiner Kollegin zu Hilfe.

Der Vorsitzende zog eine Pillenschachtel aus seiner Tasche. Er hatte Magenschmerzen. Seit etwa zwei Jahren quälten sie ihn, sobald er sich aufregte. »Sie werden es nicht glauben, Frau Kollegin, daran hatte ich auch schon gedacht, den Prozeß in die Länge zu ziehen. Es ist aber leider nicht möglich. Unser Schöffe hier fährt in zwei Wochen zum Skilaufen. Alles schon gebucht und bezahlt, und es ist schließlich sein gutes Recht, daß er darauf nicht verzichten will. Schließlich hatte ich den Prozeß auf zwei, höchstens drei Wochen terminiert. Mit so etwas konnte ja keiner rechnen . . .«

»Und ohne mich können Sie nicht weitermachen?«

»Nein, das habe ich Ihnen doch schon erklärt. Wenn Sie aussteigen, ist der Prozeß geplatzt.« Johannes Mayer mußte sich beherrschen, nicht auch noch seine Schöffen anzufahren.

»Sie sehen also, meine Herrschaften, daß wir gar keine andere Wahl haben, als diesen Beweisantrag abzulehnen. Wir müssen es eben versuchen. Es wäre ja geradezu lächerlich, wenn ich diesen Prozeß aus Revisionsangst platzen ließe.«
Die Richter Boll und Kampen sahen nicht überzeugt aus. Den Schöffen war es egal.
Nach exakt einer halben Stunde nahm das Gericht wieder seinen Platz ein. Der Vorsitzende bemerkte, daß die Pressebank jetzt besetzt war. Er verlas die Entscheidung des Gerichts, ohne Staatsanwalt oder Verteidiger eines Blickes zu würdigen:
»Der Beweisantrag des Verteidigers Dr. Timm, dem sich der Staatsanwalt angeschlossen hat, wonach der Kriminalhauptwachtmeister Hermann Kranz hier gehört werden soll, wird abgelehnt. Das Beweismittel ist völlig ungeeignet, die behaupteten Beweistatsachen zu bestätigen. Paragraph 244, Absatz 3, StPO. Nach der Bekundung des Zeugen Hannes Kuhlmann in dieser Hauptverhandlung war der Zeuge Kranz an der Vernehmung der Nebenklägerin nicht beteiligt und hat sich nur sporadisch im Vernehmungszimmer aufgehalten. Deshalb schließt die Strafkammer aus, daß der Zeuge zu den Einzelheiten der Vernehmung Angaben machen kann, auf die der Beweisantrag gestützt ist.«
Es war so gekommen, wie Timm erwartet hatte. Natürlich hatte er sich auf sein Plädoyer vorbereitet. Stichworte, mehr nicht. Nichts war tödlicher, als ein Plädoyer vom Manuskript abzulesen, was im übrigen von vornherein ausschloß, auf das vorhergehende Plädoyer des Staatsanwalts einzugehen. Was Henrik Raven vortragen würde, sobald das Gericht den Abschluß der Beweisaufnahme verkündet hatte, konnte er nicht vorausahnen. Es schien ihm, als haben Raven Zweifel bekommen, sonst hätte er sich dem Beweisantrag nicht angeschlossen. Fast sicher war er, daß der Staatsanwalt an dem Deal nicht beteiligt war. Auch das bot eine Chance.
Im übrigen hielt Timm nicht sehr viel von der Wirkung eines Verteidigerplädoyers. In den meisten Fällen waren die Würfel

schon vorher gefallen. Zeugenaussagen, Indizienbeweise, Sachverständige oder schlimmstenfalls schon vorher festgelegte Richter degradierten die Plädoyers zu reinen Verbalakten. Natürlich gab es Staatsanwälte und Verteidiger, die sich nichtsdestotrotz stundenlang ergehen konnten. Kollege Laubenthal beispielsweise war bekannt dafür, daß er nie weniger als zweieinhalb Stunden plädierte und das Gericht in einen totenähnlichen Schlaf versetzte. Seine Plädoyers waren gefürchtet, und ein gängiger Witz in Kollegenkreisen besagte, daß Laubenthals Mandanten deshalb so hohe Strafen bekamen, weil sich die Kammer für dessen Plädoyers rächte.
Timm zog es vor, sich kurz zu fassen. Von Raven wußte er, daß dieser auch nichts von langatmigen Monologen hielt.
Der Vorsitzende erklärte die Beweisaufnahme für geschlossen. Kirsten Bergmanns Anwalt verkündete, daß er auf ein Plädoyer der Nebenklage verzichte. Nicht seine Entscheidung, sondern ihre.
»Der Staatsanwalt hat das Wort.« Johannes Mayer hatte sich inzwischen so weit beruhigt, daß er Raven wieder ansehen konnte, ohne Magenschmerzen zu bekommen.
Henrik Raven faßte sich tatsächlich kurz. Kirsten Bergmann, die ihm im Saal aufmerksam zuhörte, fand wie alle anderen, daß seine Stimme von allen am wohltönendsten klang. Nie laut, aber sehr klar und akzentuiert sprach er, faßte die drei unterschiedlichen Aussagen zusammen, reduzierte sie auf die wesentlichen Punkte, hob die Widersprüchlichkeiten hervor. Ging behutsam mit Worten um, die den Intimbereich berührten, sparte jedoch nicht mit Kritik an der Nebenklägerin, die seiner Meinung nach – gewollt oder ungewollt – zu viele Fragen offen ließ.
Auf das reuige Geständnis des Angeklagten Krug ging er nur kurz ein. Ließ dahingestellt, wieweit er der Einlassung des Angeklagten folgte, daß Dr. Grimme ihn quasi zur Tat ermuntert habe. Er hob jedoch hervor, daß dies, selbst wenn es der Wahrheit entspräche, nicht als schuldmindernd gelten könne.

Auch aus der vordergründigen Passivität der Nebenklägerin habe Krug nicht schließen können, daß der Geschlechtsakt mit ihrem Einverständnis vollzogen würde.
Zum Angeklagten Grimme: Für den Staatsanwalt sei nur schwer nachvollziehbar, was dieser aus seiner Sicht von den Ereignissen dieser Nacht dargestellt habe. Dennoch sei festzustellen, daß die Nebenklägerin den Angeklagten Grimme in der Hauptverhandlung nicht direkt belastet habe. Aus welchen Gründen auch immer sie von ihren Aussagen bei Polizei und Staatsanwaltschaft abweiche – ihrer Aussage während der Hauptverhandlung müsse größeres Gewicht beigemessen werden. Schließlich sei es zwar nicht wahrscheinlich, aber dennoch möglich, daß Dr. Grimme nach dem Alkoholkonsum in dieser Nacht eingeschlafen sei. In dubio pro reo. Im Zweifel für den Angeklagten.
»Deshalb beantrage ich für den Angeklagten Krug eine Freiheitsstrafe von zweieinhalb Jahren. Im übrigen beantrage ich, den Angeklagten Grimme freizusprechen.«
Ein gutes Plädoyer, dachte Kirsten Bergmann mit aller Objektivität, der sie fähig war. Bevor sie reagieren konnte, sprang ihr Anwalt auf. Er wollte nun doch plädieren. Was der Staatsanwalt beantragt hatte, war zuviel für die Nebenklage, besser gesagt, zuwenig. Er war nicht vorbereitet, demzufolge langatmig, ausufernd. Er sprach von den Schäden, die bei den Opfern von Vergewaltigungen noch lange nachwirken, von der Würde der Frau, der Perfidie dieses Verbrechens, das eine angemessene Bestrafung der Täter, beider Täter, fordere . . .
Sie hörte ihm seltsam entrückt zu, so als spräche er nicht von ihr. Genaugenommen war sie ihr ein bißchen peinlich, diese Rede. Oliver Timm fand sie langweilig. Die Richter und Schöffen hörten mit unbewegten Gesichtern zu. Rechtsanwalt Laubenthal bereitete sich auf sein Plädoyer vor. Henrik Raven saß mit verschränkten Armen da und zweifelte, ob richtig war, was er getan hatte. Daß man ihn wegen seiner überraschenden Anträge angreifen würde, war ihm klar gewesen. Dennoch: In

dubio pro reo, der heiligste aller Rechtsgrundsätze. Wenn es Zweifel an der Schuld des Dr. Grimme gab, mußte er freigesprochen werden. Theoretisch.
Kirsten Bergmanns Anwalt forderte eine angemessene Bestrafung für beide Angeklagten und schloß sein Plädoyer mit diesem Appell an das Gericht. Eine gute Dreiviertelstunde hatte er gesprochen. Der Vorsitzende ordnete eine kurze Pause an und fragte, wer von den beiden Verteidigern . . .
»Ich bin sicher, Kollege Laubenthal möchte den Vorrang haben.« Timm zog es immer vor, als letzter zu plädieren.
»Na gut, 15 Minuten Pause, dann hören wir die Plädoyers.« Der Vorsitzende war in Gedanken beim Strafantrag des Staatsanwalts. Ein zweiter Schlag, den Raven ihm da verpaßt hatte. Es gab wenig Staatsanwälte in Köln, die es wagten, dem Gericht so in den Rücken zu fallen. In dubio pro reo: Raven hatte eindrucksvoll auf diesem Klavier gespielt. Wenn jedoch jeder Richter diesem Grundsatz blind folgte, würden fast nur noch geständige Angeklagte verurteilt werden. Ein Restzweifel blieb doch immer, man mußte manchmal auch wagen, sich darüber hinwegzusetzen. Das hieß nicht, daß man es sich leichter machte, im Gegenteil. Die Richter, die zu oft freisprachen, machten es sich zu leicht.
»Ein gutes Plädoyer«, sagte Timm zu Raven. Sie standen auf dem Gerichtsflur.
»Sie sind vermutlich der einzige, der das glaubt.« Raven nickte kurz und ging weiter.
Drei Lokaljournalisten unterhielten sich darüber, wie das Urteil ausfallen würde. Die Wetten standen zwei zu eins, daß Mayer beide verurteilen würde.
Henner Krug zog nervös an seiner Zigarette. »Es läuft nicht so ganz, wie Sie sich das vorgestellt hatten«, sagte er drohend zu seinem Verteidiger. »Zweieinhalb Jahre, daß heißt ohne Bewährung. Und dieser Grimme soll leer ausgehen? Das wäre ja wohl die schreiende Ungerechtigkeit! Ich gehe nicht in den Knast, niemals. Eher lasse ich Ihren schönen Deal auffliegen.«

Undank ist der Welten Lohn, dachte Friedger Laubenthal. Wenn sie verurteilt werden, sind alle Klienten gleichermaßen unangenehm. »Reißen Sie sich zusammen, Mann. Das Gericht muß dem Antrag des Staatsanwalts keineswegs folgen. Wird es auch nicht. Und wenn Sie nach den Plädoyers das letzte Wort haben und Sie mir auch nur andeutungsweise die Tour vermasseln, lege ich die Verteidigung sofort nieder. Am wirkungsvollsten ist es, wenn Sie sich bei der Nebenklägerin entschuldigen. Ein paar Tränen wären auch nicht schlecht, muß aber nicht sein. Sie haben mir doch bisher vertraut, Herr Krug. Einen Tag lang werden Sie es wohl noch schaffen. Morgen wird das Urteil gesprochen.«

»Warum erst morgen?«

»Weil das Gericht beraten muß, deshalb.«

Friedger Laubenthal warf einen kurzen, giftigen Blick auf den Kollegen Timm. Natürlich hätte er gerne als letzter plädiert, aber er war nicht schnell genug gewesen. Bloß, einen Unterschied würde es doch nicht machen.

Timm stand neben seinem Mandanten. »Ich werde kurz, aber sehr aggressiv plädieren, Dr. Grimme. Wundern Sie sich nicht. Trotz der eindrucksvollen Anträge des Staatsanwalts haben wir ein Gericht, das auf Verurteilungskurs ist.«

Bernhard Grimme, schwankend zwischen Hoffnung und Angst, war äußerlich ruhig wie immer. »Tun Sie, was Sie für richtig halten, Dr. Timm. Trotzdem: Woher wissen Sie so genau . . .?«

Kirsten Bergmann vermochte ihrem Anwalt nicht darin beizupflichten, daß sein Plädoyer hervorragend gewesen sei. »Aber liebe gnädige Frau, es stimmt doch, was ich gesagt habe. Ihre Zurückhaltung ehrt Sie – aber schließlich sind Sie vor Gericht gegangen, um eine Verurteilung der beiden Täter zu erreichen.«

Durch die Flurfenster des Gerichtsgebäudes konnte man einen klaren, strahlenden Wintertag ahnen. Sie wünschte sich, draußen zu sein. »Ja natürlich, Sie haben recht. Aber es ist mir unangenehm, wie meine Würde als Frau gehandelt wird, verstehen Sie? Letztlich war dieser Prozeß viel quälender als das, was dazu geführt hat.«

»Ja doch, ich verstehe. Aber Sie können von Glück sagen. Sie sind glimpflich davongekommen. In vielen Prozessen dieser Art versuchen die Verteidiger, das Opfer zu diskreditieren. Dr. Laubenthal und Dr. Timm haben gottlob diesen Weg nicht eingeschlagen.«

Friedger Laubenthal plädierte zu aller Überraschung nur knappe 20 Minuten. Er beschränkte sich darauf, den Angeklagten Henner Krug als zweites Opfer darzustellen: ein alleinstehender Mann, der sich nach Liebe sehnte, der zuviel getrunken hatte und die Sätze des Dr. Grimme sowie das zutrauliche Verhalten der Nebenklägerin vielleicht mißverstanden hatte. Ein Mann, der zuwenig sexuelle Erfahrung besaß, um das passive Verhalten der Nebenklägerin richtig zu deuten. Ein Mann, der seine Tat, deren Ausmaß er erst hinterher begriffen hatte, zutiefst bereute.

Dr. Laubenthal bat um eine milde Bestrafung, nachdem er dem Gericht für die faire und sachliche Verhandlung gedankt hatte.

Bravo, murmelte Henner Krug, als sein Verteidiger sich setzte. Er meinte, zu erkennen, daß das Gericht beeindruckt war. Laubenthal hatte so ergreifend gesprochen. Und so wahr.

Oliver Timm dachte, daß er anstelle des Kollegen ähnlich plädiert hätte, vielleicht nicht ganz so triefend. Aber das war Geschmacksache. Fest stand, daß sein Vortrag nicht nach dem Geschmack des Vorsitzenden sein würde.

Er begann ganz sanft, lobte das Plädoyer des Staatsanwalts, dem er sich im wesentlichen anschließen könne. »Die Staatsanwaltschaft hat ihre begründeten Zweifel daran dargelegt, ob wir nach Ende der Beweisaufnahme tatsächlich mit völliger Sicherheit die Vorgänge dieser Nacht rekonstruieren können. Die Aussagen der Nebenklägerin, sowohl vor wie auch während der Hauptverhandlung, haben uns diese Sicherheit nicht geben können. Ich zolle ihr Hochachtung dafür, denn wir wissen, wie häufig Zeugen vor Gericht wissentlich oder auch nur fahrlässig Angeklagte belasten und zu deren Verurteilung beitragen. Die Problematik einer Urteilsfindung allein aufgrund von Zeugenaussagen ist hinlänglich bekannt. Wenn das Gericht aber nicht anders kann, als die Aussagen des Opfers und der beiden Angeklagten zur Urteilsfindung heranzuziehen, muß ich – analog den Ausführungen des Staatsanwalts – noch einmal mit aller Deutlichkeit darauf hinweisen, daß Frau Bergmann den Angeklagten Dr. Grimme der ihm vorgehaltenen Tat nie direkt beschuldigt hat. Der Satz: ›Dr. Grimme hat mich vergewaltigt‹ ist während der Hauptverhandlung und auch bei ihrer Aussage in der Polizeiwache nie gefallen. Frau Bergmann hat vor Gericht Unverständnis darüber geäußert, daß mein Mandant habe einschlafen können, während sie von dem Angeklagten Krug auf den Teppich gezerrt und dort vergewaltigt wurde.«

Während er sprach, beobachtete er die Reaktion der Richter und Schöffen. Nichts. Mayer sah gelangweilter aus als je zuvor.

»Auch ich, der ich überzeugt bin, daß Dr. Grimme die Wahrheit sagt, auch ich habe mich gefragt, wie es geschehen konnte, daß Dr. Grimme so plötzlich einschlafen konnte. Der Alkoholkonsum dieser Nacht kann als Grund dafür gelten. Aber natürlich ließen sich im Bereich der Spekulation noch die ein oder andere These aufstellen. Vielleicht war Dr. Grimme der Meinung, daß Frau Bergmann sich an ihm rächen wollte, indem sie, quasi vor seinen Augen . . .«

Will er, fragte sich der Staatsanwalt, eine antike Tragödie daraus machen?

Timm fixierte die Richter und die Schöffen. »Mein Mandant hat, was man vom Angeklagten Krug nicht behaupten kann, zwar Angaben zu seiner eigenen Entlastung vorgetragen, seinerseits aber niemanden belastet. Er hat, wie er glaubhaft versichert, die Annäherungsversuche des Herrn Krug nicht mit-

bekommen, sei ins Schlafzimmer getaumelt und eingeschlafen. Auch dieser Aussage hat die Nebenklägerin nicht explizit widersprochen. Dagegen steht nur die Aussage des Angeklagten Krug, der uns hier ein so eindrucksvoll-reuiges Geständnis geliefert hat. Ein Geständnis allerdings, das mich insofern nicht beeindruckt, als es zweifelsohne zu Lasten meines Mandanten geht, der ihn – so Herr Krug – dem Mephisto gleich zur Tat angestiftet habe. Diesen Teil des Geständnisses halte ich für schlichtweg falsch, ja, für den Versuch, sich auf Kosten von Dr. Grimme selbst zu entlasten.
Dazu, meine Damen und Herren Richter, möchte ich noch eine Anmerkung machen. Sie betrifft die Absprache in Strafprozessen, wie sie zwischen Gericht und Verteidigung in vielen Fällen durchaus sinnvoll und prozeßökonomisch sein kann. Ich halte sie allerdings dort für unzulässig, wo eine solche Absprache zu Lasten Dritter geht – zu Lasten eines Mitangeklagten, und ich kann mich des Eindrucks nicht erwehren, daß das sogenannte Geständnis des Angeklagten Krug und das Verhalten seines Verteidigers während der Hauptverhandlung auf eine solche Absprache hinweisen, dahingehend, daß eben dieses Geständnis sich strafmindernd auswirken kann. So dies wirklich der Fall ist, muß ich mich im Interesse meines Mandanten schärfstens dagegen verwahren und auf die nachteiligen Folgen, die sich daraus für ihn ergeben, hinweisen.«
Der Vorsitzende war jetzt nahe daran, ihm ins Wort zu fallen.
»Im übrigen schließe ich mich dem Antrag des Staatsanwalts an, meinen Mandanten freizusprechen.«
Die Selbstbeherrschung des Vorsitzenden war an diesem Tag auf eine harte Probe gestellt. Man konnte sagen, daß er sich in Anbetracht der Umstände vorbildlich verhielt.
»Ich erteile jetzt den Angeklagten das letzte Wort. Herr Dr. Grimme?«
»Ich schließe mich den Ausführungen meines Verteidigers an.«
»Herr Krug?«

»Mir bleibt nur zu sagen, daß mich das, was ich getan habe, ein Leben lang belasten wird. Und daß ich Frau Bergmann aus tiefstem Herzen um Verzeihung bitte.«

»Gut, dann schließe ich hiermit die Sitzung. Das Gericht zieht sich zur Beratung zurück. Das Urteil wird morgen um zehn Uhr in diesem Saal verkündet.«

Johannes Mayer und seine Richter und Schöffen verließen den Saal.

Der Countdown, dachte Bernhard Grimme, läuft.

XVII. Kapitel

»Grimme. Bernhard Grimme.«
Der Mann neben Irmelas neuester Errungenschaft – einer lebensgroßen steinernen Frau, die ein Tablett hielt und somit nicht nur als Kunstwerk zu bewundern, sondern auch als Gebrauchsgegenstand zu nutzen war – deutete eine leichte Verbeugung an.
»Ich bin Kirsten van Rouen. Kein Künstler, wie die meisten hier, sondern bloß eine Journalistin. Ich bin eine Kollegin von Irmela. Das heißt, wir sind befreundet.« Und warum erzählte sie ihm das alles?
Der Mann, der Bernhard Grimme hieß, lächelte sie an. »Mich hat Frau Höggen eingeladen, weil sie hofft, daß ich eines der Kunstwerke kaufe. Ich habe mal ein Bild erstanden, aber immer wenn ich anfange, mich für einen ihrer Schützlinge zu interessieren . . .«
». . . hat sie wieder einen neuen unter ihren Fittichen. Irmela sammelt Künstler wie andere Leute Briefmarken oder Silberlöffel. Ich wage es nicht laut zu sagen in diesem Kreis: Ich verstehe nichts von Kunst. Trotzdem finde ich diesen Bildhauer hier . . .«
». . . plastisch und praktisch?« Bernhard Grimme deutete auf die Nackte aus Stein. »Seine Werke haben den Vorteil, daß man sie auch als Möbelstücke verwenden kann, falls man sonst nicht damit zurechtkommt. Wenn ich den Schöpfer richtig verstanden habe, ist das so eine Art Gegenbewegung zu Beuys. Nicht Gebrauchsgegenstände zur Kunst erheben, sondern umgekehrt.«
Beide sprachen nicht aus, was sie dachten: daß es völlig idiotisch war, sich eine Steinskulptur ins Zimmer zu stellen, bloß weil man vielleicht ein Tablett benötigte.

»Ach Kinder, da seid ihr ja. Ich nehme an, daß ich mir die Vorstellung sparen kann. Trotzdem: Kirsten, das ist Dr. Bernhard Grimme, ein begnadeter Arzt, nicht unvermögend und unverheiratet. Ein Kunstfreund. Dr. Grimme, das ist meine beste Freundin, Kirsten van Rouen, eine tolle Journalistin und im übrigen ohne männlichen Anhang, obwohl ich seit zwei Jahren versuche, sie zu verkuppeln . . .«
»Irmela, das reicht jetzt.« Ihre Freundin hatte unter dem Einfluß ihres momentanen Liebhabers einen Hang zu exaltiertem Benehmen entwickelt. Fand es plötzlich schick, auszusprechen, was sie dachte, und zwar gegenüber jedermann. Einziger Trost war, daß Irmela zu gutem Benehmen zurückfinden würde, wenn ihr Bildhauer sie verlassen würde. Denn im Prinzip war sie ein Schatz, Kirstens erste und einzige Freundin, der sie auch die ein oder andere Peinlichkeit zu verzeihen bereit war.
»Das Problem unserer Gesellschaft ist, daß die Leute die Wahrheit nicht mehr hören können. Aber gut, ich lasse euch allein und wende mich wieder den anderen Käufern zu.« Sprach's und tauchte zwischen den 40 Leuten unter, die sich in Irmelas Vier-Zimmer-Wohnung drängten. Die Gastgeberin war ganz in Grau gekleidet. Sie nannte es ihre »graue Periode«, wobei die Farbzusammenstellung ihrer Garderobe jeweils vom Farbempfinden ihrer Künstler abhing.
»Tut mir leid«, sagte Kirsten, »sie ist ein lieber Mensch, aber manchmal spinnt sie ein bißchen.«
Eine merkwürdige Freundschaft, dachte Bernhard Grimme. Diese große Blonde paßte überhaupt nicht in die Szene. Sie war sehr dezent geschminkt und gekleidet, trug außer einem Ring überhaupt keinen Schmuck, sah nicht gelangweilt oder amüsiert aus, sondern kühl und ernst. Ihre Haare waren wunderschön, lang und glatt und, soweit er das beurteilen konnte, nicht gefärbt. Sie war ziemlich groß und nicht so schlank, wie es jetzt modern war. Aber gut proportioniert. Sie sah einfach anders aus als die meisten Frauen in diesen Räumen, wo er

weiblichen Wesen begegnet war, die zuviel dafür taten, um schön, sexy und interessant zu sein. Er hatte das unbestimmte Gefühl, daß sie ihm vertraut war.
Er taxiert mich und steckt mich in eine Schublade. Kirsten fand, daß er es ruhig weniger intensiv tun könnte. Irmela hatte letztlich nicht unrecht: Im Umgang mit Männern war sie reichlich unbeholfen. Jedenfalls mit Männern, die sie so ansahen. Seit sie, vor zwei Jahren, nach Köln gekommen war, hatte nur ein Mann die Barrieren überwunden, die sie um sich herum aufgebaut hatte. Und das auch nur für kurze Zeit.
Man muß immer bereit sein, sagte Irmela, die sich sehr bemühte, Kirsten in ihr überaus reges Gesellschaftsleben einzubeziehen. Bereit wofür? Ein bißchen Wärme und dann die Kälte der Zurückweisung?
»Ich bin«, sagte Bernhard Grimme, »kein begnadeter Arzt, nur ein simpler Internist. Meine Praxis wirft gerade so viel ab, daß Frau Höggen mich als potentiellen Kunstmäzen einschätzt. Ärzte sind eben gutbezahlte Handwerker.«
Und du, dachte sie, pflegst das Image des Understatements. Ein wenig ähnelte er Siegfried, nur daß er keine Schlitzaugen hatte, sondern blaue Schlafzimmeraugen. Viele Falten in einem hageren Gesicht mit hohen Backenknochen. Ein Frauentyp, fand sie, obwohl er gewiß auf der falschen Seite der Vierzig war. Ein Mann, dem es kraft seines Auftretens, Aussehens und Geldes leichtfiel, Frauen umzulegen.
»Sind Sie beim Sender auch für die Kunstszene zuständig?«
Bernhard Grimme gab ihr noch einen Pluspunkt. Sie hatte nicht diesen unsteten Blick, den er an Menschen so haßte, die in einem Raum mit mehreren Leuten standen. Der Blick: Entgeht mir jemand, den ich kenne oder kennenlernen müßte, während ich mit diesem Typ hier spreche?
Kirsten zündete sich eine Zigarette an, ohne darauf zu warten, daß er ihr Feuer gab. »Nein, bin ich nicht. Mich haben sie in die Reiseredaktion gesteckt, aber gelegentlich mache ich auch Interviews, alles, was nicht direkt mit Politik zu tun hat.«

»Haben Sie was gegen Politik?«
»Nur insofern, als ich damit in London auf die Nase gefallen bin. Ein ziemlich abruptes Ende einer Karriere als politische Korrespondentin. Aber ich hatte Glück und bekam vor zwei Jahren diesen Job. Und ich finde ihn ganz angenehm.«
Was man so fragt, wenn man jemand kennenlernt, kennenlernen möchte. »Und gefällt Ihnen Köln?«
Kirsten sah, daß Irmela ihr aus der Ecke ein Siegeszeichen machte. Sie war wirklich unmöglich, sie wie Sauerbier anzubieten. Als ob es ein Makel wäre, mit zweiunddreißig Jahren allein ins Bett zu gehen. Sie sah schnell weg und in die blauen Augen ihres Gegenübers. »So lala. Ich habe eine schöne Wohnung am Rheinufer gefunden. Aber mit dem, was man gemeinhin den rheinischen Klüngel nennt, habe ich gewisse Probleme. Den Dialekt, das Bier und den Karneval finde ich scheußlich.« Außerdem, dachte sie, fühle ich mich ziemlich einsam und bin schon dankbar, wenn Irmela mich in ihrer blöden Kunstszene herumschleppt. Die Leute reden zwar meist dummes Zeug, aber es war zumindest amüsant zu beobachten, wie furchtbar wichtig sie sich und ihre Meinungen nahmen.
»Ich hoffe, daß Ihre Freundin mehr von Kunst versteht als von Weinen.« Bernhard Grimme schnappte sich zwei Gläser von einem Butler, den Irmela für ihren Empfang angeheuert hatte und der die Illusion britischer Dienstbarkeit nur so lang aufrechterhalten konnte, wie er den Mund nicht aufmachte und kölsche Töne von sich gab.
Kirsten nahm ein Glas. »Ich kann beides nicht so richtig beurteilen, fürchte ich.« Sie nickte einer Kollegin zu, die mit spitzen Entzückungsschreien einen Liebesakt kommentierte, der als Untersetzer für einen Glastisch diente. »Außerdem, Herr Dr. Grimme, fallen wir hier auf, weil wir a) zu lange miteinander und b) nicht über Kunst sprechen. Ich glaube, ich muß meiner Freundin bei ihren Gastgeberpflichten helfen. Es hat mich gefreut, Sie kennenzulernen.«

Welch traurige, abweisende Floskel. Bernhard Grimme sah ihr nach, wie sie quer durch den Raum ging, als ob die anderen Leute Luft für sie wären. Eine merkwürdige Frau. Sie hatte nicht mit ihm geflirtet, überhaupt nicht. Das passierte ihm, wenn er es darauf anlegte, selten. Die meisten Frauen, wenn sie über dreißig und alleinstehend waren, fielen ihm wie Fallobst in den Schoß. Etwas Geplänkel, eine Einladung in ein Restaurant, das der Eitelkeit schmeichelte, der Vorschlag zu einem abschließenden Kaffee in seinem Haus, Feuer im Kamin, klassische oder kitschige Musik, je nachdem, wie er die Dame einschätzte – dann das Finale in seinem Bett, grandios oder enttäuschend, wobei die Jagd meistens interessanter war als der Schluß.

Ich werde alt, dachte er. Es macht mir nicht mehr so viel Spaß wie früher. Früher hätte ich einen Abend wie diesen nicht ausgelassen, ohne für weibliche Gesellschaft zu sorgen. Er sah Irmela Höggen auf sich zusteuern, die ihn nicht nur als potentiellen Käufer zu ihren Gesellschaften einlud, sondern auch in seiner Eigenschaft als »verfügbarer Junggeselle«. Besser, schnell zu gehen, als in der ein oder anderen Rolle von ihr vereinnahmt zu werden. Er verabschiedete sich artig, vergaß nicht, die Kunstwerke und den Künstler zu loben. Warf einen letzten Blick auf die Blonde, die in ein Gespräch mit einer Fernsehjournalistin vertieft war. Sie schenkte ihm keinen Blick, und er ging mit dem festen Vorsatz, nie wieder auf eine von Irmela Höggens idiotischen Gesellschaften zu kommen.

»Ich sterbe vor Langeweile, wenn nicht immer etwas passiert in meinem Leben«, sagte Irmela oft zu Kirsten, die nicht nachvollziehen konnte, warum Irmela ständig neue Männer brauchte, neue Gesichter, neues Glück und Unglück, immer Menschen um sich herum und kurzfristige Ziele vor Augen. »Du mußt immer so leben, als ob du morgen stirbst. Das ist der einzige Weg, sich gegen die Kürze des Lebens zu schützen.«

Kirsten van Rouen hatte es in zweiunddreißig Jahren nicht geschafft, dem Leben eine Philosophie entgegenzuhalten. Was

war passiert in den letzten Jahren? Ein hastiger, schmerzloser Abgang aus London, kein Mensch und kein Ding, dem sie in dieser Stadt nachtrauerte. Sie hatte ihre Möbel verschenkt, ein Abschiedsfest für die Hausbewohner und Kollegen gegeben, noch eine Flasche mit dem alten Matthews geleert, von dem sie heute nicht wußte, ob er in seinem Haus in Wales saß und angelte oder ob er sich schon zu Tode getrunken hatte.
Die Rückkehr nach Deutschland war leicht gewesen. Sie fand, daß es hektischer zuging. Mehr Autos, mehr Menschen. Die meisten sahen satter und zufriedener aus, als sie es von London gewöhnt war. Erstaunlich, daß Engländer von deutscher »Gemütlichkeit« schwärmten, die sie nicht finden konnte, aber vielleicht auch nicht suchte.
Abgesehen von vier Koffern hatte sie nur den alten Jaguar mitgebracht, den sie in den letzten Wochen in London von einem Kollegen günstig erstanden hatte. Mit dem alten MK 2, der aussah wie neu, aber das fragile Innenleben eines kränkelnden Greises hatte, war sie von London nach Köln gefahren. Der letzte Gedanke, als sie auf der Fähre stand und auf die Klippen von Dover starrte: Nun kann Siegfried mich nicht mehr erreichen, selbst wenn er es versuchen sollte.
Vier Wochen in einem kleinen Hotel in der Kölner Innenstadt, die Suche nach einer Wohnung, Vorstellungsgespräche beim Sender: Jeder war nett und hilfreich gewesen. Kein Problem mit dem Mikrofontest: Ihre Stimme war tief und klar genug, und ihren leichten Akzent bezeichnete der Studioleiter als »apart«. Wenn es Gerüchte gab, daß sie mysteriöse Beziehungen auf den Redaktionsstuhl gebracht hatten, wurden ihr diese nicht zugetragen. Schließlich wußte man nie, wie gut diese Beziehungen waren. Irmela Höggen war damals noch nicht auf dem Wahrheitstrip.
Es war Irmela, die die Wohnung am Rhein für sie gefunden hatte: »Gehört einem Künstler, der nach San Francisco geht und sie vermietet. 1200 Mark für drei Zimmer und diesen Blick, das ist so gut wie geschenkt.«

Sie hatte die Wohnung genommen und sie – zu Irmelas Entsetzen – so spärlich möbliert, daß die ausnahmslos schwarzen Möbel aus keinem Winkel den Blick auf den Dom oder Rhein versperrten. Irmela hielt die Kargheit dieser Einrichtung für eine Masche, von der sie nicht wußte, ob sie sie gut finden sollte. Doch trotz aller Verschiedenheiten, oder gerade deswegen, freundeten sich die beiden Frauen ziemlich schnell an. Die eine suchte bei der anderen, was ihr selbst fehlte: Kirsten die Leichtigkeit und exaltierte Fröhlichkeit, Irmela den Ernst, die Ruhe und die Fähigkeit stillzusitzen und zuzuhören. Wenn sie Kirsten auch manchmal der Sturheit bezichtigte, vor anderen fand sie schmeichelhafte Worte:
»Sie ist souverän, versteht ihr? Ich möchte fast sagen, bemerkenswert bescheiden, im Gegensatz zu uns Lebensgierigen, die wir dem Vergnügen nachlaufen. Kirsten findet es tatsächlich toll, abends zu Hause zu sitzen und ein Buch zu lesen. Ich muß gestehen, daß mir das manchmal unheimlich ist. Aber sie übt einen wohltuenden Einfluß auf mich aus.«
Kirsten kam sich dagegen vor wie eine Voyeurin, eine, die das Leben einer anderen mitlebt. Ungezählt waren die Höhen und Tiefen in Irmelas Leben, die fast ausschließlich mit Männern und Kunst zusammenhingen. Abenteuerliche, herzerschütternde Affären. Mark, der ständig damit drohte, sich die Pulsadern aufzuschneiden, wenn ihm der künstlerische Durchbruch nicht gelingen würde. Dann François, der Irmela mit einer Köchin betrog. Anton, der sie verließ, weil er nicht gleichzeitig lieben und malen konnte. Einen Grund, zu lachen oder zu weinen, gab es eigentlich immer. Kunst war ein sentimentales und brutales Geschäft.
Es gab Abende, da ging sie mit zu Vernissagen, Empfängen, Partys, weil die Einsamkeit in ihrer Wohnung nicht immer zu ertragen war. Natürlich lernte sie Irmelas Männer und andere kennen. War der Meinung, daß erstere beinahe ausnahmslos furchtbare Egoisten waren. Männer, die immer nur von sich sprachen, von ihren endlosen Bedürfnissen, Erwartungen,

Enttäuschungen. Niemand interessierte sich wirklich für den anderen, es sei denn voller Schadenfreude, die durch mitfühlende Äußerungen und eigene Erfahrungen ähnlichen Kalibers kaschiert wurde. Aber wer war sie, Irmelas Kassandra zu sein? So spielte sie einfach mit, als distanzierte Chronistin, deren Meinung niemanden interessierte.

Oh, sie hörte zu, wenn Irmela trostbedürftig war, gab auch weise Ratschläge, von denen beide wußten, daß sie verschwendet waren. Immerhin besaß Irmela die Gabe, auch über sich selbst lachen zu können. Und war es nicht oft zum Lachen, diese Wiederholung des Weltschmerzes, verursacht durch den masochistischen Wunsch nach Liebe?

Irmela war davon überzeugt, daß es die Schuld der Männer war: »Bin ich nicht immer diejenige, die gibt und nichts oder sehr wenig verlangt? Gehe ich nicht die Kompromisse ein und sage: Der Mann ist eben ein Genie; und dafür muß ich einiges in Kauf nehmen? Mein Gott, ich habe von Anton nichts gefordert – keinen Ehering, keinen gemeinsamen Urlaub, nichts außer ein wenig Zuneigung und Loyalität. Und jetzt behauptet dieser Mistkerl, daß ich ihn mit meiner Liebe erdrücke und seine schöpferische Kreativität flöten geht. Dabei will seine Bilder ohnehin niemand haben. Und das, obwohl ich ihn seit Monaten lanciere.«

Der Ratschlag, einmal kein Genie zu suchen, stieß auf wenig Gegenliebe. Irmela Höggen fand »normale Männer« unerträglich langweilig. So wechselten die Genies einander ab, blieben unbekannt oder schafften den Durchbruch, und Irmelas Freundin fand ihr Leben schon aus diesem Grunde aufregender, als es war.

Ihre Arbeit beim Sender war keine große Herausforderung. Zwei Sendungen pro Woche, die sie moderierte. Das »Reise-Magazin« war eine Mischung aus Recherchen, Interviews, Musik, Tips und Erfahrungsberichten. Die Angst, »live« zu sprechen, hatte sich schnell gelegt. Wenn das rote Licht anging und sie auf Sendung war, benötigte sie nur noch Spickzettel, um den Faden nicht zu verlieren. Auch die Kunst, Interviewpartner nicht »ausufern« zu lassen, sie zu steuern und gegebenenfalls zu unterbrechen, war schnell erlernt. Routine, nach den ersten drei Monaten war es nur noch Routine, und langsam verlor sich auch der Akzent, den der Studioleiter apart gefunden hatte.

Ihr Beruf hatte ihre Lust am Reisen geweckt, und sie verbrachte ihren ersten Urlaub in Thailand und Hongkong und einen weiteren in Kalifornien. Entdeckungsreisen. Ihr war klar, daß man auf eigene Faust nur gut reisen konnte, wenn man die Sprache beherrschte und in Kauf nahm, mehr Zeit und Energie aufzuwenden. Allein zu reisen, das hatte sie Überwindung gekostet. Zum Beispiel, sich abends allein in ein Restaurant zu setzen oder an eine Bar. Dann hatte sie gelernt, in den richtigen Momenten abweisend auszusehen, sozusagen souverän einsam. Das half. Wurde sie dennoch angesprochen, lehrte sie die Erfahrung, wann und mit wem ein Gesprächskontakt ohne Folgeschäden möglich war.

Tips für alleinreisende Frauen: Entscheiden Sie vorher, ob Sie in Ihrem Urlaub Kontakte wollen oder nicht. Wenn letzteres der Fall ist, meiden Sie Länder wie Indien, Israel, Ägypten. Wohnen Sie entweder in guten Hotels oder, wenn es das gibt, in Privatpensionen. Nehmen Sie sich, wenn Sie Touren machen, einen einheimischen Führer. Steigen Sie nur in klassifizierte Taxis. Wehren Sie sich mit größtmöglicher Arroganz, wenn man Ihnen die schlechtesten Zimmer oder die Katzentische zuweist. Und vor allem: Vergessen Sie nie, Bücher oder Schlaftabletten mitzunehmen, wenn die Nächte in fremden Betten zu lang werden!

Wer es anders wollte, für den gab es Clubs und Gruppenreisen, den organisierten Urlaub mit Garantie für zwischenmenschlichen Kontakt und dem, was gemeinhin als Urlaubsvergnügen bezeichnet wurde. Es gab tausend Tips, aus den Ferien mehr zu machen als bloßen Tapetenwechsel. Kirsten van Rouen gab sie jeden Mittwoch und Sonntag und erlangte

mäßige Berühmtheit als Moderatorin, die auch jenen Gehör verschaffte, deren Urlaub zu einem Horrortrip geworden war oder auch nur zu einem Mißvergnügen.
So war der Stand der Dinge, als sie Bernhard Grimme traf. Sechs Wochen vergingen nach Irmelas Party, bis er ihr zufällig wieder begegnete. Sie hatte nicht mehr an ihn gedacht, schließlich war in diesen sechs Wochen Irmelas große Liebe zu dem Bildhauer zu Ende gegangen, ein Ereignis von nachvollziehbarer Tragik, jedoch ohne Tragweite. Irmela, mannlos und lustvoll allenfalls in ihrem Schmerz, schlich wie das personifizierte Unglück durch den Sender und bedurfte tröstlichen Zuspruchs. Es war eine jener Zeiten, in denen sie – kurzfristig – der Liebe abschwor und sich der Philosophie und Frauenfragen zuwandte.
Doch gerade an diesem Abend hatte sie spontan beschlossen, doch noch zu einer Party zu gehen, statt mit Kirsten ins Programmkino. Die Gründe lagen auf der Hand:
»Schau, es ist ein so gräßlich trauriger Film, und wahrscheinlich würde ich hinterher in tiefste Depressionen versinken. Ich muß mal wieder Leute um mich haben, Klatsch hören und Gelächter, um mich aufzumuntern. Bist du böse, wenn ich nicht mitgehe?«
Sie war nicht böse, im Gegenteil. In ihren Trauerphasen war Irmela ohnehin von einer Anhänglichkeit, die einen ans Alleinsein gewöhnten Menschen ganz schön strapazieren konnte. Kirsten raffte sich nach dem Telefongespräch auf, alleine ins Kino zu gehen, und fand sogar einen Parkplatz in der Innenstadt. Sie kaufte eine der vorbestellten Karten und rauchte noch eine Zigarette, bevor der Film anfing.
»Amadeus«, von Milos Foreman, war gut besucht, trotzdem erkannte er sie sofort im Gewühle. Typisch, daß sie draußen stand, obwohl es regnete. Bernhard Grimme ging auf Kirsten van Rouen zu, sprach sie an und spürte die Regentropfen nicht. Sie war so verdammt schön, auf diese seltsame und altmodische Art, und sie erkannte ihn wieder und war sehr

freundlich, ohne mit einem Wort erkennen zu geben, daß sie sich freute, ihn wiederzusehen.
»Der Film fängt gleich an. Würden Sie mir die Freude machen, anschließend ein Glas Wein mit mir zu trinken?«
So fangen all diese Geschichten an, die irgendwie, irgendwann enden. Sie überlegte nur einen Moment, nickte, und sie verabredeten sich in einem Weinlokal in der Innenstadt, nach Ende des Films.
Warum nicht, dachte sie, und vergaß ihn, weil Mozarts Geschichte und Musik sie gefangennahmen. Die Geschichte eines Genies, das an der Mittelmäßigkeit der anderen zugrunde ging. Wie vorausblickend von Irmela: Der Film hätte sie tatsächlich deprimiert. Während Mozart zu Grabe getragen wurde, weinte Kirsten ein paar Tränen, ohne zu wissen, ob aus Mitleid oder Selbstmitleid.
Die Rückkehr in die Mittelmäßigkeit hieß, sich aus dem Saal zu drängeln, hinaus in den Regen, und sich auf die Suche nach einem neuen Parkplatz zu machen.
Obwohl sie ihre Zusage bereute, noch als sie das Lokal betrat, waren es zwei angenehme Stunden, die sie mit Bernhard Grimme verbrachte. Sie tranken eine Flasche »Brunello« und aßen Käse dazu, und er drängte sie nicht, über den Film zu sprechen oder über sich selbst. Was sie von ihm erfuhr, war, daß er sein Haus und seine Praxis in Bonn hatte, weil es ihm dort besser gefiel als in Köln. Sie gaben sich auch keine Mühe, nach schwergewichtigen Themen zu suchen oder einander beeindrucken zu wollen. Sie dachte, daß er für einen Medizinmann klug und überhaupt nicht aufgeblasen war. Ihm gefiel an ihr, daß sie Schweigen nicht als Gesprächslücke empfand und Wein mit Genuß trank.
Gegen eine zweite Flasche, die er gern getrunken hätte, sprach die Zeit – es war kurz nach eins – und die Fahrt nach Hause. Er fragte sie nach einem Wiedersehen. Sie sagte ja und gab ihm ihre Telefonnummer. Seine wollte sie nicht haben. »Rufen Sie mich einfach mal an, meistens bin ich zu Hause.«

Bernhard Grimme brachte Kirsten zu ihrem Wagen und hoffte einen Moment, daß der Jaguar nicht anspringen würde, ein durchaus nicht unrealistischer Wunsch, dessen Erfüllung aber versagt blieb. Als sie wegfuhr, winkte sie ihm kurz zu.
Er stand im Regen und dachte, daß ihm etwas Schönes passiert war, etwas, was er lange nicht mehr erlebt hatte: eine Frau, an der ihn nichts störte und an der ihm vieles gefiel.

Die Frau stellte sich morgens um zwei Uhr noch an ihr Fenster und starrte auf den Rhein. Rauchte noch eine Zigarette, trank irischen Whisky mit Eis und Wasser. Dachte, daß es lange her war, seit ein Mann sie so angesehen hatte. Und daß es ihr angst machte nach all der Zeit, in der sie sich gegen solche Blicke gewappnet hatte. Man wurde so verdammt empfindlich, wenn man alleine lebte, vielleicht deshalb, weil man es nicht gewohnt war, sich der Kritik oder Bewunderung anderer zu stellen.
Dieser Bernhard Grimme schien so selbstsicher, unverletzlich. Oder war er einfach nur ein guter Spieler, einer, der sich vor anderen nicht entblößte? Nicht viel Erfahrung mit Männern. Den Ehemann hatte sie nicht genug geliebt, um ihn kennen zu wollen. Den Liebsten, Siegfried, zu sehr, um ihn zu durchschauen. Die Bilanz war in beiden Fällen negativ. Sie hatte also wirklich keinen Grund, einem jener Gefühle zu trauen, die auf das Wort Liebe hinausliefen. Schon gar nicht den eigenen . . .
Und dennoch wurde es das, was sie beide Liebe nannten. Hinterher sagten sie, daß es gar nicht anders hätte kommen können. Zwei Tage nach »Amadeus« rief er sie an, und sie verabredeten sich zu einem Abendessen in Bonn. Er führte sie ins »Le Maron«, wo das Essen gut und teuer und der Service eine Spur zu arrogant war. Beim fünften Glas Wein blieb als Alternative, mit dem Taxi nach Köln zu fahren oder . . .
»Ich hätte nicht gedacht, daß ich dich so schnell ins Bett bekomme«, sagte er drei Stunden später, nachher, in seinem Bett, das groß genug für drei war.

»Normalerweise mache ich es auch erst nach dem dritten Abendessen.« Normalerweise, dachte sie, mache ich es mir selbst, und das schon ziemlich lange. Sie versuchte nicht erst, ihre jetzige Lage auf den Alkoholkonsum zurückzuführen. Er gefiel ihr. Der erste Mann seit Siegfried, der weder zu jung noch zu alt war, nicht zu unsicher und nicht zu eitel, nicht zu blöde und nicht zu intellektuell, nicht zu oberflächlich und nicht zu versponnen. Außerdem war er ein guter Liebhaber, zumindest glaubte sie das nach der langen Zeit der Entwöhnung. Ein schöner, kaum behaarter Körper, schlank, aber nicht knochig und hart.

»Findest du, daß ich zu dick bin?«

Bernhard, der Whisky, Eis und Wasser auf einem Tablett ins Schlafzimmer brachte, beschaute ihren Körper.

»Nein. Gerade richtig. Außerdem mag ich Frauen mit großen Brüsten.«

»Ziemlich altmodisch.«

»Richtig. Ich bin auch ein altmodischer Arzt, weißt du. Ich nehme mir Zeit für meine Patienten und höre ihnen zu, statt sie in die nächste Apotheke zu schicken oder sie an die technischen Wunderwerke in meiner Praxis anzuschließen, damit die sich amortisieren. Vielleicht bin ich deshalb so beliebt, wer weiß?«

»Auch Hausbesuche?«

»Klar.«

»Besuchst du mich auch einmal?« Da war sie, diese Frage, ob es nur eine Nacht war oder . . .

Bernhard fing an zu lachen und setzte sich neben Kirsten aufs Bett. »Sooft du willst. Nein, ich meine es ernst. Ich habe bloß so wenig Erfahrung mit Frauen, die ich liebe. Aber ich habe jede Absicht, es mit dir zu versuchen.«

»Ich auch«, murmelte sie in das Kissen und kreuzte die Finger, wie sie es als Kind getan hatte, wenn sie sich etwas sehr wünschte. Und verdrängte den Gedanken, daß es selten gewirkt hatte.

Viele Hausbesuche zwischen Bonn und Köln. Man konnte sagen, daß Kirsten van Rouen auf einer Wolke schwebte, von der sie nur selten und mit entrücktem Lächeln herabstieg. Die Nächte, die sie nicht miteinander verbrachten, waren nur Atempausen. Und dann gab es ja noch das Telefon, wenn Bernhard Golf spielte oder Tennis oder im Fernsehen ein Fußballspiel ansehen wollte. Kirsten, völlig unsportlich, mochte daran nichts ändern, und er fand es in Ordnung. Alles, was sie tat, fand er gut und richtig – abgesehen davon, daß sie schlecht, weil unkonzentriert, Auto fuhr, obwohl der alte Jaguar gottlob nur bis 100 Stundenkilometer willig war und bei höheren Geschwindigkeiten gequälte Töne von sich gab. Noch eine Reihe anderer Dinge: Sie rauchte zuviel, aß wie ein Vogel und hatte innerhalb von sechs Monaten zwölf Pfund abgenommen. Es paßte ihm außerdem nicht, wenn sie zu einem von Irmela Höggens verrückten Empfängen ging und andere Männer sie anstarrten. Am schlimmsten aber war, daß sie jede Art von Zukunftsplänen kategorisch abblockte.
»Und warum willst du nicht zu mir ziehen? Das Haus ist groß genug, und wenn es dir nicht gefällt, kann ich auch ein anderes kaufen. Die ständige Fahrerei, die zwei Wohnsitze – das ist unökonomisch. Außerdem habe ich immer Angst, wenn du mit dem Wagen unterwegs bist.«
Nein, sein Haus gefiel ihr nicht. »Schöner und teurer wohnen«, sagte sie und verbat sich jede Kritik an ihrer spartanischen Möblierung. Nein, sie wollte auch nicht in ein anderes Haus ziehen, auch nicht in eines, das zwischen Köln und Bonn lag.
»Und warum nicht?«
Weil ich Angst habe, hätte sie antworten können. Doch auch jemandem, den man liebt, kann man nicht alles sagen. »Ich weiß nicht, vielleicht brauche ich die Distanz noch. Nun laß mir doch Zeit, wir haben noch so viel Zeit.«
Irmela, gerade in eine innige Affäre mit einem niederländischen Maler verstrickt, war fast eifersüchtig. Wenn Kirsten nicht mit Bernhard zusammen war, was selten genug vorkam,

schien er dennoch neben ihr zu stehen. »Du wirst ihn noch heiraten, diesen Arzt, ich weiß es. Und ihr werdet viele Kinder haben und glücklich werden bis an euer Lebensende. O, Gott, Kirsten, was findest du an dieser stinknormalen Liebe nur so aufregend? Ich höre schon die Hochzeitsglocken läuten – sie klingen wie Totenglocken.«

Aber die Frau, die nicht mehr in dunklen Kleidern herumlief, weil Bernhard ihr Spiegel war, dem sie gefallen wollte, weigerte sich, über Zukunft zu sprechen. Das galt für ihre Freundin und für ihren Geliebten. Solange ich nicht zuviel will, dachte sie, werde ich nicht scheitern. Und nur so lange, wie ich nichts als sicher voraussetze, kann ich mich sicher fühlen.

Bernhard akzeptierte die Barriere, die sie ihm entgegenstellte, auch wenn er meinte, daß ihre Gründe dafür unlogisch waren. Schließlich kam sie dem Ideal einer perfekten – für ihn perfekten – Frau so nahe, daß er ihr mehr, viel mehr nachgesehen hätte. Wenn er es jemandem anderen erzählt hätte, was er nicht tat, wäre es kitschig geworden: Er liebte es, mit ihr ins Bett zu gehen, mit ihr aufzustehen, zu frühstücken, die Zeitung zu lesen, zu sprechen, sie wiederzusehen, mit ihr zu essen, zu trinken und wieder ins Bett zu gehen . . . Wenn es sich abnutzt, dachte er, und es mußte sich abnutzen, dann auf eine Weise, die ich nicht als desillusionierend empfinden werde.

Während Kirsten und Bernhard in Hongkong waren, ihrer Lieblingsstadt, unternahm Irmela ihren ersten Selbstmordversuch, von dem Kirsten aber erst erfuhr, als sie die noch Freundin nach ihrer Rückkehr aufsuchte. Zu viele Schlaftabletten oder zuwenig – wie man es nahm. Irmela war zwar noch in ihrer depressiven Phase, aber keineswegs geneigt, den Versuch zu wiederholen.

»Sie haben mir den Magen ausgepumpt, es war wirklich widerlich. So unästhetisch.«

Ihre braungebrannte Freundin, die seit gut eineinhalb Jahren an die Grimmschen Märchen glaubte, sah vorwurfsvoll aus.

»Jaja, ich weiß, daß es eine Torheit war. Nur ein Mann. Aber

ich hatte tatsächlich begonnen, an die Ewigkeit zu glauben. Und dann hat er Amsterdam und mir den Rücken gekehrt, um auf einer philippinischen Insel ein zweiter Gauguin zu werden. Zack, fiel ich runter und konnte mich nicht mehr halten. Vielleicht, wenn du hier gewesen wärst und dir meine Leidensgeschichte angehört hättest . . .«
Irmela sah, daß es nicht möglich war, ihrer Freundin Schuldgefühle einzuflößen. Verliebte waren wirklich grausam dem Rest der Welt gegenüber. »Wie war's im Urlaub?«
»Wundervoll. Wir haben alles Schöne mitgenommen auf dieser Reise.«
Das war bestimmt nicht billig, dachte Irmela mit einem Anflug von Bitterkeit. Ihren Liebhabern war gemeinsam, daß sie nicht über das Kleingeld verfügten, durch die Welt zu jetten und in guten Hotels abzusteigen. Ihre Liebhaber schwärmten von Künstlerkneipen und primitiven Inseln. Ihre Ex-Liebhaber besser gesagt.
»Findest du, daß das Leben fair zu mir ist?«
Kirsten sah ihre Freundin ratlos an. »Ich weiß es nicht, Irmela. Ich dachte mir bisher, daß du das bekommst, was du suchst.«
»Du meinst, wenn ich nur Pfennige in den Automaten stecke, kann ich nicht erwarten, den Jackpot zu bekommen?«
Irmela sah alt und bitter aus, zum ersten Mal, seit Kirsten sie kannte. »Das ist eine bescheuerte Metapher. Ich meine nur, daß jeder letztlich scheitert, der zuviel will, mehr, als er einbringen kann. Das meine ich.«
»Und was willst du?«
Keine Feigheit vor dem Leben, dachte Kirsten. »Ich bin nicht ganz sicher. Liebe, Freundschaft . . . Es geht mir so gut, seit Bernhard da ist. Fast fürchte ich, daß die Götter neidisch werden.«
Aber nicht so. So schlimm hatte sie es nicht befürchtet. Exakt 27 Tage nach ihrem Besuch im Krankenhaus, an einem Samstagvormittag, fand sie den Brief in der Post. Südafrikanische Marken, kein Absender. Den ersten Impuls, diesen Brief un-

geöffnet wegzuwerfen, unterdrückte ihre Neugierde. Was wollte Kosie von ihr, dieser Mann?
Hätte sie ihn doch weggeworfen, diesen Brief . . .
Kirsten Bergmann saß an ihrem Schreibtisch und starrte auf das vergilbte Papier mit der altmodischen Schrift, die vor ihren Augen verschwamm, sich zu dunklen Flecken zusammenballte und sich wieder auflöste in die gestochen klare Schrift ihrer Mutter.
Keine Zeile von Kosie. Er hatte diesen Brief, der ihn irgendwann erreicht hatte, über ihren Londoner Rechtsanwalt an ihre neue Adresse geschickt. Ob er ihn gelesen hatte? Wie unwichtig dieser Gedanke war. Sie daß da und wollte einfach nicht begreifen, daß die Vergangenheit sie eingeholt hatte und zustach und . . . Als ob Magdalena nicht genug angerichtet hätte, dachte Kirsten: meine Kindheit zerstört, meinen Vater . . . und nun diese Worte aus dem Nichts, in das sie sich geflüchtet hatte, ihre Mutter. Worte, Erklärungen an eine »erwachsene Frau, die mich vielleicht verstehen wird«.
Wie dramatisch, dieser Brief. Kirsten fühlte einen Haß, der körperlich schmerzte.
»Ich habe nur ein einziges Mal in meinem Leben wirklich geliebt«, schrieb Magdalena. »Nur deshalb bin ich schuldig geworden, aus Liebe. Dafür kann ich Dich nicht um Verzeihung bitten, nur um Verständnis . . .«
Wie oft hatte Kirsten die zwei Seiten gelesen? So oft, daß jedes Wort hinter ihrer Stirn eingebrannt war. Ohne jedes Gefühl für Zeit und Raum merkte sie nicht, wie ihre Türe aufgeschlossen wurde. Bernhard sah sie erst, als er vor ihr stand. Lächelnd, mit einer großen Einkaufstüte.
»Ich habe mein Golfspiel sausen lassen, um mit dir zu Mittag zu essen. Ich . . . mein Gott, du siehst mich an, als ob ich ein Geist wäre. Komme ich ungelegen . . .?«
Sie war so blaß. Und sie lachte plötzlich, ein wahnsinniges, schreckliches Lachen. Er sah das vergilbte Blatt, das sie in der Hand hielt und nun wie eine Waffe gegen ihn erhob.

Bernhard griff nach ihrer anderen Hand, aber sie schüttelte ihn ab. Ihr Gelächter brach in einem Schluchzen ab.
»Geist ist gut. Tatsächlich Bernhard, du bist ein Geist aus der Vergangenheit. Wie in einem unsäglich blöden Melodram bist du auferstanden, um mich zu quälen.«
Sie war verrückt geworden. Er sagte ihr das, während er die Einkaufstüte vorsichtig auf den Schreibtisch stellte. Seine Kirsten, seine Liebe: Und sie sah ihn an, und ihr Gesicht war von Haß entstellt.
»Willst du mir nicht erklären . . .?«
Aber ja, man mußte es erklären. Worte finden. Nicht weinen. Keinen Schmerz mehr, sondern sich mit erwachsenen Gefühlen wappnen. Eine Stimme wie zersprungenes Glas:
»Aber ja, Bernhard. Setz dich hin. Ich will es dir erklären. Ich habe einen Brief von meiner Mutter bekommen. Sie ist lange tot, aber der Brief hat ja auch eine lange Irrfahrt hinter sich.«
Und es wäre besser gewesen, er hätte mich nie erreicht, dachte sie. Oder doch? War die Wahrheit, auch wenn sie häßlich und zerstörerisch war, nicht wichtiger als jede Illusion? In Bernhards Blick lag Unverständnis, eine gewisse Ungeduld. Armer Bernhard, ja, auch das war noch möglich zu denken: armer unschuldiger, schuldiger Bernhard.
»Sie hat sich umgebracht, verstehst du. Magdalena war immer konsequent in ihren Handlungen. So habe ich meine Mutter in Erinnerung, *Du nicht auch*, Bernhard?«
Der Name. Er sah sie an und erkannte die entfernte Ähnlichkeit. Die Gesichtsform, die hohen Backenknochen. Magdalena Bergmann.
»Bergmann. Das ist dein Mädchenname? Du bist ihre Tochter?«
Kirsten nickte und sah ihn an wie einen Fremden. »Ja. Ich habe ihn nie erwähnt. Wie konnte ich wissen, daß der junge Medizinstudent, wegen dem sie uns verlassen hat – wie konnte ich ahnen, daß *du* das warst?«
Kirsten. Magdalena. Ein alter Brief. Bernhard hatte den wenig

hilfreichen Gedanken, daß es solche Zufälle im Leben nicht geben durfte. Die schöne Frau des Arztes, damals in Hamburg. Eine Liebe, für die er viel zu jung gewesen war, und eine Frau, deren Ansprüchen er nicht gewachsen war. Ein knappes Jahr hatte sie nur gedauert, seine erste große Liebe.
»Sie hat sich doch nicht meinetwegen umgebracht.« Leise, mehr zu sich selbst. Bernhard brachte es jetzt nicht fertig, Kirsten in die Augen zu sehen.
Sie drehte ihm den Rücken zu, ging zur Bar, schenkte zwei Gläser Whisky ein. Vertraute Bewegungen, nur ihr Gesicht war starr, eine Maske. Wie in einem Stück, in dem der Regisseur den Schauspielern Anweisung gegeben hatte, keinerlei Gefühle zu zeigen. Nur, wer zum Teufel hatte diese Tragödie inszeniert, fragte sich Bernhard hilflos.
»Hat Magdalena das in ihrem Brief geschrieben?« Kirsten trank, und nun sah sie ihrer Mutter tasächlich sehr ähnlich. Es war wie ein Kreis, der sich geschlossen hatte, unwiderruflich.
»Nein. Magdalenas Brief ist merkwürdig oberflächlich, zu dramatisch angelegt, um wirkliche Gefühle zu verraten. Aber ich habe sie ja kaum gekannt, meine Mutter. Du müßtest es doch besser wissen.«
»Ich war noch so jung damals.« Seine Stimme war rauh.
»Ich auch. Ich konnte mich nicht wehren, keine Entscheidungen treffen, wie meine Mutter das getan hat. Vielleicht hat sie sich umgebracht, weil du sie verlassen hast. Eine lächerliche Affäre statt der großen Liebe – wie konnte eine Perfektionistin wie Magdalena das ertragen? Und sie mußte wissen, daß sie auch das Leben meines Vaters zerstört hatte. Er hat sich, nachdem sie uns verlassen hatte, langsam umgebracht und nachgeholfen, als es ihm nicht schnell genug ging. Meine Kindheit . . . Ist es nicht ein Witz des Schicksals, daß du daran beteiligt warst, fast von Anfang an . . .?«
War da nicht eine Spur von Magdalenas Selbstgerechtigkeit? Der Witz, dachte Bernhard, geht auf meine Kosten. Für Kirsten bin ich die einzige Person, die sie zur Verantwortung zie-

hen kann. Nur ein Brief, ein Stück Papier aus der Vergangenheit, hatte genügt, das zu zerstören, was sie Liebe nannten. »Und jetzt sagst du, ich habe schuld. Machst du es dir nicht zu einfach, Kirsten?«
Sie hatte den Brief fast zerknüllt, nun strich sie ihn glatt, so als ob sie die Worte auf diesem Papier streicheln wollte. Sie sah ihn nicht an. »Vielleicht«, sagte sie leise. »Aber findest du es nicht gerecht, daß mich dieser Brief doch noch erreicht hat? Ich meine, daß uns die Wahrheit noch eingeholt hat. Das ist . . .«
»Die kleine Schwester der Wahrheit, Kirsten.« Bernhard versuchte, ihren Blick einzufangen, aber sie starrte immer noch auf diesen verdammten Brief. »Nichts, was ich dir über dieses eine Jahr mit Magdalena erzählen würde, nützt dir oder mir, erklärt den Sinn oder die Sinnlosigkeit all unserer Handlungen. Hat sie nun mich geliebt oder nur das Phantom einer perfekten Liebe? Hat sie sich deshalb umgebracht oder weil sie sich schuldig fühlte? Schuld, Liebe, Leben, Sterben: Mein Gott, sitz nicht so da, als ob du alles begreifen würdest . . .«
»Hast du dich nicht schuldig gefühlt, als du sie verlassen hast?«
»Nein. Ich war noch nicht alt genug, um über die Konsequenzen meiner Handlungen nachzudenken. Nein, ich müßte lügen. Von ihrem Selbstmord habe ich nicht gewußt, das mußt du mir glauben.«
Worte. Er konnte sie mit seinen Worten nicht mehr erreichen. Es ist völlig egal, was ich glaube, dachte sie, alles, was schön war zwischen uns, ist jetzt nur noch eine Mißgeburt der Liebe. Der arme Bernhard, so schuldlos schuldig geworden. Wie sie ihn haßte. Den Liebhaber ihrer Mutter. Den Zerstörer ihrer Familie. Der Mann, dem sie so vertraut hatte.
Ein unschönes Lächeln. »Ein wenig ist es wie Inzest, nicht wahr, Bernhard? Sind wir uns ähnlich, meine Mutter und ich? Findest du sie nicht irgendwie aufregend, diese . . . diese schicksalhafte Verknüpfung?«
Eine Maske, die ihn an Magdalena erinnerte. So gut hatte er

Magdalena gekannt, und so gut kannte er Kirsten: Ein Entschluß, der einmal gefaßt war, blieb unumstößlich. Und er wußte, was sie nicht aussprach: Es würde keine Liebe mehr geben.
»Nein, Kirsten. Aber du siehst es so, nicht wahr? Wenn du mich jetzt ansiehst, dann ist Magdalena zwischen uns. Aber vielleicht . . .«
»Nein.« Sie schrie es fast.
Bernhard nahm den Brief, und sie ließ es zu, daß er ihn las. Zeichnete mit ihrer rechten Hand unsichtbare Kreise auf den Schreibtisch.
»Wie findest du Magdalenas Brief?«
Sie hat recht, dachte er. Der Brief war eine seltsam distanzierte Bankrotterklärung. Magdalenas letzte Worte klangen hohl, und sie rührten ihn nicht. Aber sein Name stand darin. Der Name eines jungen Mannes, der das Leben noch als Spiel betrachtet hatte. Ausgespielt . . .
Bernhard gab ihr den Brief. »Wir scheinen alle sehr begabt zu sein, uns unglücklich zu machen. Was wirst du jetzt tun, Kirsten?«
Ihr Gesicht, das er so gut kannte. Magdalenas Gesicht, nur noch eine verschwommene Erinnerung. Die verfluchte Schuld zu leben.
Kirsten stand auf und merkte, daß ihre Knie zitterten. »Ohne dich weiteratmen, vergessen . . .«
Sie sah ihm nach, wie er zur Tür ging. Die Schultern ein wenig gebeugt . . . Ob Magdalena ihm auch so nachgesehen hatte? Bestand das Leben nur aus sinnlosen Wiederholungen . . .?

XVIII. Kapitel

Die Schöffin fand das Strafmaß zu milde, während der Schöffe eine höhere Strafe nicht als angemessen empfunden hätte.
Die Beratung vor dem Urteil war nicht sehr kontrovers gewesen und dauerte nur zweieinhalb Stunden, von denen gut zwei Drittel der Vorsitzende bestritten hatte. Johannes Mayer hatte keine Probleme, seinen »Deal« zu vertreten, von dem die beiden Schöffen nichts wußten. Es hätte sie auch gewiß überfordert. Für sie reichte aus, was der Vorsitzende zum Thema »gesunder Menschenverstand« ausführte: Es sei völlig unvorstellbar, daß ein Mann einschlafen könne, während seine ehemalige Freundin von einem zweiten vergewaltigt würde.
»Diese Schutzbehauptung als Lüge zu erkennen, als dummdreiste Lüge, meine Damen und Herren, erfordert keinerlei Rechtskenntnisse. Urteilen Sie selbst: Kann dies möglich, ja beim besten Willen nachvollziehbar sein?«
Der Schöffe, der diesen, seinen ersten Prozeß, mit großer Anteilnahme und Aufmerksamkeit verfolgt hatte, wandte ein, daß er sich dennoch wundere, daß ein intelligenter Mann wie Dr. Grimme sich mit einer solch unwahrscheinlichen Geschichte herausreden wollte.
Richter Boll, der diesen Gedankengang teilte, sagte nichts. Der Vorsitzende war durchaus bereit, mit Unterlegenen zu diskutieren: »Das ist unjuristisch gedacht. Die Unwahrscheinlichkeit einer Lüge erhöht ihre Glaubhaftigkeit nicht. Und aus meiner langjährigen Erfahrung kann ich Ihnen sagen, mal ganz leger formuliert: Ich habe schon Pferde kotzen sehen. Ich habe, seit ich diesen verantwortungsvollen Beruf ausübe, schon so viele unglaubliche Lügen gehört, daß ich eigentlich keinem Menschen mehr irgend etwas glauben sollte. Aber, um diesen Gedanken weiterzuverfolgen: So gedacht, ist es genau-

so logisch, zu unterstellen, daß der Angeklagte Grimme diese unglaubwürdige Schutzbehauptung gerade deshalb gewählt hat.«

Richterin Kampen hatte das Gefühl, aus juristischen und logischen Erwägungen ein Gefühl zu vernachlässigen: nämlich das, instinktiv mehr dem Angeklagten Grimme zu glauben als dem Geständnis des Henner Krug. Aber sie sagte sich, daß sie noch jung und unerfahren sei und Gefühle sich oft als sehr trügerische Ratgeber herausstellten.

Anders Richter Boll, der die Sachlage ganz nüchtern sah. Das Urteil würde seiner Meinung nach ohnehin aufgehoben, weil Grimmes Verteidiger gute Karten für eine Revision hatte. Zum anderen: Da hatte man auf der einen Seite das reuige Geständnis des Angeklagten Krug. Auf der anderen die wenig plausible Grimme-Version. Und drittens die Aussage der Nebenklägerin, die in einem Punkt unbefriedigend, jedoch in allen anderen Punkten schlüssig war.

Richter Boll schloß sich der Meinung des Vorsitzenden an, daß die Strafzumessung, zwischen zwei und 15 Jahren gelegen, in diesem Fall eher im unteren Bereich liegen solle: Schließlich sei es nicht zu brutaler Gewalt gekommen und auch nicht zu ungewöhnlichen Beeinträchtigungen. Außerdem: Keine Vorstrafen!

»Frau Bergmann hat keinen besonders beschädigten Eindruck gemacht«, sagte die Schöffin. In der Tat war sie mit dem Opfer etwas unzufrieden.

In ihrer Würde als Frau verletzt . . .

Richterin Kampen hörte den Ausführungen des Vorsitzenden aufmerksam zu. Wieviel, dachte sie zynisch, ist uns hier die Würde der Frau wert? Ein Jahr, fünf oder gar zehn . . ? Sie hatte die Worte des Verteidigers Timm noch im Ohr: Sie, meine Damen und Herren, müssen mit diesem Urteil leben, nicht ich.

Gisela Kampen dachte, daß man mit vielem leben konnte: mit einer kranken Mutter und einer lauten Wohnung; mit Zweifeln und Ängsten . . . also auch mit diesem Urteil.

Johannes Mayer war vor allem daran gelegen, zum Ende zu kommen. Er hatte deshalb auch wenig Neigung, sich den Bedenken anzuschließen, die Richter Boll erhob, demzufolge man das Plädoyer des Staatsanwalts zumindest in der Urteilsbegründung nicht gänzlich außer acht lassen könne.
»Was heißt hier: im Zweifel für den Angeklagten, Herr Kollege? Welche Zweifel hegen Sie, daß hier eine Frau zweimal vergewaltigt wurde – und zwar jeder grundsätzlichen Lebenserfahrung zufolge von zwei Männern? Daß die Nebenklägerin den Angeklagten Grimme nicht persönlich belastet hat, mag viele nachvollziehbare Gründe haben. Um nur einen zu nennen: Sie war mit ihm liiert, bringt es nicht über sich, den ehemaligen Geliebten der Tat zu bezichtigen, gleichwohl sie ihn bei der Polizei belastet hat. Wenn Sie den Angeklagten Grimme freisprechen wollen, unterstellen Sie, daß die Nebenklägerin den Tathergang unrichtig geschildert hat. Dann müßte man – im Zweifel – auch den Angeklagten Krug freisprechen.«
Niemand von den fünf mochte so weit gehen. Der Vorsitzende machte einen leidenden Eindruck. Er hatte wieder Magenschmerzen. Die Schöffin fand, daß dieser Mann eine schwere Bürde zu tragen hatte. Wenn sie tatsächlich entscheiden müßte, jemanden ins Gefängnis zu schicken . . .
Es war so schwer, zu beurteilen, wer die Wahrheit sagte. Genaugenommen konnte sie sich an einzelne Aussagen gar nicht mehr richtig erinnern, jedenfalls nicht in Einzelheiten. Es war ja nirgendwo aufgeschrieben worden, man mußte wirklich ein gutes Gedächtnis haben. Und klug und weise sein, um richtig zu urteilen . . .
Die Entscheidung fiel nach zweieinhalb Stunden – und zwar einstimmig. Johannes Mayer hatte es nicht anders erwartet. Er bedankte sich bei den Schöffen und Beisitzern für die »faire und fruchtbare Diskussion«, die zur Urteilsfindung geführt hatte. »Wir können damit leben, auch wenn Herr Rechtsanwalt Timm nicht dieser Meinung sein mag.«
Die fünf gingen nach Hause, und nur Richterin Kampen hatte

an diesem Abend Schwierigkeiten einzuschlafen. Es mochte daran liegen, daß es ihrer Mutter wieder schlechter ging. Möglicherweise auch an Alpträumen, die mit Vergewaltigung zusammenhingen. Oder an Zweifeln, ob sie den richtigen Beruf gewählt hatte. Gisela Kampen wünschte sich, daß sie einmal so souverän und sicher sein würde wie Johannes Mayer.
Urteilsverkündungen waren für alle, die an Prozessen nicht persönlich beteiligt waren, der spannendste Moment, das grandiose Finale. Die Pressebank und die Zuschauerbänke waren besetzt.
Die beiden Angeklagten saßen scheinbar unberührt auf ihren Bänken. Die Nebenklägerin war ganz in Schwarz gekommen, was von den Journalisten bereits als mitteilungswürdig niedergeschrieben wurde. Rechtsanwalt Laubenthal lächelte, während Timm grimmig aus dem Fenster starrte. Er hatte schlecht geschlafen, tat es immer vor Urteilsverkündungen.
Für Johannes Mayer war sie der feierlichste Moment in einem Prozeß. Alle standen und warteten.
»Im Namen des Volkes ergeht folgendes Urteil: Der Angeklagte Dr. Bernhard Grimme wird wegen gemeinschaftlicher Vergewaltigung zu einer Freiheitsstrafe von zwei Jahren und sechs Monaten verurteilt. Der Angeklagte Henner Krug wird wegen gemeinschaftlicher Vergewaltigung zu einer Freiheitsstrafe von zwei Jahren verurteilt. Paragraph 177, 25 Absatz 2 StGB.
Die Verbüßung der gegen den Angeklagten Henner Krug verhängten Freiheitsstrafe wird zur Bewährung ausgesetzt.
Die Angeklagten haben die Kosten der Verfahrens und ihre notwendigen Auslagen zu tragen.«
Johannes Mayer, der im Namen des Volkes gesprochen hatte, setzte sich wieder hin, ohne einen Blick auf die Bank der Angeklagten geworfen zu haben. Leise Unruhe im Bereich der Presse- und Zuschauerbänke, wie immer nach einer Urteilsverkündung. Er ließ es durchgehen, war gnädig gestimmt, schließlich neigte sich der Prozeß dem Ende zu, und er mußte

das Urteil nur noch mündlich begründen, was ihm nicht schwerfiel. Den ein oder anderen Seitenhieb auf gewisse Verteidiger würde er noch einfließen lassen.

»Werde ich jetzt verhaftet?«

Dr. Timm, der mit seinem Mandanten das Gericht verließ, sah diesen erstaunt an. Grimme war ganz ruhig, zu ruhig nach dieser Urteilsverkündung. »Nein, das würde erst geschehen, wenn das Urteil rechtskräftig ist.«

Er konnte sich vorstellen, was jetzt in Grimme vorging: abhauen, alles tun, um einer Haft zu entgehen. »Handeln Sie nicht vorschnell, Dr. Grimme. Wir haben gute, sehr gute Chancen, daß dieses Urteil nie rechtskräftig wird. Wir werden Revision einlegen. Der Staatsanwalt wird Revision einlegen. Das heißt, daß der Bundesgerichtshof noch eine harte Nuß zu knacken hat. Ich sage Ihnen ganz ehrlich, daß mich dieses Urteil nicht überrascht hat. Nicht bei diesem Gericht. Aber Gott sei Dank gibt es ja auch noch andere Instanzen, andere Richter.«

Ein Strohhalm, an den sich ein Häftling in spe klammern mußte. Bernhard Grimme blinzelte in die Sonne, die an diesem Tag nicht für ihn schien. Ein Wintertag mit stahlblauen Farben. Wie Kirstens Augen, wenn sie zornig war. Er hatte sie kurz mit den Augen eingefangen, während das Urteil verkündet wurde. War das deine Rache, hatte er lautlos gefragt und keine Antwort bekommen. Sie hatte als erste den Blick gesenkt.

Zweieinhalb Jahre. Zwei Worte nur. Alles andere war an ihm vorbeigerauscht: daß sein Anwalt Revision eingelegt hatte und – offenbar überraschend – auch der Staatsanwalt.

»Und was passiert jetzt?«

Timm erwiderte das kurze Lächeln des Staatsanwalts, bevor er antwortete. »Ich lege Revision ein, über die Kosten können wir später sprechen. Haben Sie gemerkt, wie wütend Mayer war, als der Staatsanwalt seinerseits Revision ankündigte? Das passiert selten, so eine Kampfansage.«

Nein, Grimme hatte nicht darauf geachtet. »Und welche Chancen haben wir?«

Während sie den Gerichtsflur entlanggingen, wünschte Timm sich den Zweckoptimismus vieler Kollegen. Aber fast neunzig Prozent aller Revisionen wurden von den Bundesrichtern in Karlsruhe verworfen. Revisionen waren juristische Hochseilakte, und nur sehr wenige Artisten unter den Anwälten beherrschten sie. »Ich kann Ihnen nichts versprechen, Dr. Grimme, obwohl ich glaube, daß wir gute Chancen haben.«

»Weil ich unschuldig bin?« Er brachte es fertig, zu lächeln.

Bist du es? Timm sah seinen Mandanten von der Seite an, während er sich im Gehen eine Zigarette ansteckte. Die Verlierer-Zigarette. Zunächst. »Nein, das spielt keine Rolle. Für einen Laien ist das schwer zu verstehen: Aber selbst wenn Frau Bergmann jetzt zum Richter ginge und Sie entlasten würde – das wäre kein Revisionsgrund. In Karlsruhe geht es nur darum, die formale Einhaltung der Strafprozeßordnung und die rechtliche Tragfähigkeit des Urteils zu überprüfen. Zum Beispiel der Beweisantrag, den das Gericht abgelehnt hat: Das wäre ein Grund, das Urteil aufzuheben. Deshalb führe ich meine Prozesse stets mit dem Blick auf eine mögliche Revision.«

Sein guter, teurer Anwalt. Bernhard Grimme fühlte sich hilflos, ausgeliefert. Und doch vertraute er diesem Riesen neben ihm. Es blieb ihm gar nichts anderes übrig. »Also im besten Fall ein neuer Prozeß?«

»Ja. Aber mit anderen Richtern. Und mit besseren Chancen. Und vielleicht, Herr Dr. Grimme . . .«

»Ja?«

Oliver Timm war stehengeblieben und sah ihn fast beschwörend an. »Vielleicht wollen Sie mir doch noch sagen, was in dieser Nacht wirklich passiert ist. Sie haben jetzt viel Zeit zum Überlegen. Es wird eine Weile dauern, bis über die Revision entschieden wird.«

Bernhard Grimme streckte seine Hand aus. »Ja«, sagte er nur. »Und danke zunächst. Schicken Sie mir Ihre Liquidation.«

Oliver Timm ging in die nächste Kneipe, um den schalen Ge-

schmack der Niederlage mit einem Bier runterzuspülen. Er hatte es nicht anders erwartet, und doch war er deprimiert. Zweieinhalb Jahre für Grimme, wenn die Richter in Karlsruhe den »Fall« abschmetterten. Gefängnis: Wußten die Richter, was das bedeutete? Selbst stundenweise Besuche in den Haftanstalten verursachten bei Timm Platzangst, Beklemmung. Gefängnis, das war eine Welt für sich, in der alles außer Vollzug gesetzt war, was draußen galt. Der Entzug von Freiheit, Menschenwürde, Sex, ja auch das. Abhängigkeit von Aufsehern und den Machtstrukturen unter den Gefangenen. Was zum Teufel nutzte es dem Häftling, wenn die Begriffe »Schuld« und »Sühne« durch Begriffe wie »Generalprävention« und »Spezialprävention« ersetzt waren. Worte waren das. Wie ihn das aufbrachte, wenn Journalisten über den »übertrieben humanen Strafvollzug« schrieben, die ach so himmlischen Zustände in deutschen Gefängnissen . . .
»Iss was?« fragte die Kellnerin.
»Noch ein Bier.« Als er sah, daß Kollege Laubenthal in die Kneipe kam, bestellte er noch einen Schnaps dazu.
»Na, Herr Kollege. Sie sind wohl nicht zufrieden mit dem Urteil?« Laubenthal konnte sich ein triumphierendes Lächeln überhaupt nicht verkneifen. »Mit Ihrer aggressiven Verteidigung haben Sie unseren lieben Mayer nur geärgert.«
»Verpiß dich«, murmelte Timm. Laut: »Und Ihr Kuhhandel, verehrter Kollege, wird bei der nächsten Verhandlung nicht stattfinden, das verspreche ich Ihnen.«
Das Lächeln gefror. »Sie glauben also, daß Sie mit der Revision durchkommen?«
Timm legte einen Zehn-Mark-Schein auf die Theke. »Ich bin überzeugt davon«, sagte er und wünschte sich, es wäre so. »Auf Wiedersehen, Herr Kollege. Bei Gericht.«

Oliver Timm fuhr aggressiv durch den Kölner Verkehr, nach Hause, weil er seiner Frau ein Mittagessen bei »Rino« versprochen hatte. Sie würde ihn fragen, wie sein Tag gewesen war, und er würde sagen: wie immer. Sie würde ihm von einem Kleid erzählen, das sie kaufen wollte, von der Unfähigkeit der neuen Putzfrau oder ... ihm während des Essens vorhalten, daß er nie richtig zuhöre, weil ihn ihre Probleme nicht interessierten. So wie immer, der alltägliche Kleinkrieg, in dem es keine Sieger und keine Verlierer gab.

Während Helena Timm mit ihrem Mann über die neue Putzfrau sprach, ließ sich Bernhard Grimme in einer Bonner Kneipe vollaufen. Langsam, aber bestimmt. Nein, er wollte keine Freunde sehen, keine Mitleidsäußerungen entgegennehmen. Bernhard Grimme versuchte sich auszumalen, wie es sein würde in einer anderen Welt. In einer Mauerwelt. War nicht die eine Nacht schon der Vorgeschmack zur Hölle gewesen? Wenn ich rauskomme, dachte er, bin ich dreiundfünfzig. Approbation entzogen. Eine gescheiterte Existenz. Einer, der resozialisiert wurde. Ein menschliches Wrack.

Schuld und Sühne: War es das, was Kirsten gewollt hatte? Konnte *sie* damit leben? Oder Henner Krug? Die Richter, sein Anwalt? »Ich bin unschuldig«, hatte er schreien wollen, als der Vorsitzende das Urteil sprach. Aber natürlich stimmte es nicht: keine Unschuld. Nur noch Angst jetzt, daß sich seine Fehler zu einer Schuld addierten, von der niemand mehr ihn freisprechen konnte.

Magdalena nicht, dafür war es zu spät. Eine Frau, deren Gier ihn anfangs so fasziniert und später so abgestoßen hatte. Eine unbedeutende Frau, damals; und als ihm ihr Ausschließlichkeitsanspruch an die Liebe die Luft zum Atmen genommen hatte, war ihm der Abschied leichtgefallen. Oder hatte es eine häßliche Szene gegeben? Er hätte sie ebenso verlassen, wenn er von ihren Selbstmordplänen gewußt hätte. Bernhard Grimme prostete sich selbst zu: Ja, das war die Wahrheit.

Bernhard Grimme und Kirsten Bergmann hätten glücklich bis ans Ende ihrer Tage leben können, wenn dieser verdammte Brief nicht gekommen wäre: Wenn und Aber. Vielleicht. Vielleicht wäre alles anders gekommen, wenn er mehr Mauern niedergerissen, mit Kirsten über die Vergangenheit gesprochen hätte, statt für die Zukunft zu planen. Als der Brief auf ihrem Tisch lag, war es zu spät gewesen. Nichts von alledem, was er sich in dieser Nacht im August erhofft hatte, war eingetreten. Im Gegenteil, ein Fehler war dieser untaugliche Versuch, das Ruder herumzureißen. Wie ein Zerstörer, der sich selbst zerstört . . .

»Noch 'n Doppelten?«

Bernhard Grimme sah zu der Kellnerin hoch und nickte. »Haben Sie nie Fehler gemacht?« fragte er in ein Gesicht hinein, das eine Spur von Güte zeigte.

Immer, dachte sie und sagte: »Selten.« Merkwürdige Fragen von komischen Trinkern war sie gewöhnt. Der Typ sah aus, als ob er genügend Geld hätte, sich andere Sorgen leisten zu können.

»Ich mache mir keine Sorgen mehr. Die Sache ist gelaufen.« Henner Krug, in einem kleinen Kreis von Kollegen, gab eine Runde Bier aus, zur Feier des Tages. Man konnte nicht sagen, daß die Stimmung übermütig war. Schließlich saß, zwei Etagen höher, das Opfer, das sogenannte Opfer, wie einige Kollegen meinten. Nicht alle. Aber man war, Journalisten sind das gewöhnt, einseitig informiert. Während Kirsten nie ein Wort erwähnt hatte, war Henner Krug immer offen gewesen: von Mann zu Mann. Und wenn das stimmte, was er über die sexuellen Vorlieben dieser Dame . . . Wo Rauch war, war auch Feuer, und – Hand aufs Herz – war man als Mann dagegen gefeit, in eine solche Situation zu geraten? Und der Krug sah nun wirklich nicht aus wie einer, der eine Frau mit Gewalt . . .

Für Henner Krug war die Welt wieder in Ordnung. Weil sie sich täuschen ließ. »Nichts ist erregender als die Wahrheit«, hatte Kisch geschrieben. O, nein, dachte Krug: Genau das Gegenteil ist der Fall.

Zwei Stockwerke höher, in Kirstens kleinem Büro, saß Irmela Höggen ihrer Freundin gegenüber. Sie war in Eile, weil sie einen Sendetermin hatte, und sie war wütend.
»Du hättest die Kolleginnen nicht so abkanzeln sollen. Schließlich haben sie's gut gemeint. Also, ehrlich, Kirsten, manchmal kapier' ich gar nichts mehr. Der Prozeß ist gelaufen, du hast es überstanden. Und einigermaßen Gerechtigkeit haben wir auch. Das war es doch, was du wolltest!«
Die saß wieder da, als ob sie auf einem anderen Planeten wäre.
»Von Beileidskundgebungen bitten wir abzusehen«, murmelte Kirsten.
»Wie bitte?«
Kirsten merkte, daß sie weinte. Krokodilstränen, dachte sie. »Nein, laß Irmela. Ich weiß, du meinst es gut, alle meinen es gut, aber, ach verdammt, ich verstehe überhaupt nichts mehr. Und mich selbst am wenigsten.«
Irmela wippte ungeduldig mit den Beinen. »Das ist der Streß, der ganze Prozeß und so. Ich hab' das den Kolleginnen auch erklärt. In ein paar Wochen ist es vorbei, dann hast du es weggesteckt. Außerdem . . . mein Gott, ich muß ins Studio. Soll ich heut' abend zu dir kommen?«
»Nein. Vielen Dank, Irmela. Reden hilft nicht, ich muß das mit mir selbst klären. Ich habe das Gefühl, daß dieser ganze Prozeß eine Farce war und . . .«
Aber Irmela Höggen war schon weg. Sie rannte, so gut das mit hohen Absätzen ging, über den Flur, während sie dachte, was zum Teufel es denn noch zu klären gab. Kirsten stand sich manchmal wirklich selbst im Weg mit ihrem komplizierten Gefühlsleben. Nun hatte sie ihre Rache, und jetzt paßte ihr das nicht. Obwohl, so ganz traute sie der Geschichte auch nicht. War nur ein Gefühl, aber . . .
»Frau Höggen. Sie kommen mal wieder zu spät.« Der Studioleiter strafte sie mit einem vernichtenden Blick.
»Besser Frauen, die zu spät kommen als gar nicht.« Mit Genugtuung sah sie, wie der Typ rot anlief.

XIX. Kapitel

»Wir haben gewonnen, Raven. Sollen wir uns gratulieren?«
Der Staatsanwalt, der einen »versuchten Mord« bearbeitete, schaute von seinen Akten auf. An der Tür stand Dr. Oliver Timm.
»Ich weiß. Die Revision ist durch. Der BGH hat das Urteil aufgehoben. Kommen Sie rein. Darauf könnten wir einen kleinen Grappa trinken.«
Timm nickte und setzte sich auf den einzigen Besucherstuhl im Büro des Staatsanwalts. Ein winziges Zimmer, ein Nichts im Vergleich zu seinen repräsentativen Räumen. Dafür hatte er aber keinen Sechs-Stunden-Tag, keine Beamten-Zulagen, keine Pension.
»Ich dachte, ich schau mal rein und teile die Freude. Außerdem war ich gerade bei einem Ihrer Kollegen, der eine Wirtschaftsstrafsache von mir bearbeitet. Ein kleines Glas nur vor dem Essen, danke.«
Henrik Raven prostete ihm lächelnd zu. »Vermutlich haben Sie ihm angeboten, daß Ihr Mandant gegen eine angemessene Geldbuße ein angemessenes Geständnis ablegt, so daß es nicht zur Anklageerhebung kommt und der überlastete Staatsanwalt sich nicht durch Aktenberge wühlen muß. Hab' ich recht?«
»In etwa. Man tut, was man kann, um dem Staat langwierige Prozesse zu ersparen.« Timm blickte auf die Aktenberge auf Ravens Schreibtisch. »Im übrigen habe ich mir vorgenommen, beim nächsten größeren Fall, dem Herr Mayer vorsitzt, eine Pflichtverteidigung zu übernehmen. Aus sportlichem Ehrgeiz sozusagen.«
Ein Blick über Aktenberge. »Sie sollten mehr Pflichtverteidigungen machen, Timm. Es gibt viele arme Schweine, die einen guten Anwalt brauchen.«

»Und das aus dem Mund eines Staatsanwalts.«
»Ach kommen Sie. Manchmal bin ich in Versuchung, einen Angeklagten zu schütteln und ihm zu sagen: Junge, wechsle deinen Verteidiger, weil der dich um Kopf und Kragen redet. Na, lassen wir das. Unser Vorsitzender Mayer soll übrigens einen Tobsuchtsanfall bekommen haben, als er die Revisionsentscheidung in der Hand hatte. Der Mann ist so was von eitel, er nimmt das als persönlichen Affront. Übrigens spricht auch Ihr Kollege Laubenthal mittlerweile von einer ›unheiligen Allianz‹ zwischen Staatsanwaltschaft und Verteidigung. Sie sehen, wir sind im Gespräch. Wissen Sie schon, wer bei dem neuen Prozeß Vorsitzender ist?«
Timm hatte Grund zu lächeln: »O ja. Der alte Feuerbach, einer meiner Lieblingsrichter. Wir haben schon manchen Strauß miteinander gefochten, aber er hat meines Wissens noch nie ein Urteil verkündet, das danebenlag.«
Der alte Richter Feuerbach. Das war einer, der es sich nie leichtmachte, weil er seine Zweifel ernst nahm. »Man sagt ihm nach, zu milde Urteile zu fällen. Rechnen Sie sich Chancen für Ihren Klienten aus?«
»Warum nicht? Wir alle hatten unsere Zweifel in dem ersten Prozeß.«
»Außer Johannes Mayer.«
Timm grinste ein wenig tückisch. »Der alte Feuerbach macht keine Deals. Und nun haben wir in dem neuen Prozeß die interessante Situation, daß Henner Krug von seinem Geständnis nicht mehr wegkann. Formal gesehen ist es zwar eine ganz neue Verhandlung, aber natürlich weiß die Strafkammer, was in dem ersten Prozeß gelaufen ist. Eine sehr verzwickte Situation für den Kollegen Laubenthal.«
Henrik Raven hatte sich das auch schon überlegt. »Mmh, das wird hochinteressant. Vielleicht sollten wir mal wieder essen gehen, und Sie berichten mir, wie es läuft. Übrigens: Was halten Sie persönlich von der Nebenklägerin, von Frau Bergmann?«

Wenn der Anwalt sich über diese Frage wunderte, ließ er es sich nicht anmerken. »Als Zeugin ist sie gut, obwohl sie uns nicht die ganze Wahrheit gesagt hat. Aber als Frau? Sie muß wohl bemerkenswerte Qualitäten haben, denn Grimme ließ nie was auf sie kommen. Also, wenn mich eine Frau wegen Vergewaltigung vor Gericht brächte . . .«

»Sehr unwahrscheinlich. Sie würden sich im Zweifelsfall vorher eine Einverständniserklärung unterschreiben lassen.«

Henrik Raven begleitete seinen Gast zur Tür, exakt vier Schritte. Timm ist, dachte er, während er angewidert seine Aktenberge musterte, nicht gut verheiratet, wenn man den Gerüchten glauben darf. Fast immer, wenn Raven bei einem verheirateten Kollegen eingeladen war, fand er Grund, sich selbst zu gratulieren. Nie genug Einsamkeit, um in die formalisierte Zweisamkeit zu flüchten. Und je älter er wurde, desto mehr bekannte er sich zu seinen Egoismen. Desto weniger war er geneigt, die eines anderen Menschen tagtäglich in Kauf zu nehmen. Besser, die Illusionen zu bewahren. Mein Gott, wie viele Kapitalverbrechen wurden im Namen der Liebe begangen . . .

Henrik Raven überlegte sich, daß er Kirsten Bergmann – wenn überhaupt – erst anrufen würde, nachdem der neue Prozeß zu Ende war. Die Anziehungskraft war groß, aber auch die Angst, einen Fehler zu begehen.

Eine Stunde bevor der Anruf Ihres Rechtsanwaltes kam, saß Kirsten Bergmann im Studio und moderierte eine Sendung zum Thema Kreuzfahrten. Die telefonischen Kommentare, die im Verlauf der Sendung eingegangen waren, kamen von Leuten der oberen Mittelklasse. Eine Frau, von deren Stimme Kirsten auf mindestens sechzig Jahre schloß, beschwerte sich, daß man auf diesen Kreuzfahrten nur alte Leute träfe. Andere mokierten sich über die opulenten Essen an Bord. Niemand eigentlich, der etwas wirklich Positives sagen wollte.

Zuhören, zustimmen, relativieren, nachhaken: Es war alles Routine, wie aufstehen, zur Arbeit fahren, einkaufen, essen,

trinken, schlafen. Vor dem Mikrophon zu sitzen erforderte lediglich Konzentration. Sie durfte nicht wandern mit ihren Gedanken, sich von den Kreuzfahrten auf das kleine Floß begeben, auf dem sie trieb, ohne zu wissen, wohin die Reise ging.
Ein paar nette, verbindliche Sätze zum Schluß. »Und nächste Woche hören wir uns wieder mit einem Beitrag zum Thema: Fluggesellschaften contra Raucher. Bis dahin . . .«
Blabla, sagte ihr Kopf, während der Mund Sätze formulierte. Endlich Musik. Kirsten nahm den Kopfhörer ab. »Wie war ich?«
Das Mädchen am Mischpult blickte gelangweilt auf. »Nicht schlecht. Das Gespräch mit dem Reiseveranstalter war zu lang. Und während der Sendung ist ein Anruf gekommen. Sie sollen dringend zurückrufen: Hier, ich habe die Nummer auf den Zettel geschrieben.«
Es war ihr Rechtsanwalt, der ihr in dürren Worten mitteilte, daß das Urteil aufgehoben war. Ob sie in einem neuen Prozeß wieder als Nebenklägerin . . .?
Sie legte den Hörer einfach auf. Sie wußte nicht, wie lange sie regungslos dagesessen hatte. Eine Salzsäule. Salz auf offenen Wunden. Es war nicht möglich, zu verdrängen, wegzuschieben. Der Spuk war nicht vorbei, sondern fing wieder an, ganz von vorne. Die Angst, die Unsicherheit, der Haß und die Lügen. Hatte sie Bernhard wirklich noch gehaßt, als dieser Mann in der Robe des Richters das Urteil sprach?
»Nein«, sagte sie laut und erschrak vor diesem Wort. Keine Spur des Hochgefühls vollendeter Rache. Kein Triumph, statt dessen das Gefühl, zu weit gegangen zu sein. Ein unvollkommener Racheengel und eine Lügnerin. Denn sie hatte gelogen, oder besser gesagt, sie hatte sich von der Wahrheit entfernt.
Es ist falsch, wollte sie schreien, war aber stumm geblieben in diesem Saal. Es ist falsch, wenn Bernhard und nicht Henner Krug bestraft wird. Es ist falsch, wenn er für etwas büßen soll, was er nicht getan hat. Stellvertretend für das, was er mir angetan hat, als ich ein Kind war. Stellvertretend für den Brief

meiner Mutter und den Tod meines Vaters. Stellvertretend für den Ekel und Haß, den ich gespürt habe, als ich unter Krug lag und dachte, Bernhard sieht zu, er läßt geschehen, was Krug mir antut, er vergewaltigt mich mit seiner Untätigkeit, seinem Schweigen. War das nicht schlimmer, unerträglicher als die Berührungen dieses Schweins, das sich auf ihr gewälzt hatte, Henner Krug.
Ich habe Bernhard bewußt belastet. Diesen Satz hatte sie bisher nie zu Ende gedacht: Ich habe ihn belastet, weil es mir leichter fiel, ihn als Vergewaltiger zu sehen, als Täter, der bestraft werden konnte – leichter jedenfalls als Bernhard, der Zuschauer; Bernhard, der zerstörerische Gast ihres Lebens.
Dieses Bild – und sie hatte es nur durch seine Augen gesehen –, wie sie mit verkrampften Beinen und geschlossenen Augen auf dem Teppich lag, geschüttelt von Krugs Stößen wie eine Puppe, die von einem zornigen Kind mißhandelt wird. Dieses Bild, das sie mit Bernhards Augen nachempfunden hatte, war von unbegrenzter Würdelosigkeit. Unauslöschbar. Eine Art von Gewalt, die dieser außer Kontrolle geratene Roboter Krug ihr gar nicht antun konnte. Ein Verrat an allem, was sie war: Tochter, Frau, Mensch . . . Erniedrigt, gedemütigt, versklavt: Wie viele Worte würden ihr zu diesem Bild noch einfallen, bis sie seine Handlungsweise verstehen konnte? War er zu soviel Haß fähig oder zu soviel Gleichgültigkeit? Hatte dieser Bernhard Grimme nicht nur Magdalena getäuscht, sondern auch sie?
Hör auf, sagte die innere Stimme. Hör auf, dich zu quälen, konzentriere dich auf das Wesentliche. Du hast gelogen: vor der Polizei, vor dem Staatsanwalt und letztlich auch vor Gericht. So geschickt die Klippe umschifft, Bernhard direkt zu beschuldigen und ihn trotzdem als Täter zu stempeln. Du wolltest ihn zerstören, weil dich dieses Bild zerstört. Ein Unrecht gegen das andere. Ist es nicht einfacher, sich selbst zu zerstören als andere? sagte eine Stimme, die Magdalena gehören konnte. Ihre arme Mutter, die schuldig geworden war, weil sie

an Liebe glaubte. Der Vater, der das Leben nicht mehr ertragen hatte. Kirsten, der tapfere Soldat, immer weitermarschieren, Schlachten schlagen, Wunden lecken . . . Kirsten, der gemeine Soldat: Zuschlagen, bevor du erschlagen wirst. Töten, bevor du stirbst.
Nein. Es gab keinen Krieg. Es gab einen Mann, den ihre Mutter geliebt hatte. Warum sollte das Leben sich nicht an klassische Tragödien anlehnen und eine Wiederholung zulassen. Nur ein kleiner Schlenker des Schicksals, dieser Brief, den Magdalena vielleicht nicht geschrieben hätte, wenn . . . Und vielleicht hätte sie Bernhard sogar geheiratet, wenn . . .
Wenn sie ihm an diesem Abend, diesem verfluchten Abend im August, nicht begegnet wäre, nicht Liebe, aber wenigstens die stetige und bewußte Beerdigung aller schönen und häßlichen Gefühle hätte das gute Ende sein können. Wie erwachsen und vernünftig sie sich gefühlt hatte, als sie mit ihm sprach an diesem Abend. Mit zulässiger Trauer, aber ohne Wut. Eine alte Liebe, zu kompliziert, um sie warmzuhalten. Aber keine Kälte mehr, aus Haß genährt.
Und dann die Nacht, die sich auf ein Bild reduziert hatte: die Puppe, das böse Kind, der Zuschauer, der wie Bernhard aussah und manchmal wie ihr Vater. Zu viele, die mich im Stich gelassen haben, dachte sie. Immer haben sie mich verraten. Einmal habe ich mich dafür gerächt.
Während sie ihren Schreibtisch abschloß, in den Lift stieg, den Wagen aus der Tiefgarage durch den Spätnachmittagsverkehr lenkte, bis zum Öffnen der Wohnungstür, zwang sich Kirsten, an den neuen Prozeß zu denken. Natürlich hatte sie Angst davor, Bernhard und Henner Krug wiederzusehen. Angst vor neuen Fragen und Antworten, vor den schwarzen Roben und den kalten Bänken.
Sie warf ihre Tasche in die Ecke und ging zum Fenster, um zu sehen, ob der Fluß noch da war; ein Ritual ohne Sinn. Man konnte die Schiffe zählen oder den Pegelstand schätzen. Oder versuchen, mit der Angst fertig zu werden. Immer, dachte Kir-

sten, bin ich vor Problemen weggelaufen oder habe sie, wenn es nicht anders ging, sozusagen weggedacht. »Schreckliche Ereignisse«, so wie damals Magdalenas Weggang, verloren ihre Wirkung, wenn man nur ganz fest an etwas anderes dachte. Es kam ihr vor, als habe die Zeit wenig Wirkung gezeigt.

Es gibt nichts Gutes, außer man tut es. Kirsten starrte auf einen Erich-Kästner-Band im Bücherregal, das sich über zwei Wände erstreckte. Wenn es nicht so verdammt schwer wäre, vor sich selbst und anderen Fehler einzugestehen. Schon als Kind hatte sie sich geweigert, zur Beichte zu gehen, war ihr diese Selbstentblößung zuwider gewesen. Wie hatte Henner Krug es nur geschafft, dieses falschzüngige Geständnis vor allen Leuten abzulegen? Dieser lächerliche Mensch, vor dem sie solche Angst gehabt hatte. Wie ein Lamm, das sich zur Schlachtbank führen ließ. Wegsehen, wegdenken. Aber *einer* hatte zugesehen.

Warum? Wenn sie ihn das fragen könnte und er eine Antwort hätte, die sie verstehen könnte, wäre es nicht so schwer, in diesen zweiten Prozeß zu gehen. Vielleicht möglich, ihren Teil der Schuld zu akzeptieren oder zumindest aufzuhören zu glauben, daß sie unschuldig war.

»Es gibt nichts Gutes.« Kirsten schrieb es in ihr Notizbuch: Geburtstagsgeschenk für Irmela, Werkstatt. Sie hakte beides ab. Vollendete das Zitat und setzte ein Fragezeichen dahinter.

XX. Kapitel

»Sie haben mich angelogen. Ich hasse es, wenn Mandanten mich belügen.«
Oliver Timm sah mißmutig aus, was zum Teil daran lag, daß sein Schinkenbrötchen nach alter Margarine schmeckte. Sein Mandant machte ein schuldbewußtes Gesicht, keine gute Miene, knapp eine Stunde vor Prozeßbeginn. Bernhard Grimme hatte auf ein Frühstück verzichtet. Sie saßen in der Kneipe neben dem Gericht, die der Besitzer »Zur letzten Instanz« getauft hatte. Hier waren die Unterschiede zwischen Angeklagten und Richtern, Staatsanwälten und Zeugen, Anwälten und Schöffen aufgehoben.
»Sie kriegen alle den gleichen Fraß vorgesetzt«, murmelte Timm. Laut: »Nun machen Sie nicht so ein Gesicht, Dr. Grimme. Sie ist Ihnen ja noch rechtzeitig eingefallen, die Wahrheit. Aber nur deshalb rechtzeitig, weil wir die Revision gewonnen haben.«
Bernhard Grimme strich unsicher über seine Haare. Jetzt war die Angst wieder da, nachdem er sie mit dem Entschluß, sich Timm anzuvertrauen, ein wenig verloren hatte. »Und Sie glauben mir, daß es so war?«
Er schob das halbe Brötchen angewidert weg, obwohl er hungrig war, wie immer vor Prozessen. »Ja doch. Es ist eine phantastische Geschichte, aber eine Erklärung immerhin. Und damit wir uns nicht mißverstehen: Ich hätte Sie auch verteidigt, wenn Sie schuldig gewesen wären. Ich verteidige auch dreifache Mörder und skrupellose Umweltverschmutzer und . . . Das ist mein Job. Aber ich kann ihn nur dann optimal erfüllen, wenn ich die Wahrheit kenne. Und Sie haben es mir wirklich nicht leichtgemacht. Warum zum Teufel haben Sie das alles nicht schon im ersten Prozeß gesagt?«

Grimme dachte, daß der Ton seines Anwalts nur ein Vorgeschmack dessen war, was in der Verhandlung auf ihn zukommen würde. Aber das Vertrauen, das er in ihn setzte, ließ diesen grollenden Tonfall zu. »Würden Sie mir glauben, wenn ich Ihnen sagte, daß es Scham war? Scham über diesen absurden Einfall und, ja, auch Schuld, weil ja vielleicht alles anders gekommen wäre, wenn . . .«

Wäre, hätte, sollte: Wie sich die Menschen immer winden, wenn es um Eingeständnisse geht, dachte Timm. Und sagte, daß Scham ein ehrenwertes, aber in seinem Fall ein höchst überflüssiges Gefühl gewesen sei.

»Außerdem habe ich nicht geglaubt, daß Frau Bergmann mich beschuldigen würde.« Grimme rieb sich seine geröteten Augen.

»Sie hat es ja nicht direkt getan, aber . . .«

». . . für eine Verurteilung bei Mayer reichte es.«

Timm sah seinen Mandanten beinahe liebevoll an. »Aber heute beginnen wir die Sache ja in einem ganz anderen Licht, nicht wahr? Und Richter Feuerbach wird Ihnen gefallen, sofern das in dieser Situation möglich ist.

Schon die Art, *wie* er einen Prozeß führt: behutsam, leise, ohne falsche Töne. Außerdem wird es keinen Deal mit Krugs Anwalt geben. In diese Richtung hab ich meine Fühler schon ausgestreckt.«

»Trotzdem bleibt seine Aussage gegen meine. Und das, was Frau Bergmann sagen wird.« Grimme merkte, daß seine Hand, die die Kaffeetasse hielt, leicht zitterte. Wie muß ich sie verletzt haben, dachte er, daß sie so reagierte. Und was wird sie denken, wenn sie meine Geschichte hört, vorgetragen vor fremden Leuten, die mit unserer Liebe oder dem, was daraus geworden ist, nichts zu tun haben?

»Kein Vertrauen in die Gerechtigkeit?« Oliver Timm sagte es leichthin, aber mit mehr Ironie, als er beabsichtigt hatte. Das werden wir ja mal sehen, dachte er kampflustig. Diesen Krug würde er auseinandernehmen, bis nichts mehr von ihm übrigblieb. Und wenn es sein mußte, auch die Bergmann. »Und Sie, Dr. Grimme, erzählen die Geschichte so, wie sie gewesen ist. So, wie Sie sie mir erzählt haben . . . Und nun wollen wir uns in die Schlacht stürzen.«

Sie verließen die »Letzte Instanz«, nachdem Timm die Rechnung beglichen und eine böse Bemerkung über die Qualität der Frühstücksbrötchen gemacht hatte. Auf ein neues, dachte Bernhard Grimme und wünschte sich mehr Mut, mehr Zuversicht.

Als es soweit war, als er begann, diesem Gericht sein bisheriges Leben und die Ereignisse der Nacht des 3. August zu erzählen, war die Angst weg. Bernhard Grimme sprach laut und klar, und er fixierte den Vorsitzenden, dessen zerfurchtes, von unzähligen Falten durchzogenes Gesicht eine Art Ruhepunkt war. Es veränderte sich nicht, dieses Gesicht, ganz gleich, was er sagte. Es ermunterte ihn, weiterzusprechen, die Wahrheit zu sagen, nichts als die Wahrheit, die sie von ihm hören wollten.

»Ich war schon eifersüchtig«, sagte Bernhard Grimme, »weil sie diesen Henner Krug im Schlepptau hatte und der uns nicht von der Seite wich, auch als Frau Bergmann die Einladung aussprach, in ihrer Wohnung Kaffee zu trinken. Ich hatte gehofft . . . vielleicht lag es am Alkohol oder daran, daß man Dinge glaubt, die man gerne glauben möchte . . . jedenfalls hoffte ich, daß Frau Bergmann und ich uns vielleicht doch wieder versöhnen könnten. Es war ja das erste Mal, daß wir uns wiedergesehen hatten, nach dem Streit. Und sie war so liebenswürdig, so offen: Ich habe gehofft, daß es wieder . . . und deshalb . . .«

Du Idiot, dachte Kirsten, die jedes Wort konzentriert aufgenommen hatte. Bei Krug, der sich diesmal als erster eingelassen hatte, war es besser gewesen, die Sätze vorbeifließen zu lassen. Dieselbe verlogene, weinerliche Geschichte wie beim ersten Mal. Fast wortgetreu. Und wieder diese Bitte um Verzeihung, der sie niemals nachkommen würde.

»Sprechen Sie weiter«, sagte Richter Feuerbach sanft.
»Es ist mir heute unbegreiflich, wie ich das tun konnte.« Grimme suchte Hilfe in den alten Augen. »Es war so. Als wir in die Wohnung kamen, ging Frau Bergmann in die Küche, um Kaffee zu kochen. Ich bin zur Bar, ich kannte die Wohnung ja, um für Krug und mich Cola und Cognac einzuschenken. Eine scheußliche Mischung, aber nach all dem Champagner... Und während ich in die Küche ging, um Eis zu holen, habe ich heimlich eine Vesparax, eine sehr starke Schlaftablette, zwischen den Fingern zerrieben und in sein Glas getan. Ich dachte, daß er es nicht merken würde, nach all dem Alkohol. Und ich wollte ihn loswerden, ich meine, daß er einschläft und wir beide ungestört wären, Frau Bergmann und ich. Ich dachte mir, daß die Gelegenheit doch so günstig war, endlich mit ihr zu reden. Ich habe eine Menge dummes Zeug gedacht an diesem Abend. Und diese unverzeihliche Dummheit mit der Schlaftablette begangen.«
Ist gut so, dachte Timm. Es klingt tatsächlich nach Wahrheit, obwohl es viel bessere Lügen gibt. Er sah, daß das gütige Gesicht des alten Feuerbach sich um einige Falten vermehrt hatte. Zweifel?
Der Angeklagte Grimme fing den Blick der Nebenklägerin Bergmann ein. Du Idiot, sagte ihr Blick. Oder war es nur eine Täuschung?
»Wie kommt es«, fragte der Vorsitzende in diesen Blick hinein, »daß dann Sie eingeschlafen sind und nicht Herr Krug? Haben Sie auch dafür eine Erklärung, Herr Dr. Grimme?«
»Er muß die Gläser vertauscht haben. Ich weiß nicht, ob zufällig oder aus Absicht. Ich weiß es wirklich nicht. Ich weiß nur, daß ich knapp 20 Minuten später in diesen totenähnlichen Vesparax-Schlaf fiel, verstärkt noch durch den Alkohol, den ich vorher getrunken hatte. Ich habe nicht mehr mit Bewußtsein gehört oder gesehen, daß Herr Krug über Frau Bergmann hergefallen ist. Ich weiß nicht einmal mehr, wie ich ins Schlafzimmer gekommen bin. Das ist die Wahrheit, ich schwöre es.«

Die Wahrheit. Richter Feuerbach sah automatisch hin zur Nebenklägerin, die wiederum den Angeklagten Grimme anstarrte und die Lippen bewegte, und zu gern hätte er gewußt, was sie sagen wollte. Nichts als die Wahrheit.
»Er lügt. Eine infame, lächerliche Lüge, um sich zu entlasten. Er ...« Henner Krug war aufgesprungen und fuchtelte vor Erregung mit den Armen, während seine Stimme sich überschlug.
»Ruhe.« Eine leise, durchdringende Stimme. Richter Feuerbach wandte sich an Laubenthal. »Ihr Mandant hat dann zu reden, wenn er gefragt wird. Ist das klar?«
Mir ist klar, was ich nicht verstanden habe, dachte Kirsten. Keine Zweifel. Bernhards Geschichte paßte. In diese Nacht. In das Spiel, das es anfangs gewesen war. Ihr Flirt mit Krug, dieser kindische Versuch, Bernhard zu ärgern. Der Alkohol. Wie ich erstarrte, als Krug mich anfaßte und Bernhard mich nicht hörte, einfach die Augen geschlossen hatte, und ich nicht kapierte ... So simpel, diese Wahrheit, ja beinahe lächerlich, wenn es die Vergewaltigung nicht gegeben hätte und dann den Prozeß. Wenn Krug diese Schlaftablette geschluckt, wenn es diese Verwechslung nicht gegeben hätte, was dann?
In dem Versuch, eine Antwort zu finden, die nur noch theoretisch wichtig war, überhörte sie die Frage des Vorsitzenden, der wissen wollte, warum Grimme die Schlaftablette bislang verschwiegen hatte. Sie hörte das Wort »Scham« aus seiner Antwort, und es klang seltsam. Ich schäme mich auch, dachte sie. Aber ich hätte nicht die Kraft, es an diesem Ort zu sagen, weil ich Angst hätte, es würde so klingen wie aus Krugs Mund.
Bernhard Grimme beantwortete viele Fragen, die Richter Feuerbach an ihn richtete. Als Laubenthal am Zug war, beanstandete Timm jede zweite von dessen Fragen, mindestens. Henner Krug war nach wiederholten Ermahnungen in wütendes Schweigen verfallen.
Richter Feuerbach war der Meinung, daß man den Prozeßfluß

nicht unterbrechen sollte, solange die Spannung anhielt. Außerdem war er neugierig, eine Eigenschaft, von der er behauptete, daß sie ihn jung erhalte. So rief er nach einer kurzen Pause, die zum Ärger des Staatsanwalts nicht einmal für ein Essen reichte, die Nebenklägerin auf. Wenn das möglich war, sah er sie noch gütiger an. Obwohl, sie war nicht eines jener armen Hascherln, die man mit viel Geduld zum Reden bringen mußte. Sie blickte nicht verschämt zu Boden, und sie sprach nicht so leise, daß er seine alten Ohren strapazieren mußte. Was sie jetzt sagte, war allerdings überraschend.

»Dr. Grimme hat mich nicht vergewaltigt. Es war Henner Krug, der zweimal ...«

»Sie lügt auch. Das ist ein Komplott. Das ist ...«

»Noch ein Wort, und ich verhänge gegen Sie eine Ordnungsstrafe.« Der Vorsitzende hielt der Nebenklägerin ihre bisherigen, anderslautenden Aussagen vor.

Kirsten Bergmann versuchte es. Sie versuchte, diesem alten Mann und Bernhard zu erklären, daß ... Aber nein, es war leichter, ein bißchen zu lügen. Sie sagte, daß sie bei ihrer Aussage bei der Polizei verwirrt und verängstigt gewesen sei. Daß der Polizist damals so zynische Fragen gestellt habe, sie sich in die Enge gedrängt fühlte.

Feuerbach hörte aufmerksam zu und dachte, daß er diese Situation verstehen konnte. Diese Frau mußte sich ungeheuer erniedrigt gefühlt haben, einmal, zweimal – und jetzt noch einmal. So viele traurige, häßliche, verzeihliche und unverzeihliche Geschichten, die er schon gehört hatte in seinem langen Leben.

»Und dann habe ich in der Aufregung das Protokoll gar nicht mehr richtig durchgelesen, und später dann, beim Staatsanwalt und in diesem ersten Prozeß, da habe ich einfach den Mut verloren, etwas ganz anderes zu sagen. Die Wahrheit. Das, was ich heute ausgesagt habe.«

Wenn Richter Feuerbach Zweifel hatte, so ließ er sie in seinen Fragen nur ganz zart durchklingen. Keine Widersprüche in ih-

ren Antworten. Im Grunde eine Bestätigung dessen, was der Angeklagte Grimme ausgesagt hatte. Blieb die Aussage Krugs, die plötzlich ganz einsam dastand.
Die Stimmung im Gerichtssaal war umgeschlagen. Die Verteidiger merkten es daran, wie das Gericht dazwischenging, als Friedger Laubenthal die Zeugin befragte. Laubenthal war tatsächlich in einer schwierigen Situation, und er wußte es. Das Geständnis seines Mandanten, geboren aus dem Einverständnis mit Mayer, war nun nicht mehr aus der Welt zu schaffen. Und nun kippte diese Idiotin um und machte alles nur noch schlimmer. Sie frontal anzugreifen lief genau gegen die Verteidigungslinie eines reuigen Sünders. Aber einmal mußte er es trotzdem versuchen.
»Frau Bergmann: Wenn Sie, wie wir mit Erstaunen festgestellt haben, die Ereignisse dieser Nacht plötzlich ohne Blackouts darstellen, könnte es dann nicht auch sein, daß Sie sich in bezug auf die Vergewaltigung geirrt haben? Mit anderen Worten: Könnte es nicht sein, daß, wie mein Mandant glaubhaft versichert, Sie bei ihm doch den Eindruck erweckt haben, daß sie einem Geschlechtsverkehr nicht abgeneigt waren?«
Pfui Teufel, dachte Feuerbach. Aber so lief es oft in diesen Fällen. Wenn sie zu schwimmen anfängt, dachte er, werde ich eingreifen. Aber es war nicht nötig, sie war ganz kühl geblieben.
»Nicht einmal, Herr Rechtsanwalt. Zweimal hat er mich vergewaltigt. Ihre Unterstellung weise ich zurück. Schließlich bin ich alt genug, um zu wissen, ob ich mit einem Mann schlafen möchte oder nicht. Mit Herrn Krug wollte ich nicht intim werden, und ich habe das auch zum Ausdruck gebracht. Ich meine, vielleicht hätte ich lauter und öfter nein schreien sollen, oder . . . Meines Wissens gibt es keinen Verhaltenskodex für Frauen, die vergewaltigt werden.«
Nicht schlecht, dachte Feuerbach, als Friedger Laubenthal nach einer halben Stunde entnervt aufgab. Ein leiser Zweifel: Und diese Frau hatte sich von einem Polizisten einschüchtern lassen?

Kriminalhauptwachtmeister Kranz, gerade vor dem nächsten Urlaub, bestätigte am folgenden Verhandlungstag die Aussage der Kirsten Bergmann und widersprach seinem jungen Kollegen, der im zweiten Prozeß fast wortwörtlich wiederholt hatte, was er im ersten gesagt hatte.
Ungewöhnlich, daß Polizisten einander widersprechen, dachte der Vorsitzende. Es war ihm noch nicht oft passiert. So hatte die junge Frau in diesem Punkt doch die Wahrheit gesagt. Kranz bestätigte, daß Frau Bergmann unsicher und verstört gewesen sei. Ja, er habe weite Passagen der Protokollaufnahme mitbekommen. Der junge Kollege sei halt ein wenig forsch gewesen, vielleicht auch ungeduldig, weil an diesem Tag soviel Kundschaft da war.
»Und Frau Bergmann hat in bezug auf die zweite Vergewaltigung nur zögerlich geantwortet, ich will mal sagen, sich von Ihrem Kollegen führen lassen?«
Hermann Kranz überlegte einen Moment. »Ja, Herr Vorsitzender, ein bißchen war das so. Ich weiß es aus eigener Erfahrung. Manchmal muß man ein wenig nachhelfen, weil die Leute so verschämt sind.«
Richter Feuerbach entließ diesen Zeugen, nachdem die Verteidiger keine Fragen mehr hatten. Auch Elsa Minetti und Irmela Höggen wurden gehört, aber sie hatten nichts mehr Wesentliches zur Wahrheitsfindung beizutragen.
Friedger Laubenthal stellte den Beweisantrag, einen Sachverständigen darüber zu vernehmen, daß Dr. Grimme nicht so tief habe schlafen können, wie er behauptet hatte. Sein Antrag wurde abgelehnt, weil der medizinische Sachverständige, auch in diesem Prozeß geladen, Laubenthal sehr präzise eines Besseren belehrte.
Er lehnte auch den Beweisantrag ab, ein Glaubwürdigkeitsgutachten über Kirsten Bergmann einzuholen. Es sei die ureigenste Aufgabe des Gerichts, die Glaubwürdigkeit eines Zeugen oder einer Nebenklägerin selbst zu beurteilen.
Sein »Nein« war immer sehr liebenswürdig vorgetragen. Oli-

ver Timm saß da und war zufrieden wie eine Katze inmitten eines Sahnetümpels. Bernhard Grimme war sehr still und in sich zurückgezogen. Manchmal lenkte er seine Blicke auf die Nebenklägerin. Aber um jetzt noch über Schuld und Sühne zu reden, dazu trennten sie mehr als die Tische in diesem Saal.
Am vierten Hauptverhandlungstag plädierten die beiden Verteidiger jeweils auf Freispruch ihres Mandanten. Timm faßte sich kurz, während Friedger Laubenthal während seines zweistündigen Vortrags wußte, daß er vermutlich auf verlorenem Posten kämpfte. Henner Krug ahnte es nur. Er hatte den Prozeß mit ständig wachsendem Zorn verfolgt: auf alle, und besonders diesen senilen Greis in der Richterrobe. Zorn auch auf seinen Verteidiger, der ihn getäuscht und verraten hatte. Laubenthals Versicherung, daß man auch gegen dieses Urteil Revision einlegen konnte, war ein unsicheres Versprechen und ein lächerlicher Trost angesichts des Desasters dieses zweiten Prozesses. Alles schlechte Schauspieler in einem miesen Stück, dessen Regisseur ins Irrenhaus gehörte.
»Und dann, als er das letzte Wort hatte, ist der Angeklagte Krug seinem Verteidiger aus dem Ruder gegangen, wie man so sagt.«
»Ach ja, und wie?« Johannes Mayer sah seinen Richterkollegen mit mäßigem Interesse an. Sie standen im Gerichtsflur, hatten sich zufällig getroffen, und weil ihn das Urteil naturgemäß interessierte, hatte er Feuerbach angesprochen. In Gedanken war Mayer längst bei seinem laufenden Prozeß, einer üblen Rauschgiftsache, die ihn zutiefst anwiderte.
Der Alte hatte so ein verschmitztes Lächeln im Gesicht. »Krug sprang auf und begann, auf die Justiz und auf einen gewissen Verteidiger und Richter zu schimpfen. Meinte lautstark, daß er sich auf einen ›Kuhhandel‹ eingelassen habe, nur, weil ihm sein Verteidiger versicherte, daß er gegen ein schönes Geständnis mit einer Bewährungsstrafe davonkomme.«
Johannes Mayer legte seine rechte Hand auf den plötzlich schmerzenden Magen.

»Und dann, so Krug, wäre der Deal geplatzt, und nun sei er in dem zweiten Prozeß nur wegen seines falschen Geständnisses verurteilt worden. Wirklich, ein beklagenswertes Schauspiel. Der arme Laubenthal konnte einem fast leid tun. So peinlich, finden Sie nicht?«

Du boshafter alter Gnom, dachte Mayer. Und daß ein Anwalt, der seinen Mandanten exakt über einen Deal informierte, ein gemeingefährlicher Idiot war. Dieser Laubenthal war jedenfalls für jede weitere Zusammenarbeit gestorben, das war sicher. Und seine Person? Ein paar Kollegen würden die Nase rümpfen, aber das würde er überstehen. Der alte Feuerbach würde es jedenfalls genüßlich herumerzählen. Diese verdammten Magenschmerzen!

»Der Mann lügt natürlich, lieber Feuerbach. Wir alten Hasen wissen doch, daß in die Enge getriebene Angeklagte immer lügen. Und wie, wenn ich fragen darf, lautet das Urteil?«

Feuerbach sah seinen Kollegen zweifelnd an. Er neigte zu der Auffassung, daß Mayer mit zunehmendem Alter noch mehr verhärten würde, und er bedauerte das. »Ach, man wird wieder sagen: eines der milden Feuerbach-Urteile. Aber das Gericht ist nicht darum herumgekommen, den Angeklagten Dr. Grimme freizusprechen. Gegen den Angeklagten Krug wurden zweieinhalb Jahre verhängt. Wir sind damit deutlich unter dem Antrag des Staatsanwalts geblieben, der für Krug auf dreieinhalb Jahre plädiert hatte. Laubenthal hat im übrigen eine Revision angekündigt. Aber wissen Sie, ich bin aus dem Alter raus, in dem ich mich darüber aufrege, wenn meine Urteile aufgehoben werden. Außerdem ist es *sehr* unwahrscheinlich.«

Johannes Mayer sah dem Alten nach, der sich mit einer kurzen Verbeugung und einem gütigen Lächeln verabschiedet hatte. Feuerbach hinkte ein wenig. So wie die Gerechtigkeit, dachte Richter Mayer. Er war nach wie vor davon überzeugt, daß Dr. Grimme schuldig war.

XXI. Kapitel

Zweieinhalb Jahre später, an einem grauen und verregneten Herbstnachmittag, verläßt Henner Krug die Justizvollzugsanstalt Köln-Ossendorf. Sechs Monate nach der Urteilsverkündung – die Revision seines Anwalts war verworfen worden – hatte er die Haft angetreten. Eine Ewigkeit von 20 Monaten, bis man ihm das letzte Drittel erlassen hat. Eine unendliche Kette grauer, monotoner Tage, an denen man das Wort »nein« schreien konnte, wimmern, beten, fluchen, warten . . . Das Manuskript, das Henner Krug in der Einsamkeit seiner Zelle geschrieben hat, trägt er im Koffer. Es handelt von den Leiden eines Strafgefangenen – ein Thema, für das er erst einen Verleger finden muß. So viele Leiden. Zum Beispiel jenes, im Gefängnis ohne Frau zu sein. Männer abzuwehren. Sich selbst zu befriedigen, ohne Erlösung zu finden.
Henner Krug findet, daß die Freiheit nach Abgasen und feuchtem Asphalt riecht. Er sieht zwei jungen Mädchen nach, die auf der anderen Straßenseite gehen, mit aufreizend wippenden Miniröcken. Oh, er weiß genau, was sein erster Wunsch an die Freiheit ist. Mehr weiß er nicht.

Zur selben Zeit, an einem anderen Ort, in einem anderen Regen: Der einsame Angler sitzt an einem See in der Connemara, im Westen Irlands. Er konzentriert sich darauf, an nichts zu denken. Warten, bis die Leine zuckt. Eine angemessene Beschäftigung für einen Mann, der Zeit hat und viel Zeit braucht, sich auf den Winter des Lebens vorzubereiten. Für die Praxis in Bonn hat Bernhard Grimme einen jungen Arzt und Partner gefunden, der ihn nach und nach überflüssig macht. So kann er mit dem Gedanken spielen, sich ein altes Haus in der Connemara zu kaufen, ganz nach Irland zu ziehen. Angeln, lesen, in den düsteren Kneipen Whisky trinken und sich vielleicht, gelegentlich an einer Irin wärmen. Keine Liebe mehr und keine Schuld. Nur noch ein bißchen Wärme.

Voll eiskalter Empörung sitzt Irmela Höggen im Büro des Rechtsanwalts Dr. Oliver Timm. Nachdem sie ihn an einen Prozeß erinnert hat, den er schon vergessen hatte, trägt sie entrüstet vor, daß ihr letzter Liebhaber sie nicht nur verlassen, sondern auch bestohlen habe. »Und jetzt behauptet dieses Schwein, das seien alles Geschenke von mir. Also Männer . . .« Sie mustert diesen Mann an diesem Schreibtisch und bleibt mit den Blicken an seinem Ehering und seinem Bauch hängen. Laßt dicke Männer um mich sein, denkt sie, und sagt sich innerlich von ihren Künstlertypen los. Nie wieder einen dünnen Liebhaber ohne Geld!
Oliver Timm hört sich ihre Geschichte an und überlegt, wie er diesen ungeheuren Redeschwall mit größtmöglicher Höflichkeit stoppen kann. Er ist zum Abendessen bei seinem Lieblings-Italiener verabredet und muß vorher noch eine schwierige Revision diktieren. Arbeiten, essen, trinken: Das Leben reduzierte sich immer mehr auf das Wesentliche. Und immer kleiner wurde der Mut auszubrechen. Zum Beispiel, sich von seiner Frau scheiden zu lassen.

Zur selben Zeit, in Hamburg, moderiert Kirsten Bergmann eine Fernsehsendung in einem Studio des Norddeutschen Rundfunks. Die Sendung, von Frauen für Frauen, wird für den folgenden Sonntag aufgezeichnet. Man weiß, daß die Einschaltquoten hoch sind, und auf dieser Welle des Wohlwollens schwimmt Kirsten Bergmann so leicht wie ein Fisch, der weiß, daß es Haken gibt, aber auch die Chance auszuweichen.
Sie lebt in einer Wohnung mit Alsterblick, wo sie mindestens zweimal im Monat ein Staatsanwalt aus Köln besucht. Henrik Raven hatte ein »Pietätsjahr« eingelegt, bevor er sie zum ersten Mal anrief. Eine Kleinigkeit für einen Staatsanwalt, ihre neue

Telefonnummer zu recherchieren. Viel schwieriger war es gewesen, sie zu einem ersten Treffen zu überreden. Er war nach Hamburg geflogen und hatte eine Weile im »Atlantic« übernachten müssen, bis sie ihn so nahe kommen ließ, daß jeder Rückzug ins Hotelzimmer absurd gewesen wäre.
Während sie einer Politikerin zuhört, die ihr nicht sympathischer ist, weil sie eine Frau ist, denkt Kirsten Bergmann daran, daß Henrik in zwei Tagen nach Hamburg kommt. Ein Mann, der ihr schon sehr vertraut ist, der nichts vorgibt und nichts erwartet. Oder doch? Sie lächelt, und die Kamera fängt dieses Lächeln ein, und der Regisseur denkt, daß man es schneiden muß, weil es zum Thema »Gewalt gegen Frauen« nicht paßt.

Allseitiges Lächeln zur selben Zeit in den Amtsräumen des Richters Johannes Mayer. Man feiert mit einigen Gläsern Sekt, daß der Gastgeber zum Landgerichtspräsidenten in Koblenz ernannt wurde. Mayer ist stolz auf diese Beförderung, die verdient zu haben er in aller Bescheidenheit glaubt.
Richter Feuerbach konnte er leider nicht einladen. Der Alte war vor einem Jahr an Herzversagen gestorben. »Zuviel Herz«, sagte Henrik Raven in einem Nachruf. Natürlich waren nicht alle Kollegen der Meinung, daß diese Beurteilung einen guten Richter auszeichnet.